高等学校应用型特色规划教材

创新创业基础教程

主　编　冯天亮　何　煌

副主编　赵　峰　周　勇

　　　　谢维珠　刘　微

电子工业出版社

Publishing House of Electronics Industry

北京·BEIJING

内 容 简 介

本书主要面向应用型本科院校和高职高专院校的学生，从学生的创新创业需求出发，全面、系统地介绍创新创业的基础知识。全书采用"知识+案例"的形式编写，主要内容包括创新基础理论、结合专业进行创新、结合竞赛进行创新、"互联网+"背景下大学生的创新创业、创业意识培养和创业素质培养、创业技能学习——创业策划、创业者及创业团队管理、创业计划书等。本书知识体系结构完整、内容深入浅出、注重理论与实践相结合，每个案例都经过精心设计，非常适合读者学习。

本书可作为应用型本科院校和高职高专院校理工科相关专业"创新创业"课程的教材，也可作为自学者的参考用书。

图书在版编目 (CIP) 数据

创新创业基础教程 / 冯天亮，何煌主编. — 北京：电子工业出版社，2021.3

ISBN 978-7-121-40908-0

I. ①创… II. ①冯… ②何… III. ①创业—教材 IV. ①F241.4

中国版本图书馆 CIP 数据核字(2021)第 059006 号

责任编辑：刘　瑀
印　　刷：三河市君旺印务有限公司
装　　订：三河市君旺印务有限公司
出版发行：电子工业出版社
　　　　　北京市海淀区万寿路 173 信箱　　邮编：100036
开　　本：787×1 092　1/16　印张：12.75　字数：326.4 千字
版　　次：2021 年 3 月第 1 版
印　　次：2021 年 3 月第 1 次印刷
定　　价：45.00 元

凡所购买电子工业出版社图书有缺损问题，请向购买书店调换。若书店售缺，请与本社发行部联系，联系及邮购电话：(010)88254888，88258888。

质量投诉请发邮件至 zlts@phei.com.cn，盗版侵权举报请发邮件至 dbqq@phei.com.cn。

本书咨询联系方式：liuy01@phei.com.cn。

前　言

为进一步适应新时代下创新型人才培养的新要求，引导高校根据办学定位与特色，将创新创业教育融入人才培养体系中，创新方法、优化课程、强化师资、全面提高大学生的创新创业意识和创新创业能力，我们编写了此书。本书的编写团队由教学经验丰富、行业背景深厚的一线"双师型"教师和企业专家共同组成。本书融理论知识、实践技能、行业经验于一体，采用"知识+案例"的模式编写，旨在使学生掌握适度的理论知识，并能将理论应用于实际案例中，以解决实际问题。本书内容丰富、层次清晰、通俗易懂，既有适当的理论知识，又有大量难易适中、新颖独特的案例，注重对学生创新创业意识和能力的培养，具有很强的应用性。

本书分两大部分，共 8 章。第一部分为创新部分，介绍创新基础理论、结合专业进行创新、结合竞赛进行创新、"互联网+"背景下大学生的创新创业；第二部分为创业部分，介绍创业意识和创业素质培养、创业技能学习——创业策划、创业者及创业团队管理、创业计划书等内容。

本书由冯天亮和何煌任主编，由赵峰、周勇、谢维珠、刘微任副主编。本书的编写分工如下：第 1 章由赵峰编写，第 2 章由何煌、李文辉、聂影影、范传凯编写，第 3 章由冯天亮、何煌编写，第 4 章由何煌、李亚鸿编写；第 5 章和第 6 章由谢维珠编写，第 7 章和第 8 章由周勇、刘微编写，全书由何煌统稿。广东创新科技职业学院信息工程学院和广州粤嵌通信科技股份有限公司对本书的编写给予了大力支持，在此表示衷心的感谢。

由于编者水平有限，书中难免有错误之处，敬请广大读者批评指正。

编　者

目　　录

上篇　创 新 部 分

下篇　创　业　部　分

上篇　创新部分

第 1 章 创新基础理论

本章重点

- 创新能力
- 创新型人才及其特征
- 创新思维及其培养方法

本章难点

- 常用的创新方法
- 创新方法的分类
- 创新方法的应用

本章简介

本章主要介绍创新的相关概念、特点、类型、过程等理论知识，阐述创新思维的概念、特征、分类和培养方法，重点介绍常用的创新方法。

1.1 创新的意义

1.1.1 创新是人类进步的灵魂

创新是人们在实践中，通过研究，发现自然、社会和人类本身之间相互作用的新过程、新本质、新规律，以及运用这种新的认识发明新的技术，首创新的实践方法，创造新理论、新应用、新事物的过程。

创新的主要表现如下。

一是对原来没有的事物，有人研究并提出了自己的新看法，从事开创性的创造活动。例如，蒸汽机、电动机、计算机的发明等。

二是对前人研究过但存在错误(不成功)的事物，有人研究、发现并纠正了错误。例如，哥白尼的日心说(推翻了托勒密的地心说)，伽利略提出物体从高空下落时其速度与物体本身的重量大小无关(推翻了亚里士多德提出的物体下落的速度与物体重量成正比)。

　　三是对前人研究过的、已验证正确的事物，有人在此基础上通过进一步研究、改进，增添了自己独到的理解和认识，或者把前人的认识深化了，把前人的成果进一步推进、发展了。例如，在通信方面，电话、网络从有线到无线的发展，从电话到传真、电子邮件的发展等。

　　由此可见，创新是认识上对原有理论的深化与发展，是思想的更新，是观念的更新。所谓观念的创新，是人们根据对世界本质的属性，对自身需要和能力，对自身与世界之间的价值关系的认识与评价，对现实中尚不存在的事物的一种观念上的建构。

　　创新是一个复杂的过程，是一个系统工程。只有认识的创新、观念的创新是不够的。不能把更新了的认识和观念付诸行动，将其物化出来，使成果造福于人类，就不是完全意义上的创新。所以说，创新的根本目的是创造出新产品、新成果、新技术、新发明，造福于广大人民群众。

1.1.2　创新是推动社会发展的动力

　　党的十九大报告指出，创新是引领发展的第一动力，是建设现代化经济体系的战略支撑。世界第一颗空间量子科学实验卫星"墨子号"，三次荣登全球超级计算机榜首的"神威·太湖之光"超级计算机，具有完全自主知识产权的高速列车"复兴号"……一批批令人惊叹的新技术、新成果都讲述着中国翻天覆地的变化。发展制造业，首先要靠创新、靠质量。创新，就是要突破核心技术，抢占技术的制高点，获得技术的话语权。"中国制造"应进一步发挥科技创新的支撑引领作用，着力突破一些关键核心技术，抢占未来竞争的先机。

　　传统装备制造业转型创新的关键就是智能制造。智能制造一直被视为未来工业转型的核心，近年来得到了不断发展，受到世界各国的高度重视。从 20 世纪 80 年代起，主要工业国家先后开始进入智能制造领域。日本首先提出了"智能制造系统"的概念；美国启动了"先进制造伙伴计划"，随后在 2012 年又出台了"先进制造业国家战略计划"；德国于 2013 年实施"工业 4.0"计划；我国紧随其后，于 2015 年 5 月正式印发《中国制造 2025》。

　　在"大众创业、万众创新"的号召下，目前我国已经有 4200 多家众创空间、3000 多家科技企业孵化器、400 多家企业加速器和 150 多个国家高新区，形成了创新服务的生态网络、生态环境，服务了近 40 万家科技型中小企业。坚持创新，应让创新从技术创新逐步向金融等领域渗透，催生新模式、新业态。创新在服务实体经济、推动新旧动能转换、解决融资难题等方面发挥了不可替代的作用。

1.1.3　"大众创业、万众创新"背景下的创新创业教育

　　"大众创业、万众创新"出自 2014 年 9 月夏季达沃斯论坛上李克强总理的讲话，李克强提出，要在 960 万平方公里土地上掀起"大众创业""草根创业"的新浪潮，形成"万众创新""人人创新"的新势态。

　　作为培养人才的基地，高校必须成为"大众创业、万众创新"的新引擎，深化创新创业教育改革，加强对学生的创新创业教育，提高学生的创新能力，从而培养出大批创新型人才，促进大学毕业生高质量创业、就业。

1．创新创业教育的重要意义

（1）提升学生的综合素质。

对学生而言，接受创新创业教育是提升自我、锻炼自身能力的良好机会。学生通过对相关知识的学习，不仅可以培养自身的创业意识，获得创业方面的指导，还能够提高自身的创业能力，为未来的创业打下良好的基础。另外，学生通过参加创业活动，可以将理论知识转化为实践技能，全面提升自身的综合素质。

（2）深化高校教育改革。

培养高素质人才对提高高校办学水平和声誉有着重要的意义。然而在实际教学过程中，大多数高校教师更加重视对理论知识的讲授，忽视了对学生社会实践能力和创新能力的培养。长此以往，高校不仅难以培养出真正的创新型人才，还将阻碍学生的全面发展。而在"大众创业、万众创新"的背景下，高校教师打破了以往常规的教育模式，对学生进行创业实践教育，这不仅培养了学生的社会实践能力，还改进了高校的教育方式，进一步深化了高校的教育改革。

（3）缓解学生就业压力。

大学毕业生往往都会面临一定的就业压力。随着大学招生规模的扩大，高学历的人才数量也在不断攀升，企事业单位的应聘考核更重视毕业生的实际应用能力，大部分在高校没有实际应用经验的毕业生将面临被就业市场淘汰的风险。因此，培养创新型、实践型人才，有效提高学生的综合素质，会对学生的就业起到重要的促进作用，有效缓解学生的就业压力。

2．创新创业教育的路径

在"大众创业、万众创新"的背景下，高校要以长远的眼光来制订学生的创新创业教育计划，不仅要给学生配备相应的学业指导教师和创业教师，更要建立从创业知识教育、创业模拟实践到全真创业实践的三个阶段，全方位建立创新创业教育体系。

（1）创业知识教育。

创业知识教育阶段主要面向毕业阶段的学生，重点培养学生的创新创业能力和管理能力。创业知识教育阶段的学生需要通过高校的创业意识和创业素质考核。高校在创业知识教育阶段应主要负责以下内容：创业指导教师帮助学生制订个性化职业发展规划和培养方案，并根据学生的专业特点和自我意愿，对学生进行个性化的指导，其中，针对毕业阶段的学生，在传授创业理论的同时，还要为其提供不同的培训模块，包括创业能力教育模块、专题知识讲座模块等。学生可以根据自己的意愿，选择合适的模块进行实践。

（2）创业模拟实践。

创业模拟实践阶段是高校创新创业教育中最重要的一个阶段，它是学生从认识创业到正式创业的过渡阶段，对学生的发展有着重要的意义。高校要加强对学生创业过程的跟踪和指导，帮助学生从创业学习进阶到创业实践，提高学生的创业成功率。同时，对学生创业实践的跟踪，还能使高校第一时间发现学生创业能力中的不足，从而更好地促进创新创业教育体系的完善，使高校创新创业教育得到良好的发展。

（3）全真创业实践。

在创业实践的过程中，学生往往会产生力不从心的感觉。这是因为当学生创业到一定阶段时，其现有的知识水平已经不足以应对目前的市场情况。所以，当学生的创业进行到这一阶段时，就需要接受继续教育。指导教师要建议学生选择一些管理类的课程进行学习。高校在充分考虑学生的需求之后，应制定相关的扶持制度，提供 MBA、EMBA 等管理课程供学生学习，使学生通过对这些课程的学习，掌握更多的创业知识，从而提高自身素质和解决问题的能力。

在"大众创业、万众创新"的背景下，每个人都有机会实现自己的创业梦想。作为孕育高知识人才基地的高校，更要肩负起这一重任，为社会输送更多的创新型人才，促进国家经济的发展。

案例故事

民营企业家李书福"要让中国汽车跑遍全世界"

作为国内汽车企业自主创新的代表人物，面对日益激烈的市场竞争，李书福说："要让中国汽车跑遍全世界，而不是让全世界的汽车跑遍全中国，这就是我们的美丽追求。"

李书福带领的浙江吉利控股集团多年来通过自主创新、大胆实践，开发出全国第一台自动变速器，实现了全国第一个电子智能助力转向系统(EPS)的设计制造，实现了世界领先技术超大升功率发动机的设计制造，实现了整车设计、匹配、实验、验证技术的全面应用，开创了中国汽车工业自主品牌、自主创新、自主知识产权的新的发展道路。

1.2　创 新 概 论

1.2.1　创新的内涵

1. 创新的基本概念

"创新"泛指在经济和社会领域生产或采用、同化和开发一种增值新产品，更新和扩大产品、服务和市场，发展新的生产方法，建立新的管理制度。它既是一个过程，也是一个结果。

创新是人类特有的认识能力和实践能力，是人类主观能动性的高级表现，是推动人类进步和社会发展的不竭动力。创新在经济、技术、社会学及建筑学等领域中举足轻重。从本质上说，创新是创新思维蓝图的外化、物化、形式化。

2. 创新的哲学内涵

从哲学的角度可以把创新理解为一种人的创造性实践行为，这种实践为的是增加利益总量，是对事物和发现的利用和再创造，特别是对物质世界矛盾的利用和再创造。人类通过对物质世界矛盾的利用和再创造，制造新的矛盾关系，形成新的物质形态。

创意是创新的特定思维形态，意识的新发展是人对于自我的创新。发现与创新构成了人类相对于物质世界的解放，是人类自我创造及发展的核心矛盾关系。只有对发现的否定性再创造才是人类创新发展的基点。实践是创新的根本所在。

从社会学的角度来说，创新是指人们为了发展需要，运用已知的信息和条件，打破常规，发现或产生某种新颖、独特的有价值的新事物、新思想的活动。创新的本质是突破，即突破旧的思维定式、旧的规律。创新的核心是"新"，它或者是产品的结构、性能和外部特征的变革，或者是造型设计、内容的表现形式和手段的创新，或者是内容的丰富和完善。

3. 创新的经济学内涵

一般来说，我们多数情况下是从经济学的角度来理解创新的。在经济学中，创新是指以现有的知识和物质，在特定的环境中，改进或创造新的事物（包括但不限于各种方法、元素、路径、环境等），并能产生一定有益效果的行为。简单地说，就是利用已存在的自然资源或社会要素创造新的矛盾共同体的人类行为，或者说是对旧的一切事物进行的替代、覆盖行为。

在经济学中，创新的概念来自美籍经济学家约瑟夫·熊彼特（如图1-1所示）在1912年出版的《经济发展概论》。约瑟夫·熊彼特在该著作中提出，创新是指把一种新的生产要素和生产条件的"新结合"引入生产体系，它包括五种情况：引入一种新产品，引入一种新的生产方法，开辟一个新的市场，获得原材料或半成品的一种新的供应来源，引入一种新的组织形式。他提出的创新包含的范围很广，涉及技术性变化的创新及非技术性变化的组织创新。

图 1-1 约瑟夫·熊彼特

20世纪60年代，随着新技术革命的迅猛发展，美国经济学家华尔特·罗斯托提出了"起飞"六阶段理论，把"创新"的概念发展为"技术创新"，认为"技术创新"占据"创新"的主导地位。

【思考与练习】

(1)利用光线的折射原理，思考并设计一种适合躺在床上看书时使用的眼镜。

(2)根据创新的内涵，你是否可以举几个创新的例子？

(3)创新除了可以说成"做别人不做的事"，还能换成什么说法？

1.2.2 创新的原则和特点

无论是企业还是企业管理者，只有不断创新，才能在激烈的竞争中取得优势。那么，创新的原则和特点又是什么呢？

1. 创新的原则

当代著名的管理大师彼德·德鲁克认为，创新是展现企业家精神的特殊手段，创新能够改变资源的产出；创新不一定是技术上的，甚至可以不是一个实实在在的"东西"。在《创新与企业家精神》一书中，他对创新的原则进行了分析，提出了五个"做"，即必须要做到的事情。

(1) 有目标、有系统的创新始于对机遇的分析。而对机遇的分析则始于对创新机遇来源的彻底思考。在不同的领域，不同的来源在不同时间内有着不同的重要性。对所有的创新来源，都必须进行系统的分析和研究，仅仅注意到它们是不够的，研究工作必须有组织、系统、规律地进行。

(2) 创新既是理性的，又是感性的。因此，要创新，第二个要做的事情就是走出去多看、多问、多听。成功的创新者左右脑并用，他们既观察数字，又观察人的行为。他们先分析出要满足某个机遇所必需的创新，然后走进人群，观察客户和用户，了解他们的期望、价值观和需求。这样，可以了解创新的接受度和价值，可以了解到某项创新方案是否符合人们的期望或习惯。

(3) 创新若要行之有效，就必须简单明了、目标明确。它应该一次只做一件事情，否则就会把事情搞糟。如果它不够简单，就无法操作。实际上，一次创新所能赢得的最大赞美莫过于人们说："这太显而易见了，为什么我就没想到呢？"即使是创造新用途和新市场的创新，也应该集中在一种特定、清晰且经过设计的应用之上。它应该专注于它所满足的特定需求，或它所能产生的特定结果。

(4) 有效的创新始于细微之处，创新并不宏大。创新最好能从细节开始——只需要少量资金、人手，只针对有限的市场。否则，创新者就没有充足的时间来进行成功创新所必需的调整和改变。因为，在初期阶段，很少有创新是"基本正确"的。只有规模很小、对人员和资金的要求不高时，才能进行必要的调整。

(5) 一次成功创新的最终目标是取得领导地位。所有旨在利用创新的战略，都必须在某个特定环境中取得领导地位，否则其结果就只是"为他人做嫁衣"而已。

2. 创新的特点

创新不同于发明。发明是指通过实验，促成新概念、新设想或者新技术的产生，它是一种科技行为。而创新本质上是一个经济概念，它是指把新概念、新设想或者新技术转变成经济上的成功。创新具有以下几个基本的特点。

(1) 新颖性。创新不是模仿、再造，因此，新颖性是创新的首要特征。具体来说，新颖性又包括三个层次：一是世界新颖性或绝对新颖性，二是局部新颖性，三是主观新颖性，即对创新者个人来说是前所未有的。

(2) 高价值性。创新可以重新组合生产要素，从而改变资源产出，提高组织价值。而对于企业来说，创新利润是最重要、最基础的部分，也只有创新利润才能够反映企业的个性。

(3) 目的性。创新特别强调效益的产生，我们不仅要知道"是什么""为什么"，还要知道"有什么用""怎样才能产生效益"。所以，创新是一个创造财富、产生效益的过程。

(4) 风险性。创新可能成功，也可能失败，这种不确定性就构成了创新的风险性。因此，在创新过程中，只许成功、不许失败的要求，实际上是不切实际的。只能通过科学设计、严格实施来尽量降低创新的风险。

(5)动态性。创新是一个动态的过程。在知识经济的条件下，唯一不变的就是一切都在变，而且变化得越来越快。因此，任何创新都不可能是一劳永逸的，只有不断变革和创新，才能适应时代的要求。

1.2.3 创新的类型

人类的创新涉及许多方面。为了便于分析，我们以社会经济生活中大量存在的企业系统为例，来介绍创新的类型。

1. 产品创新

产品创新就是研究、开发和生产出能更好地满足客户需求的产品，使其性能更好，外观更美，使用更便捷、更安全，总费用更低，更符合环境保护的要求。因为产品是满足社会需求、参与竞争、直接体现企业价值的东西，所以产品创新是企业创新的主要任务。产品创新可在以下三个层面上实现。

(1)开发出具有新功能的产品。

(2)改进产品结构。例如，使产品轻、巧、小、薄，携带和使用更方便，节省材料、降低能耗。电子记事本、笔记本电脑、超薄洗衣机等就是典型的例子。

(3)改进外观。例如，服装款式及色彩的改变。

2. 技术创新

技术创新是指采用新的生产方法或新的原料生产产品，以达到保证质量、降低成本、保护环境或使生产过程更加安全和省力的目的。技术创新可在以下四个层面上实现。

(1)工艺路线的革新，这是生产方式思路的改变。例如，用精密铸造、精密锻造、粉末冶金代替金属切削生产复杂的机械零件，可大大缩短生产周期，降低成本。

(2)材料替代和重组。例如，美国农产品过剩时，农场主负债累累，政府补贴农业的财政负担沉重。堪萨斯、卡罗来纳等农业州的农民与大学合作，从环保角度，以农产品作为原料生产工业产品，如用玉米作为原料生产一次性水杯、餐具和包装盒，从玉米中提取燃烧用的乙醇，从大豆中提取润滑油替代石油产品等，受到市场欢迎。

(3)工艺设备的革新。例如，用数控机床代替手动操作机床等。

(4)操作方法的革新，例如，用更省力、更高效的操作方法，代替过去一些传统的、不适应现代技术进步的操作方法。

技术创新过程的技术推动模型如图 1-2 所示，技术创新过程的需求拉动模型如图 1-3 所示。

基础研究　应用研究　开发　生产　销售

图 1-2　技术创新过程的技术推动模型

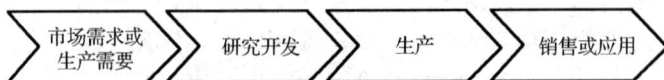

市场需求或生产需要　研究开发　生产　销售或应用

图 1-3　技术创新过程的需求拉动模型

3．制度创新

制度创新是指从社会经济角度来分析企业系统中各成员间正式关系的调整和变革。制度是组织运行的原则。企业制度主要包括产权制度、经营制度和管理制度等方面的内容。

产权制度、经营制度、管理制度这三者之间的关系是错综复杂的(实践中相邻的两种制度之间的划分甚至很难界定)。一般来说，产权制度决定了相应的经营制度。但是，在产权制度不变的情况下，企业具体的经营制度可以不断进行调整；同样，在经营制度不变时，具体的管理制度和方法也可以不断改进。而当管理制度的改进发展到一定程度时，会要求经营制度做出相应的调整；经营制度的不断调整，必然会引起产权制度的革命。因此，反过来，管理制度的变化会反作用于经营制度；经营制度的变化会反作用于产权制度。

制度创新的方向是不断调整和优化企业所有者、经营者、劳动者三者之间的关系，使各方面的权利和利益得到充分的体现，使组织中成员的作用得到充分的发挥。

4．职能创新

职能创新就是在计划、组织、控制、协调等管理职能方面采用新的、更有效的方法和手段。职能创新任务紧迫。职能创新可在以下五个层面上实现。

(1)计划的创新。许多企业在计划工作中运用运筹学取得显著成效，例如，华北油田水电厂从 1997 年开始在购电、电网运行和用电方面采用目标规划的方法，使油田用电费用每年节约 2000 万元以上。

(2)控制方式的创新。例如，丰田公司首创准时生产制(JIT)，显著降低了成本；潍坊亚星化工集团采用购销比价管理，加强购销环节监控，5 年增收节支 7092 万元。

(3)用人方面的创新。例如，应用测评法招聘选拔和考核干部员工，采用拓展训练等方法改善培训效果等。

(4)激励方式的创新。例如，美国企业实行"自助餐式"的激励制度，使同样的支出获得更好的激励效果。

(5)协调方式的创新。1999 年，福建省南平市政府试行科技特派员制度，他们通过调查，了解村镇和农业大户需要哪些技术支持，同时将全市约 3500 名农业科学技术人员按专长分类公布，然后将两者对接起来，实行双向选择，结果农户收入和农业科技部门、农业技术人员的收入都大幅增加。

实际上，由于管理职能互相渗透，有些创新很难归入哪一类，如 PERT 网络分析法既是计划的创新方法，又是控制方式的创新方法(重点环节控制)；目标管理法既是计划的创新方法，又是激励方式、协调方式的创新方法；TQC 小组法既是控制方式的创新方法，又是用人方面、激励方式的创新方法。

5．结构创新

结构创新是指设计和应用新的、更有效率的组织结构。结构创新按其影响范围可分为技术结构的创新和经济与社会结构的创新两类。

(1)技术结构的创新。例如，福特在 20 世纪 20 年代首创流水线生产方式，让工人依次完成简单工序，大大提高了生产效率，从而开创了大规模生产标准产品的工业经济时代。

(2)经济与社会结构的创新。即通过调整人们的责、权、利关系以提高组织效能。例如，美国通用汽车公司 20 世纪 20 年代采用事业部制，解决了统一领导与分散经营的矛盾，使规模经营与适应市场的要求得到了统一，极大地增强了竞争力。

6．环境创新

环境是企业经营的土壤，同时也制约着企业的经营。环境创新不是指企业为适应外界变化而调整内部结构或活动，而是指企业通过积极的创新活动去改造环境，去引导环境朝着有利于企业经营的方向变化。例如，通过企业的公关活动，影响社区政府政策的制定。对企业来说，环境创新的主要内容是市场创新。

7．市场创新

市场创新主要是指通过企业的活动去引导消费，创造需求。新产品的开发往往被视为企业创造市场需求的主要途径。其实，市场创新的更多内容是通过企业的营销活动进行的，即在产品的材料、结构、性能不变的前提下，通过市场的地理转移、改进交易和支付方式、揭示产品新的物理使用价值来寻找新用户；也可以通过广告宣传等促销活动，赋予产品一定的心理使用价值，影响人们对某种消费行为的社会评价，从而诱发消费者的购买动机，增加产品的销售量。

1.2.4　创新的过程

创新的"四阶段理论"是一种影响大、传播广，具有较强实用性的过程理论，由英国心理学家沃勒斯提出，该过程理论认为创新的过程分为四个阶段：准备期、酝酿期、顿悟期和验证期，如图 1-4 所示。

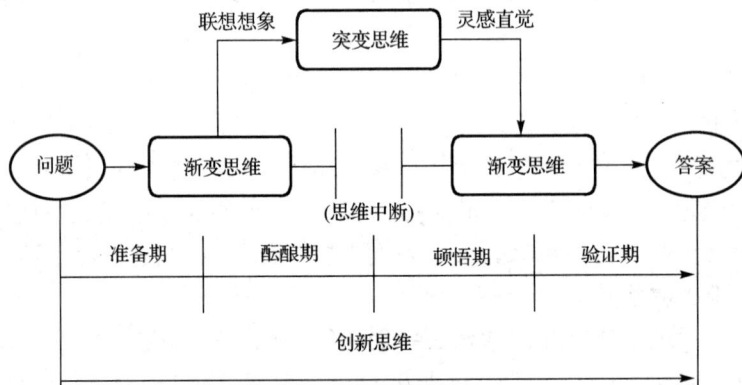

图 1-4　创新的过程

1．准备期

准备期是发现和提出问题的阶段。一切创新都是从发现问题、提出问题开始的，问题的本质是现有状况与理想状况的差距。爱因斯坦认为："提出问题通常比解决问题更重要，因为解决问题不过涉及数学上的或实验上的技能而已，而提出问题并非易事，需要有创新性的想象力。"他还认为，对问题的感受性是人的重要资质。通常，准备期可分为以下三个阶段。

(1)对知识和经验进行积累和整理。

(2)收集必要的事实和资料。

(3)了解所提问题的社会价值,即其能满足社会的何种需求,以及其价值前景。

2．酝酿期

酝酿期也称沉思和多方思维发散阶段,在酝酿期,要对收集的资料、信息进行加工处理,探索解决问题的关键,因此,常常需要耗费很长时间,花费巨大精力,它是大脑高强度活动的时期。在这一时期,要从多方面,如逆向、发散、集中等方面进行思考,让各种设想在头脑中反复组合、交叉、撞击、渗透,按照新的方式对其进行加工。加工时应主动使用创造性的方法,不断选择,力求形成新的创意。

为使酝酿过程更加深刻,还应注意把思考的范围从熟悉的领域扩大到表面上看起来没有什么联系的其他专业领域,特别是常被自己忽视的领域。这样既有利于冲破传统思维方式和"权威"的束缚,打破成见,独辟蹊径,又有利于获得多方面的信息,利用多学科知识"交叉"优势,在一个更高层次上把握创新活动的全局,寻找创新的突破口。

酝酿期的思考强度大,困难重重,人们常常百思不得其解,屡试难以成功。山重水复疑无路,却又欲罢不能。此时良好的意志品质和进取精神就显得格外重要,这是在酝酿期取得进展直至突破的心理保证。

酝酿期通常是漫长的,也很有可能归于失败。但唯有坚持下去,采用正确的方法,结果才是充满希望的。

3．顿悟期

顿悟期又称突破期,即寻找到解决办法的时期。顿悟期很短暂,人们通常所说的"脱颖而出""豁然开朗""众里寻他千百度。蓦然回首,那人却在,灯火阑珊处"等,都是描述这一时期的。如果"踏破铁鞋无觅处"描绘的是酝酿期,那么"得来全不费工夫"则是顿悟期的形象刻画。在顿悟期,灵感思维往往起决定作用。这一阶段人们的心理状态是高度兴奋甚至惊愕。

4．验证期

验证期属于评价阶段,是完善和充分论证的阶段。突然获得的突破,结果难免稚嫩、粗糙甚至存在若干缺陷。验证期是把顿悟期获得的结果加以整理、完善和论证,并且进一步进行证实的阶段。假如不经过这个阶段,创新的成果就不可能真正取得。在验证期,一是要进行理论上验证,二是要在实践中检验。在验证期,人们需要耐心、周密、慎重,不急于求成和不急功近利是非常关键的。

1.2.5 创新能力及其培养

1．创新能力的基本内涵

创新能力是在技术和各种实践活动中不断提供具有经济价值、社会价值、生态价值的新思想、新理论、新方法和新发明的能力。创新能力是经济竞争的核心。当今社会的竞争,与其说是人才的竞争,不如说是人的创新能力的竞争。

综观近十年的研究成果，虽然国内学者对创新能力的理解各不相同，但他们对创新能力内涵的阐述基本上可以分为三种：第一种观点认为，创新能力是个体运用一切已知信息，包括已有的知识和经验等，产生某种独特、新颖、具有社会或个人价值的产品的能力，包括创新意识、创新思维和创新技能三部分，其核心是创新思维；第二种观点认为，创新能力表现为两个相互关联的部分，一部分是对已有知识的获取、改变和运用，另一部分是对新思想、新技术、新产品的研究与发明；第三种观点从知识结构着手，认为创新能力强的人应具备的知识结构包括基础知识、专业知识、工具性知识或方法论知识及综合性知识四类。上述三种观点，尽管表述方法有所不同，但基本上能将创新能力的内涵解释清楚。

2．创新能力的培养

一个人的创新能力由两部分组成。一部分是智力因素，包括知识和能力。知识学得越多、学得越活，这个人的创新能力可能就越强。所谓能力，就是理解力、记忆力和想象力等。智力超群的人，创新能力一般都比较强。另一部分是非智力因素，是指人在面对复杂的局面时，是否能够迅速地抓住要害，找出办法来，这种能力包括在复杂的工作中，善于发现机遇并抓住机遇的能力。

当今时代的发展对创新能力提出了更高的要求，在迎接挑战的过程中，把握机遇，实现人生价值是每个人的愿望。要培养一个人的创新能力，可以从以下几方面入手。

(1)不畏常规，敢于超越，增强创新意识。创新是真正意义上的超越，是一种敢为人先的胆识。小学、中学的教育，大多是老师机械地灌输，学生被动地接受，课堂上缺乏热烈、宽松的气氛。学生很少有自己独立思考的空间，即使掌握了丰富的知识，也大多运用于考试之中，悟性、灵感在经过"千锤百炼"之后，很容易被埋没，思维很容易被严重束缚。在超越中求发展，创新能力的提高应该从增强创新意识开始。

(2)创新能力的提高是一个日积月累、循序渐进的过程。创新需要基础，一些世界级的重大科技成果都是从基础研究开始的。目前，我国高度重视基础研究工作，为创新做好准备。脚踏实地地学好基础知识，掌握真才实学，在此基础上融会贯通，构建健全、合理的知识体系，是提高创新能力的关键。

(3)热爱生活、关注生活、享受生活。热爱生活、关注生活、享受生活是创新的前提和基础，试想一下，如果自己都不热爱生活，对生活持一种漠视和冷淡的态度，又怎会去关注生活呢，不关注生活，创新又从何而来呢？创新不可能凭空而来，它不是神话，它是实实在在存在于现实中的东西。我们不仅要热爱生活、关注生活，而且要好好享受生活，这样我们创新的灵感源泉才会永不枯竭，我们的生活也才会日新月异、丰富多彩。

(4)正视创新的核心：创新思维。创新能力是一种复杂的能力，其中创新思维处于核心位置，它是创新能力的重要特性。创新能力实质上是创造性解决问题的能力。除此之外，创新能力还包括认识、情感、意志等许多因素。创新能力意味着不因循守旧，不循规蹈矩，不故步自封。随着知识经济时代的来临，知识创新将成为未来社会文化的基础和核心，创新型人才将成为国家和企业竞争力的关键。许多成功者是一些思维敏捷、具有创新意识的人，他们懂得如何去正确思考，他们善于利用思维的力量。

(5)要有强烈的创新意识和顽强的创新精神。所谓创新意识，就是推崇创新、追求创新、以创新为荣的观念和意识。所谓创新精神，就是强烈进取、敢于突破的精神。一个人的创新精神主要表现为首创精神、进取精神、探索精神、顽强精神、献身精神、求是精神等。

我们只有不断学习，不断总结，不断研究外部环境的变化，不断对自己提出新挑战，紧跟时代的发展，才能提高创新能力，在创新中发展，在发展中创新。

1.2.6　创新型人才及其特征

1. 什么是创新型人才

所谓创新型人才，就是具有创新精神和创新能力的人才，具体表现为：

(1)有很强的好奇心和求知欲望；

(2)有很强的学习与探索的能力；

(3)在某一领域或某一方面拥有广博而扎实的知识，有较高的专业水平；

(4)具有良好的道德修养，能够与他人合作或共处；

(5)有健康的体魄和良好的心理素质，能承担艰苦的工作。

创新型人才需要满足人格、智力和身心三方面的基本要求，如基础理论扎实、科学知识丰富、学习方法严谨、敢于探索未知领域、具有良好的科学道德品质。创新型人才是人类优秀文化遗产的继承者、最新科学成果的创造者和传播者。建设创新型国家，科技是关键，人才是核心，教育是基础。要树立人才资源是第一资源的观念；要完善培养体系，不拘一格地选用人才，加紧建设一支宏大的创新型科技人才队伍；要推进市场配置人才资源，有效提升我国人才和人力资源综合开发水平，努力形成人才辈出、人尽其才的局面。

2. 创新型人才的特征

(1)创新型人才有可贵的创新品质。

创新型人才是有理想、有抱负的人，具有较强的进取精神、强烈的事业心和历史责任感。具备了这样的品质，才能够有为求真知、求新知而敢闯、敢试、敢冒风险的大无畏勇气。

(2)创新型人才有坚韧的创新意志。

创新是一个探索未知领域和对已知领域进行破旧立新的过程，面临各种阻力和风险，可能遇到重重的困难、挫折甚至失败。人类科学技术发展到一定程度时，要获得一点点进步，也会相当困难。因此，创新型人才需要具有坚韧不拔的毅力，为了既定的目标必须始终不懈地进行奋斗，锲而不舍，遭到阻挠不气馁，遇到挫折不退却，不自暴自弃，不轻言放弃。只有具备了这样的创新意志，才能不断战胜创新过程中的种种困难，最终实现理想的创新成果。

📚 案例故事

"闯祸"的爱迪生

"呜——"，一声长鸣，火车在铁轨上奔驰，"当啷！"吸烟室里传来东西破碎的声音，紧接着一股烟破门而出，火车仍在飞快奔驰，火借风势越烧越猛。"快救火呀！行李车厢起火啦——"人们闻声赶到，奋力扑救，火被扑灭了，损失不算太大，可是列车长心中的怒火再也压不住了，他恼怒地把吸烟室里剩下的瓶瓶罐罐及其他一些东西全部丢到车窗外面。这些东西属于一个名叫爱迪生的人，他在火车上当报童已经4年了，这年他15岁。

爱迪生从小爱科学，可是因为家庭经济困难，他不得不当报童挣钱。在火车上，他想利用空余的时间做实验，得到列车长的允许后，他把一部分实验用品搬到了行李车厢的吸烟室内。但由于火车的震动，一瓶黄磷掉了下来，引发了大火。

从此，爱迪生就不能在火车上继续做实验了。祸不单行，没多长时间，爱迪生又遇上了一次事故，耳朵受伤后失聪。然而这些打击并没有使爱迪生灰心，他仍然执着地追求着理想。由于专心于做实验，工作中难免出差错，因此他多次被解雇。同时由于实验条件太简陋，常出事故，有一次，他的衣服被烧毁了，又有一次，他差点伤到了眼睛。22岁那年，他发明了自动收报机，得到了一笔资金，这使他终于有了一个像样的实验室，并且可以辞去工作，专心致志地进行发明了。

为了发明电灯，他查阅了无数图书资料，记了4万多页的笔记，为了寻找制作材料，他常常连续工作近30个小时，有一次竟然5个昼夜没有休息。

在发明电池的过程中，他实验过几千种材料，做了4万多次实验，历时1460天才制造成功。

爱迪生仅仅受过3年教育，但凭着坚韧不拔的精神，当之无愧地成为人类科学发展史上的"发明大王"。

(3) 创新型人才有敏锐的观察能力。

历史上的科学发现和技术突破，无一不是创新的结果。从这个意义上讲，创新就是发现，而且是突破性的发现。要实现突破性的发现，就要求创新型人才必须具有敏锐的观察能力、深刻的洞察能力、见微知著的直觉和灵感，不断地将观察到的事物与已掌握的知识联系起来，发现事物之间的必然联系，及时地发现别人没有发现的东西。创新型人才的观察同时还应当是准确的，能够入木三分，发现事物的真谛。壶中的水滚沸使瓦特发明了蒸汽机，苹果落地使牛顿提出了"万有引力"，带细齿的野草划破了鲁班的手指使他发明了锯，无不证明敏锐的观察能力在创新中的重要作用。

(4) 创新型人才有超前的创新思维。

创新思维是创新的基本前提，创新型人才需要具备具有前瞻性、独创性、灵活性等特点的创新思维，保证在对事物进行分析和判断时做到独辟蹊径。

(5) 创新型人才有丰富的创新知识。

创新是对已有知识的发展，创新型人才既要有深厚而扎实的基础知识，了解相应学科及必要的横向学科知识，又要精通自己专业并掌握所从事专业的最新发展趋势。只有通过知识的不断积累，才能用更为宽广的眼界进行创新实践。创新型人才拥有的信息量越大，文化素养越高，思路便越开阔。同时，完备的知识结构使他们具有科学综合化、一体化意识，有助于增强他们的综合思维能力和创新能力。

(6) 创新型人才有较强的创新实践能力。

创新的过程是遵循科学、依据事物的客观规律进行探索的过程。因此，创新型人才必须具有严谨而求实的工作作风，严格遵循事物的客观规律，从实际出发，以科学的态度进行创新实践。

案例故事

"土专家"的钻研

冬暖式蔬菜大棚的发明人、社会主义新农村建设的典型代表、山东省寿光市三元朱村党支部书记王乐义同志，在创建冬暖式蔬菜大棚之初，为了求证大棚的最佳地理朝向，用罗盘连续两年观测当地的光照情况，最后提出了本地区大棚的最佳朝向为正南偏西 5 度的理论，专家都赞叹说，"地理学上的专题被一个土专家钻研透了"。在带领群众进行蔬菜生产的过程中，他这种严谨的创新实践，使他得以不断改进种植模式，并相继研发了立体种植、无土栽培等 20 多项蔬菜种植新技术，从而由一个土生土长的普通农民，站到了农业科技的前沿。

案例故事

巧妙增加牙膏的营业额

美国有一家生产牙膏的公司，产品优良，包装精美，深受广大消费者的喜爱，事业蒸蒸日上。记录显示，该公司前十年每年的营业额增长率为 10%～20%，不过，第十一年、第十二年及第十三年时，营业额停止增长，每个月维持基本相同的数字。

董事会对这三年的业绩表现感到不满，召开全国经理级高层会议，以商讨对策。会议中，有一位年轻的经理经过认真思索后站了起来，对董事会说："我手中有张纸，纸上写了一个建议，若您要采纳我的建议，必须付给我 5 万美元！"总裁听了以后很生气，说："我每个月都支付你薪水，还有分红、奖励。现在你还另外要求 5 万美元，是否过分？""总裁先生，请别误会。若我的建议行不通，您可以将它丢弃，一分钱也不必付。"年轻的经理解释说。"好！"总裁接过那张纸后，阅毕，马上签了一张 5 万美元的支票给那位年轻的经理。那张纸上只写了一句话："将现有的牙膏开口扩大 1mm"。总裁马上下令更换新的包装。

试想，每天早上，每个消费者多用 1mm 的牙膏，每天牙膏的消耗量将多出多少倍呢？这个决定，使该公司第十四年的营业额增长了 32%。

一个小小的改变，往往会产生让人意料不到的结果。当我们面对新知识、新事物或新创意时，千万别将脑袋"密封"，应该将脑袋"打开 1mm"，接受新知识、新事物，也许一个新的创意，能让我们从中获得不少启示，从而改进业绩，改善生活。

1.3　创 新 思 维

1.3.1　思维和创新思维的概念

1. 思维的概念

思维最初是人脑借助语言对事物进行概括的过程。思维以感知为基础，又超越感知的界限。通常意义上的思维，涉及所有认知或智力活动。它用于探索与发现事物的内部本质联系和规律。思维的概括性表现在它对一类事物非本质特征的摒弃和对其共同本质特征的反映。

思维是对事物的间接反映，它通过其他媒介，使人们认识客观事物，以及借助已有的知识和经验、已知的条件推测未知事物。随着研究的深入，人们发现，除逻辑思维之外，还有形象思维、顿悟思维等思维方式的存在。逻辑思维也称抽象思维，形象思维也称具象思维，顿悟思维也称灵感思维。

2．创新思维的概念

创新思维是指以新颖独创的方法解决问题的思维，通过这种思维，人们能突破常规思维的界限，以超常规甚至反常规的方法、视角去思考问题，提出与众不同的解决方案，从而产生新颖的、独到的、有社会意义的思维成果。创新思维的本质在于用新的角度、新的思考方法来解决现有的问题。

创新思维是创新型人才乃至全社会都不可或缺的要素。创新思维是人类独有的高级心理活动过程，人类所创造的成果，就是创新思维的外化与物化。创新思维是在一般思维的基础上发展起来的，强调开拓性和突破性，在解决问题时带有鲜明的主动性，这种思维与创造活动联系在一起，体现着新颖和独特的社会价值。

3．创新思维的基本形式

创新思维的形式多种多样，主要有以下几种。

(1)抽象思维：认识过程中用反映事物共同属性和本质属性的概念作为基本思维方式，在概念的基础上进行判断、推理，反映现实的一种思维。

(2)形象思维：用直观形象和表象解决问题的思维。

(3)直觉思维：未经逐步分析，仅依据内因的感知迅速地对问题的答案做出判断的思维；猜想、设想，或者突然对问题有灵感，甚至对未来事物的结果有预感的思维。

(4)灵感思维：凭借直觉而进行快速判断的顿悟性思维。它不是一种简单逻辑或非逻辑的单向思维，而是将逻辑性与非逻辑性相统一的理性思维。

(5)发散思维：从一个目标出发，沿着各种不同的途径去思考、探求多种答案的思维，与聚合思维相对应。

(6)聚合思维：也称收敛思维，是指在解决问题的过程中，尽可能利用已有的知识和经验，把众多的信息和解决问题的可能性逐步引导到条理化的逻辑序列中，最终得出一个合乎逻辑规范的结论的思维。

(7)分合思维：一种把思考对象在思想中加以分解或合并，然后获得一种新的思维产物的思维。

(8)逆向思维：对司空见惯的、似乎已成定论的事物或观点进行反向思考的一种思维。

(9)联想思维：在人脑记忆表象系统中，由于某种诱因导致不同表象之间发生联系的一种没有固定思维方向的自由思维。

1.3.2　创新思维的特征

当今世界，经济飞速发展，科技文化日新月异，主要源于各个领域的创新。从宏观上说，创新是社会进步的动力之一；从微观上说，创新是衡量一个人能力大小的一种尺度。创新思维的特征主要有以下几点。

1. 创新思维的求实性

创造源于发展的需求，社会发展的需求是创造的第一动力。创新思维的求实性就体现在善于发现社会需求，发现理想与现实之间的差距，从满足社会需求出发，拓展思维的空间。而社会需求是多方面的，有显性的和隐性的。显性的需求已被人关注，若再去研究，容易步人后尘而难以创新。而隐性的需求则需要创造性地去发现。

在商战中，常常出现"跟风"现象，很多商家一旦发现什么商品利润高，便紧随其后组织货源进行销售，结果常常是使市场上的这类商品供大于求，不但不能盈利，而且容易造成亏损。具有创新思维的商家将预测学的原理应用于经营之中，通过对信息的收集、筛选、分析、判断，得出符合事物发展规律的结论，进而制定相应的策略。

沃尔玛是世界上第一家使用条形码即通用产品码（UPC）技术的折扣零售商。1980 年，沃尔玛开始试用该技术，结果使收银员的效率提高了 50%，因此所有沃尔玛分店都改用条形码系统。在案例教学中，西方很多大学都把沃尔玛视为新技术持续引进的典范。

2. 创新思维的批判性

我们原有的知识是有限的，其真理性是相对的，而世界上的事物是无限的，其发展又是无止境的。无论认识原有的事物还是未来的事物，原有的知识都是远远不够的。因此，思维的批判性首先体现在敢于用科学的怀疑精神对待自己和他人的原有知识，包括权威的论断，敢于独立地发现问题、分析问题、解决问题。

法国作家巴尔扎克说："打开一切科学大门的钥匙，都毫无异议地是问号。""生活的智慧大概就在于逢事都问个为什么。"

习惯思维是人们思维方式中的一种惯性思维，致使人们不敢想、不敢改、不愿改，墨守成规，大大阻碍了新事物的产生和发展。因此创新思维的批判性还体现在敢于冲破习惯思维的束缚，敢于打破常规去思考，敢于另辟蹊径、独立思考，运用丰富的知识和经验，充分张开想象的翅膀，迸射出创新的火花，发现前所未有的东西。

法国作家莫泊桑说："应时时刻刻躲避那走熟了的路，去另寻一条新的路。"

在世界科学史上具有非凡影响和重大意义的控制论的诞生，就体现了创新思维的批判性。人们原来认为，世界由物质和能量组成，维纳则提出了新观点、新理论，认为世界由能量、物质和信息三部分组成。尽管一开始他的理论受到了保守者的反对，但他勇敢地坚持自己的观点和理论，最终创立了具有非凡生命力的"控制论"新学科。

3. 创新思维的连贯性

一个日常勤于思考的人，易于激活潜意识，从而产生灵感。创新者平时就要善于从小事做起，进行思维训练，不断提出新的构想，使思维具有连贯性，保持活跃的态势。

托马斯·爱迪生一生拥有 1000 多项专利，这个记录迄今仍无人打破，他曾给自己和助手设定了创新的定额：每 10 天有一项小发明，每半年有一项大发明。有一次他无意将一根绳子在手上绕来绕去，便由此想到可否用这种方法缠绕碳丝。

如果没有创新思维的连贯性，没有良好的思维态势，就不会有灵敏的反应。可见，只有勤于思考，才能善于思考，才能及时捕捉住产生创新思维的灵感。

目前，人们对创新的理解存在一些误区，如认为创新具有偶然性。实际上，每一次的创新看似偶然，而绝非偶然，偶然是必然的结果。

4. 创新思维的灵活性

创新思维非常灵活，创新者应善于从全方位思考，若遇难题受阻，应不拘泥于一种模式，灵活变换某种因素，从新角度去思考，调整思路，从一个思路到另一个思路，从一个意境到另一个意境，善于巧妙地转变思维方向，随机应变，想到适合时宜的办法。

(1) 辐射思维：也叫发散思维。是以一个问题为中心，将思维路线向四面八方扩散，形成辐射状，找出尽可能多的答案，扩大优化选择的余地。科学家维纳在研究新理论时，往往将思维的触角伸向多个学科进行探求。人们在从事某项工作、解决某个问题时，往往也会多比较、多权衡，提出多个思路、多个方案，以增强解决问题的应变能力。

(2) 多向思维：从不同的方向对一个事物进行思考，更注意从他人没有注意到的角度去思考。例如，数学中的"三点找圆心法"，就是从三个角度进行探试的；古人看庐山时，有"横看成岭侧成峰，远近高低各不同"，这样才能对事物有更全面、更透彻的了解，才能抓住事物的本质，发现他人不曾发现的规律；爱因斯坦创立相对论时，就对事物用不同视角进行了观察，对其相互之间的关系做出了自己的解释。

(3) 换元思维：变换事物多种构成因素中的某一因素，以打开新思路与新途径。在自然科学领域，对一项科学实验，人们常常变换不同的材料和数据反复进行；在社会科学领域，这种方式的应用也是很普遍的。如文学创作中人物、情节、语句的变换，管理中人员的调整等。

(4) 转向思维：思维在一个方向上停滞时，将其及时转换到另一个方向上。画家达·芬奇在绘画创作过程中观察人物、景物和事物时，就善于从一个角度不停地转向另一个角度，对创作对象、题材的理解随着视角的每一次转换而逐渐加深，从而最终抓住了创作对象的本质，创作出了一幅幅传世之作。"旱路不通走水路"，还有一些人在探索过程中，在本专业研究未达到预期效果时，转向相关学科和边缘学科进行研究，同样做出了重大的贡献。当今的学科发展日益呈现出既高度综合又高度分化的趋势，各种交叉学科、边缘学科和横断性学科层出不穷，跨学科研究已成为一种趋势。

(5) 对立思维：从对立的角度去思考，从而将两个角度有机地统一起来。

(6) 反向思维：也叫逆向思维。就是从相反的方向去思考，寻找突破的新途径。电动吸尘器的发明者，就是从"吹"灰尘的反向角度"吸"灰尘去思考，从而运用真空负压原理，制成了电动吸尘器。

(7) 原点思维：从事物的原点出发，找出问题的答案。在探究事物时，我们对百思不得其解的问题，常常最终回到问题的原点去思考，答案便迅速出现。例如，在美国纽约，有一个鳄鱼皮的女式提包，按尺寸大小标价 1500～4000 美元，因此很多人都将鳄鱼皮视为财富的象征，巴赛蒂斯先生花了几年的时间调查"谁最需要鳄鱼皮"，在众多的答案中，有一个答案被认定为唯一正确的答案——"鳄鱼最需要鳄鱼皮"。我国的古语"解铃还需系铃人"，讲的也是这个道理。

(8)连动思维：由此思彼的思维。连动方向有三个，一是纵向，发现一种现象就进行纵向思考，探究其产生的原因；二是逆向，发现一种现象，则想到它的反面；三是横向，发现一种现象，能联想到与其相似或相关的事物。连动思维即通过由浅入深，由小及大，推己及人，触类旁通，举一反三，从而获得新的认识和发现的思维，如"一叶落知天下秋""窥一斑而知全豹"。

5．创新思维的跨越性

创新思维的思维进程带有很强的省略性，其思维步骤、思维跨度较大，具有明显的跨越性。创新思维的跨越性表现为跨越事物"可见度"的限制，迅速完成"虚体"与"实体"之间的转化，加大思维前进的"转化跨度"。

6．创新思维的综合性

任何事物都是作为系统而存在的，都是由相互联系、相互依存、相互制约的多层次、多方面的因素，按照一定结构组成的有机整体。这就要求创新者在思考时，应将事物放在系统中进行思考，进行全方位、多层次、多方面的分析与综合，找出事物之间相互作用、相互制约、相互影响的内在联系，而不应孤立地观察事物或利用某一方法进行思考，应对多种思维方式进行综合运用，不应局限于一知半解、道听途说，而应详尽地分析大量的事实、材料及相关知识，发挥思维的综合作用，深入分析、把握特点、找出规律。

这种"由综合而创造"的思维方式，体现了对已有智慧、知识的杂交和升华，这种杂交和升华，不是简单地进行相加、拼凑，而是使综合后的整体大于原来部分之和，变不利因素为有利因素，是从个别到一般，由局部到全面，由静态到动态的矛盾转化过程，是辩证思维运动过程，是形成更具普遍意义的新成果的过程。

在管理学中，关于如何理解系统的综合性原理，有以下论点。所谓综合性，就是把系统的各部分、各方面和各种因素联系起来，考察其中的共同性和规律性。系统的综合性原理一方面体现系统目标的多样性与综合性，另一方面体现系统实施方案选择的多样性与综合性。管理者既要学会把许多普普通通的事物综合为新的构思、新的产品，创造出新的系统，又要善于把复杂的系统分解为最简单的单元。

磁半导体的研究者菊池城博士说："我认为搞发明有两条路，第一是进行全新的发明，第二是把已知原理的事实进行综合。"

摩托车的诞生就体现了创新思维的综合性，摩托车是将自行车的灵活性、轻便性和汽车的机动性、高速度合二而一的结果。后来，日本的本田技研工业株式会社又综合了世界上九十多种各具特色的发动机的优点，研究出世界上综合性能最佳的发动机，用以装配出世界一流的摩托车，成为世界摩托车行业的领头羊。可见，将众多的优点集中起来，绝非简单地进行相加、堆积，而是协调、兼容和创造。

简而言之，创新思维就是脱离窠臼、开辟新路的思维方式。人们要经过大量、反复、深入的思考，才能豁然开朗、获得顿悟。要学会和掌握创新思维方式，人们必须自觉地进行日常的培养和训练，逐步具备良好的思维功底和思维品质；必须积累丰富的知识、经验和智慧，然后厚积薄发；必须敢为人先，勇于实践，不怕失败，善于从失败中学习、汲取营养，才能获得灵感，实现思维的飞跃，不断产生新观点、新办法，创造出新成果。

【思考与练习】

(1)将下列事物放在一起，编写一个故事：瘸腿的狗、警察、一块口香糖、两个身穿制服的护士。仔细体会并记录这一过程中你的思维活动。

(2)在 8 个大小相同的杯子中，有 7 个盛的是凉开水，1 个盛的是白糖水。你能否只尝3 次，就找出盛白糖水的杯子呢？

(3)电影《哪吒之魔童降世》从全新的角度、以全新的形象讲述传统神话故事，请你用这种创新思维重新讲述传统的《灰姑娘》故事。

1.3.3　培养创新思维的方法

创新思维是人类的高级思维。创新思维是政治家、教育家、科学家、艺术家等出类拔萃的人才所必须具备的基本思维。创新思维是在一般思维的基础上发展起来的，它是后天培养与训练的结果。卓别林说过一句耐人寻味的话："和拉提琴或弹钢琴相似，思考也是需要每天练习的。"因此，我们可以运用心理上的"自我调解"，有意识地从几方面培养自己的创新思维。

1．张开想象的翅膀

心理学家认为，人脑有四个功能部位：一是从外部世界接收感觉的感受区，二是将这些感觉收集整理起来的存储区，三是评价收到的新信息的判断区，四是按新的方式将旧信息结合起来的想象区。只善于运用存储区和判断区的功能，而不善于运用想象区功能的人，就不善于创新。据心理学家研究，一般人只使用了想象区的15%，想象区其余的部分还处于"睡眠"状态。

想象是人类运用存储在大脑中的信息进行综合分析、推断和设想的思维能力。在思维过程中，如果没有想象的参与，思考会变得困难。爱因斯坦说过："想象力比知识更重要，因为知识是有限的，而想象力概括着世界的一切，推动着进步，是知识进化的源泉。"爱因斯坦的"狭义相对论"就是从他幼时想象人跟着光线跑，并能努力赶上它开始的。世界上的第一架飞机，就是从人们想象造出飞鸟的翅膀开始的。想象不仅能引导我们发现新的事物，还能激发我们做出新的努力和探索，进行创造性劳动。

想象是产生创新思维的条件，今天你想象的东西，明天就可能出现在你创造性的构思中。

2．培养发散思维

所谓发散思维，是指倘若一个问题可能有多种答案，那就以这个问题为中心，使思考的方向往外发散，找出适当的答案，越多越好，而不是只找出一个正确答案的思维。人在这种思维中，可在各种答案中充分表现出思维的创造性成分。例如，我们思考"砖头有多少种用途"时，至少有以下答案：造房子、砌院墙、铺路、刹住停在斜坡上的车辆、压纸、垫东西、作为搏斗的武器……我们思考与速度相关的事物时，可以想到奔驰的汽车、运动员的百米冲刺、自由落体的重物、一闪而过的流星、飞奔的羚羊、呼啸而过的飞机，如图 1-5 所示。

3．培养直觉思维

在学习过程中，直觉思维有时表现为提出怪问题，有时表现为大胆猜想，有时表现为一种应急性的回答，有时表现为解决一个问题的多种新奇的方法、方案等。为了培养我们的创新思维，当这些直觉纷至沓来的时候，千万别怠慢了它们。青年人感觉敏锐、记忆力好、想象力极其丰富，在学习和工

图 1-5　"速度"的发散思维

作中，在发现和解决问题时，可能会产生突如其来的新想法、新观念，要及时捕捉这种创新思维的产物，要善于培养自己的直觉思维。

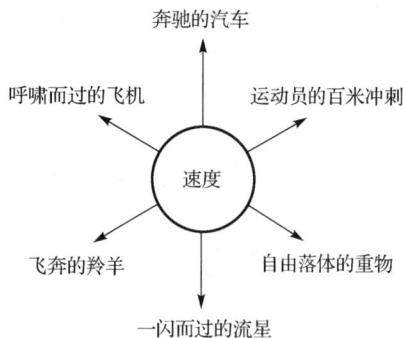

4．培养思维的流畅性、灵活性和独创性

流畅性是指针对刺激能很流畅地做出反应的能力。灵活性是指随机应变的能力。独创性是指对刺激做出不寻常的反应的能力。20 世纪 60 年代，美国心理学家曾采用所谓急骤的联想或暴风雨式的联想方法，来训练大学生思维的流畅性。训练时，要求学生像夏天的暴风雨一样，迅速地抛出一些观点，不容迟疑，也不要思考观点质量的好坏或数量的多少，并在结束后进行评价。速度越快，表示越流畅，讲得越多，表示流畅度越高。这种自由联想与迅速反应的训练，对于思维，无论是质量，还是流畅性，都有很大的帮助，可培养创新思维。

5．培养强烈的求知欲

古希腊哲学家柏拉图和亚里士多德都说过，哲学的起源乃是人类对自然界和人类自己所有存在的惊奇。他们认为，积极的创新思维，往往是在人们感到"惊奇"时，在情感上燃烧起来对这个问题追根究底的强烈探索兴趣时开始的。因此要激发自己创造性学习的欲望，首先就必须使自己具有强烈的求知欲。而人的求知欲总是在需要的基础上产生的，没有精神上的需要，就没有求知欲。要有意识地为自己出难题，或者去"啃"前人遗留下的未解之谜，激发自己的求知欲。青年人的求知欲最强，然而，若不有意识地将其转移到科学上去，其就会自然萎缩。求知欲会促使人去探索科学，而只有在探索过程中，才会不断地激起好奇心，使之不枯竭。一个人，只有当他对学习的心理状态，总处于"跃跃欲试"阶段的时候，才能使自己的学习过程变成一个积极主动"上下求索"的过程。这样的学习，不仅能获得知识和技能，而且能进一步探索未知的新世界，发现未掌握的新知识，甚至创造出前所未有的新事物。

📚 **案例故事**

科 学 幻 想

1861 年，被人们称为科幻小说之父的美国著名作家凡尔纳，曾在一部小说里描绘了以下景象：美国的佛罗里达州将设立一个火箭发射站，火箭从这里发射，飞往人们心仪已久

的月球，他还具体描述了飞行员在宇宙飞船中失重的情景。

天下之大，无奇不有。刚好过了 100 年，到 1961 年，美国真的在佛罗里达州发射了一艘载人宇宙飞船，而且宇航员在太空的许多失重情景竟和凡尔纳在想象中描写的一样。不仅如此，直升机、雷达、导弹、坦克、电视机等，也都在凡尔纳的小说中有了雏形。

凡尔纳所写的科幻小说，通过神奇无比的想象和精确预示，100 多年来给无数青少年和科学家以启迪。我国古人曾说："预则利，不预则废"。通过预示想象，设想自己各项活动的前景及它们带来的一切后果，预见可能遇到的种种艰难险阻，然后采取相应的行动，对我们希望产生的事物，积极努力为其创造条件，对不希望出现的现象，尽力避免其出现。预示想象对人的实践活动，能起一种先导作用，或者促进和激励人们采取有益、正确的行动，或者抑制和防止人们采取有害的错误的行动。

无论是科学研究，还是从事其他实际工作，借助于一定的预示想象，都是很重要的。因为预示想象能为我们节省大量的人力物力，使我们少走许多弯路，少承受许多失败的痛苦。退一步讲，即使预示想象没有取得预期效果，也只不过是思考者在脑中"放了一场电影"而已，无伤大体。

案例故事

怀丙捞铁牛

公元 1066 年，我国宋朝英宗年间，黄河发洪水，冲垮了河中府（今山西省永济市）城外的一座浮桥，将两岸岸边用来拴住铁桥的每个 1 万斤重的 8 个铁牛也冲到了河里。洪水退去以后，为了重建浮桥，需将这 8 个铁牛打捞上来。在当时，这是一件极为困难的事，府衙为此贴了招贤榜。后来，一个叫怀丙的和尚揭了招贤榜。怀丙经过一番调查摸底和反复思考，指挥一帮船工终于将 8 个铁牛全捞上了岸。怀丙提出的办法是，在打捞的那一天，他指挥一帮船工，将两艘大船装满泥沙，并排地靠在一起，同时在两艘船之间搭了一个连接架。船划到铁牛沉没的地方后，他叫人潜入水下，把拴在木架上绳子的另一端牢牢地绑在铁牛上。然后船上的船工一边在木架上收紧绳子，一边将船里的泥沙一铲一铲地抛入河中。随着船里泥沙的不断减少，船身一点一点地向上浮起。当船的浮力超过船身和铁牛的重量时，陷在泥沙中的铁牛便逐渐浮了起来。这时通过船的划动，很容易地就能把铁牛拉到江边并拉上岸。如此反复进行了 8 次，终于将 8 个铁牛全都打捞到了岸上。怀丙对打捞情景的设想，运用了形象思维的预示想象创新思维方式。

1.3.4　发散思维与聚合思维

1. 发散思维

（1）发散思维的概念。

发散思维表现为思维视野广阔，思维呈现出多维发散状，如图 1-6 所示，如"一题多解""一事多写""一物多用"等。不少心理学家认为，发散思维是创新思维中最主要的一种思维，是测定创造力的主要标志之一。

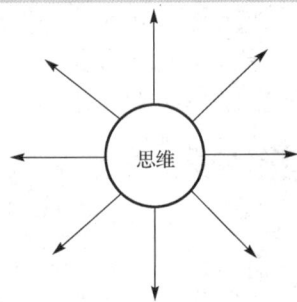

图 1-6　发散思维示意图

发散是一种思维方式，这里所说的发散思维是指与聚合思维相对应的一种思维。发散思维用于对问题从不同角度进行探索，从不同层面进行分析，从正反两方面进行比较，因而视野开阔，思维活跃，可以产生出大量独特的新思想。

聚合思维是指人们解决问题的思路朝一个方向聚敛前进，从而形成唯一的、确定的答案。例如，7+4=11，这就是聚合思维，而如果问"还有哪些数相加的结果也为 11 呢？"这就有多种结论，就需要使用发散思维。

各行各业的人都要有发散思维，1987 年，我国在南宁市召开了"创造学会"第一次学术研讨会。这次会议集中了全国许多在科学、技术、艺术等方面的杰出人才。为扩大与会者的视野，也聘请了国外某些著名的专家、学者。其中有日本的村上幸雄先生，在会议中，村上幸雄先生为与会者讲课，他讲了三个半天，讲得很新奇、很有魅力，也深受大家的欢迎。会议期间，村上幸雄先生拿出一把曲别针，请大家动动脑筋，想想曲别针都有什么用途？比一比谁的思维更发散。会议上一片哗然，七嘴八舌，议论纷纷。有人说可以别胸卡、挂日历、别文件，有人说可以挂窗帘、订书本，大约说出了二十余种，大家问村上幸雄："你能说出多少种？"村上幸雄轻轻地伸出三个手指。有人问："是三十种吗？"他摇摇头，"是三百种吗？"他仍然摇头，他说："是三千种。"大家都异常惊讶，然而就在此时，坐在台下的中国魔球理论的创始人、著名的许国泰先生心里一阵紧缩，他给村上幸雄写了个纸条说："村上幸雄先生，对于曲别针的用途我可以说出三千种，甚至三万种"。村上幸雄十分震惊，大家也都不相信。许先生说："村上幸雄先生所说的曲别针的用途我可以简单地用四个字加以概括，即钩、挂、别、连。我认为远远不止这些"。接着，他把曲别针分解为材质、重量、长度、截面、弹性、韧性、硬度、颜色等十个要素，将它们用一条直线连起来形成信息的横轴，然后把要动用的曲别针的各种要素用直线连成信息的纵轴，再把两条轴相交垂直延伸，形成一个信息反应场，将两条轴上的信息依次"相乘"，达到信息交合的目的……

于是曲别针的用途就无穷无尽了。例如，可制氢气、可加工成弹簧、做成外文字母、做成数学符号等。这个故事告诉我们，发散思维对于一个人的智力、创造力有多么重要。怎样培养自己的发散思维呢？就是要勤于实践，使自己的思维异常活跃。每当遇到问题时，要从多方位、多角度，使用多种方法进行思考。

(2)发散思维的特点。

①流畅性。

流畅性是指在尽可能短的时间内生成并表达出尽可能多的观点以较快地适应、消化新的概念。流畅性反映的是发散思维的速度和数量特征。

②变通性。

变通性就是克服人们头脑中某种自己设置的僵化的思维框架，按照某一新的方向来思索问题。变通性需要借助横向类比、跨域转化等，使发散思维沿着不同的方向扩散，表现出极其丰富的多样性和多面性。

③独特性。

独特性是指人们通过发散思维，做出不同寻常的、异于他人的新奇反应。独特性是发散思维的最高目标。

④多感官性。

运用发散思维时，不仅运用视觉和听觉，而且充分利用其他感官接收信息，并对信息进行加工。发散思维还与情感有密切关系。

（3）发散思维的方法。

①一般方法。

材料发散法——以某事物尽可能多的材料为发散点，设想它的多种用途。

功能发散法——以某事物的功能为发散点，设想出获得该功能的各种可能性。

结构发散法——以某事物的结构为发散点，设想出利用该结构的各种可能性。

形态发散法——以某事物的形态为发散点，设想出利用某种形态的各种可能性。

组合发散法——以某事物为发散点，尽可能多地把它与别的事物组合成新事物。

方法发散法——以某种方法为发散点，设想出利用该方法的各种可能性。

因果发散法——以某事物发展的结果为发散点，推测出造成该结果的各种原因，或者由原因推测出可能产生的各种结果。

📚 案例故事

爱迪生巧测玻璃灯泡的容积

爱迪生是一个没有大学文凭的人，他与毕业于美国普林斯顿大学的高才生阿普顿一起工作，他经常受到阿普顿的歧视。有一次，爱迪生拿了一个梨形灯泡，请阿普顿测算一下灯泡的容积。于是，阿普顿便拿起灯泡开始测算，他先测量灯泡的直径和高度，然后进行计算。但是，由于灯泡的形状很不规则，有像球形的地方，又有不像球形而像圆柱体之处，可是那里又不完全像圆柱体，测算起来十分烦琐而复杂。此时，只见阿普顿桌子上摆满他画的草图和写着密密麻麻数据及计算公式的多张白纸，但他还是没有算出结果。

爱迪生做完了自己的工作后，走到阿普顿身旁一看，观察和沉思了一会后，笑着说："阿普顿，你是否可以用另一种方法计算呢？"接着，爱迪生取来一杯水，给阿普顿刚才反复测算的玻璃灯泡里注满水，然后再把水倒入量筒，几秒钟就测出水的体积，当然也就是玻璃灯泡的容积。这时，阿普顿脸羞得通红，呆呆地站在那里，不好意思地说："爱迪生，对不起，过去都是我的不对，以后还得多向您学习。"

②假设推测法。

假设的问题不论是任意选取的，还是有所限定的，所涉及的都应当是与事实相反的情况，是暂时不可能出现的或现实中不存在的事物对象和状态。

由假设推测法得出的观念可能大多是不切实际的、荒谬的、不可行的，这并不重要，重要的是有些观念在经过转换后，可以成为合理的、有用的观念。

③集体发散思维法。

发散思维不仅需要用上我们自己的大脑，还需要用上我们身边的资源，集思广益。集体发散思维法有不同的形式，如我们常常戏称的"诸葛亮会"。

【思考与练习】

（1）利用发散思维说出燕尾夹的功能和用途。

(2)尽可能多地列举出建筑用的砖头的其他功能和用途。

(3)尽可能多地想出测量一个建筑物高度的方法。

2.聚合思维

(1)聚合思维的概念。

聚合思维是指从已知信息中产生逻辑结论，从资料中寻求正确答案的一种有方向、有条理的思维。聚合思维是把广阔的思路聚集成一个焦点的思维，如图1-7所示。它与发散思维相对应。对聚合思维来说，从众多结果中迅速做出判断，得出结论是最重要的。

聚合思维也称求同思维，它是指把各种信息聚合起来进行思考的一种思维方式，旨在朝着一个方向得出一个正确答案。求同是聚合思维的主要特点。

聚合思维是创新思维的基本成分之一，是思维者聚集与问题有关的信息，在思考和解答问题时，进行重新组织和推理，以求

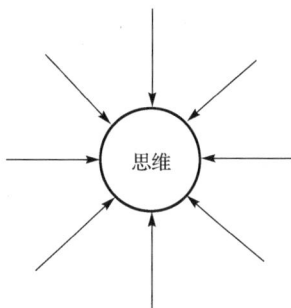

图1-7 聚合思维示意图

得正确答案的收敛性思维方式。例如，学生从书本的各种定论中筛选一种方法，或寻找问题的一种答案；理论工作者依据许多现有的资料归纳出一种结论，都是运用聚合思维的例子。

(2)聚合思维的特点。

①封闭性。

聚合思维是指把许多结果从四面八方聚集起来，选择一个合理的答案，具有封闭性。

②连续性。

运用发散思维的过程是从一个设想到另一个设想、具有一定连续性的过程，而聚合思维强调一环扣一环，也具有较强的连续性。

③求实性。

发散思维所产生的众多设想或方案，一般来说，多数是不成熟的、不实际的。我们必须对发散思维的结果进行有效的筛选。被选择出来的设想和方案应是切实可行的，这样，聚合思维就表现出很强的求实性。

④聚焦性。

聚合思维要求人们围绕问题进行反复思考，有时甚至要停下来，使原有的思维"浓缩"，形成强大的穿透力，最终达到质的飞跃，顺利解决问题。

(3)聚合思维的方法。

运用聚合思维的方法很多，常见的有抽象与概括、归纳与演绎、比较与类比、定性与定量等。

①抽象与概括。

抽象是一种思维过程，通过比较，找出同类事物的相同与不同的特征，把不同的特征舍弃，把本类事物有的、其他类事物没有的特征抽取出来。例如，把各种果实拿来比较，相同的特征是都有果皮和种子。可以选取的不同特征包括：有的能吃，有的不能吃；有的长在地下，有的长在地上；有的果皮坚硬，有的果皮柔软。把不同的特征去掉，对果皮和种子这一共性特征进行考察，就是抽象的过程。

概括也是一种思维过程，是在抽象的基础上进行的。例如，对猫、兔子、虎、猴等动物进行比较后，概括出它们的共同特征是"有毛、胎生、哺乳"，组合起来就会形成"哺乳动物"的概念。

②归纳与演绎。

归纳又称归纳推理，是从特殊事物中推导出一般结论的推理方法，即从许多个别事实中概括出一般性认识的过程。例如，人们经常会接触瓜、豆这些植物，通过反复实践，就会逐步认识到"种瓜得瓜，种豆得豆"的真谛，然后经过分析推理就会得到一个一般性的认识：生物的遗传现象。这个过程就是归纳的过程。

演绎又称演绎推理，是从一般到特殊，即用已知的一般原理考察某一特殊的对象，推演出有关这个对象的结论的过程。例如，所有的生物都有遗传现象。从这个原则出发，就可以引申出"老鼠的儿子会打洞"。这是由演绎推理而得出的一个结论。在认识过程中，归纳和演绎是相互联系、相互补充的。

③比较与类比。

比较、类比是一种联动性思维，可以激发人们的情感、智慧，提出独特的方法。通过对相关知识进行比较、类比，按照"发散→聚合→再发散→再聚合"和"感性认识→理性认识→具体实践"的认知过程，可培养自己的创造力。

④定性与定量。

定性分析就是对研究对象进行质的方面的分析，是运用归纳与演绎及抽象与概括等方法，凭借分析者的直觉、经验，对获得的各种材料进行思维加工，从而对分析对象的性质、特点、发展变化规律做出判断的一种方法。

定量分析就是通过统计调查法或实验法，建立研究假设，收集精确的数据资料，然后进行统计分析和检验的研究方法。在运用聚合思维的过程中，可以利用定性与定量分析方法对单个创意进行分析，对一组创意进行评价。

(4)聚合思维的应用。

在应用聚合思维方式时，一般分为三个步骤。

第一步，收集、掌握各种有关信息。采取各种方法和途径收集、掌握与思维目标有关的信息，信息越多越好，这是选用聚合思维的前提，有了这个前提，才有可能得出正确的结论。

第二步，对掌握的各种信息进行分析和筛选。这是应用聚合思维的关键步骤。通过对所收集到的各种资料进行分析，分析出它们与思维目标的相关程度，以便把重要的信息保留下来，把无关的或关系不大的信息淘汰掉。经过筛选后，还要对各种相关信息进行抽象、概括、比较、归纳，从而找出它们共同的特性和本质。

第三步，客观、实事求是地得出科学结论，达到思维目标。

【思考与练习】

在网上搜索近几年本专业领域最新科技成果的新闻，进行概括和总结。写一篇关于"专业新进展"的文章，与同学和老师交流。

3. 发散思维和聚合思维的关系

发散思维与聚合思维是创新思维的两种重要类型，它们之间的关系如图 1-8 所示。

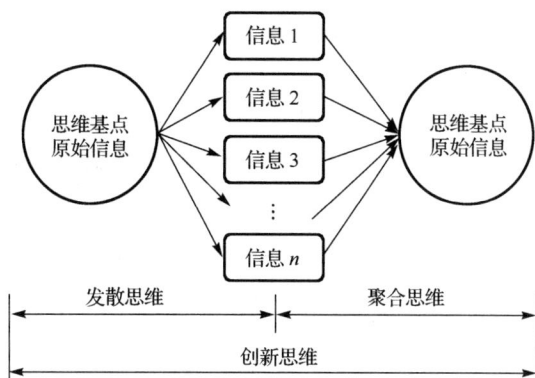

图 1-8　发散思维与聚合思维的关系

发散思维即根据已有知识或已知事实，以某一问题为中心，从不同角度、不同方向、不同层次进行思考，寻找问题的多种答案的一种展开性思维方式，是一种以已有思维成果为基础，同时又不满足这种成果，向新的方面、领域探索和开拓的开放性思维方式。与发散思维相对应，聚合思维是依据一定知识和事实求得某一问题最佳或最正确答案的聚合性思维方式。与已有的思维形成连续性，使多样化的发散过程形成某种统一性而沿着一个方向得到确定的结果，是聚合思维的基本要求。

发散思维和聚合思维是创新思维结构中求异与求同的两方面，在实际思维活动中，二者互为前提，彼此沟通，相互促进，相互转化。发散思维以聚合思维的已有成果为基础，并依赖聚合思维形成一个集中的思维指向和思维力量，从而获得具体思维成果。聚合思维以发散思维为前提，否则将造成无对象的收敛或思维的保守、封闭与停滞。在不同的思维活动中，二者各有侧重。一般来说，创新思维偏重于发散思维，批判思维偏重于聚合思维。

1.3.5　正向思维与逆向思维

1. 正向思维

（1）正向思维的概念。

所谓正向思维，就是人们在创新思维活动中，沿袭某些常规思路去分析问题，按事物发展的进程进行思考、推测的思维，是一种从已知到未知，通过已知来揭示事物本质的思维。这种思维一般只限于对一种事物的思考。坚持正向思维，就应充分估计自己现有的工作、生活条件及自身所具备的能力，就应了解事物发展的内在逻辑、环境条件、性能等。这是自己获得预见能力和保证预测正确的条件，也是正向思维的基本要求。

正向思维是依据"事物都是一个过程"这一客观事实而建立的。任何事物都有产生、发展和灭亡的过程，都是从过去走到现在、由现在走向未来的。只要我们能够把握事物的特性，了解其过去和现在，就可以在已掌握资料的基础上，预测其未来。

正向思维虽然一次只限对某一事物进行思考，但它都是在对事物的过去做了充分分析、对事物的发展规律做了充分了解的基础上，推知事物的未知部分，提出解决方案的，因此它又是一种较有内涵的方法。例如，在职业经理想了解并解决某一具体问题时，该方法较为有效。例如，大量的堵车、交通事故、环境污染等问题日益困扰着发达国家，1994年的法国农民罢工，不再以传统的示威游行方式进行，而是以开车游行的方式进行，并把车停放在交通要道上，让车"静坐"。而要解决此问题，警察可以增加警力，进行疏通；政府可以增修高速公路、立交桥，以保证交通畅通；相关部门可以限制车辆上路时间等。但这终究治标不治本，要想真正解决问题，就得思考从汽车引入家庭至今，它给人民生活、环境、社会发展、安全等带来了哪些方便与不便，还将继续向何方向发展等，即从家庭拥有汽车这件事情本身的产生、发展过程入手，寻求解决办法。最后已基本达成共识：发展公共交通事业，提倡公民出入乘公共交通工具，这是根本的解决办法。

(2)正向思维的优势。

正向思维使我们的大脑处于开放、激活状态，使我们的情绪处于兴奋状态。这种状态基于大脑指令的表达，该指令能调动身体各个系统和各个器官有效地朝指令方向"动作"，于是，能力、创造力和潜力被挖掘出来。正向思维让人首先从内心培养自己坚强的意志，不断地分析自己的长处，不断地强化自己的信念，然后去努力。

2．逆向思维

(1)逆向思维的概念。

逆向思维是对司空见惯的、似乎已成定论的事物或观点反过来思考的一种思维方式。即敢于"反其道而行之"，让思维向对立面的方向发展，从问题的相反面深入地进行探索，树立新思想，创立新形象。

当大家都朝着一个固定的思维方向思考问题时，拥有逆向思维的人却独自朝相反的方向思索。人们习惯于沿着事物发展的正方向去思考问题并寻求解决办法。其实，对于某些问题，尤其是一些特殊问题，从结论往回推，倒过来思考，从求解推回到已知条件，反过来想或许会使问题简单化。

在发明创造的路上，需要逆向思维。日本理光公司的科学家发明了一种"反复印机"，已经复印过的纸张通过它以后，上面的图文会消失，重新还原成一张白纸。这样一来，一张白纸可以重复使用许多次，不仅创造了财富，节约了资源，而且使人们树立起新的价值观。

运用逆向思维去思考和处理问题时，实际上就是以"出奇"去达到"制胜"，让问题变得更简单。因此，运用逆向思维的结果常常会令人大吃一惊，喜出望外，获得意外收获。

逆向思维突出创新性。运用逆向思维，用户能以反传统、反常规、反定式的方式提出问题、解决问题，所以用它提出和解决的问题常常令人耳目一新。例如，美国阿拉斯加涅利英自然保护区的工作人员为使鹿群健壮起来，不是恢复植被给鹿治病，而是把狼作为"医生"请到自然保护区，因为狼的到来，鹿群跑得更快了。

逆向思维还具有反常的发明性这一性质。逆向思维是指以反常的方式去思考发明创造的问题，所以，用常规方式无法做出的发明创造用逆向思维也许可以做出来。

(2)逆向思维的特点。

①普遍性。

逆向思维在多个领域、活动中都有适用性，由于对立统一规律是普遍适用的，而对立统一的形式又是多种多样的，有一种对立统一的形式，相应地就有一种逆向思维的角度，所以，逆向思维也有多种形式。例如，性质上的对立：软与硬、高与低等；结构、位置上的对立：上与下、左与右等；过程上的对立：气态变液态或液态变气态、电能转换为磁能或磁能转换为电能等。不论哪种方式，只要从一方面想到与之对立的另一方面，就是应用了逆向思维。

②批判性。

逆向是相对正向而言的，正向是指常规的、常识的、公认的或习惯的方向。逆向则恰恰相反，是与传统、惯例、常识相反的方向。运用逆向思维能够克服思维定式，破除由经验和习惯造成的僵化的认识模式。

③新颖性。

用循规蹈矩的思维和传统方式解决问题虽然简单，但容易使思路僵化、刻板，摆脱不掉习惯的束缚，得到的往往是一些司空见惯的答案。其实，任何事物都具有多方面属性。由于受过去经验的影响，人们容易看到熟悉的一面，而对另一面视而不见。运用逆向思维能克服这一障碍。

(3)逆向思维的类型。

①反转型逆向思维。

反转型逆向思维是指从已知事物的相反方向进行思考，产生发明构思的途径。"事物的相反方向"常常包括功能、结构、因果关系三方面。例如，反向伞利用结构逆向实现了把雨伞湿淋淋的一边藏在里面，干燥的一边留在外面的翻转，如图 1-9 所示。

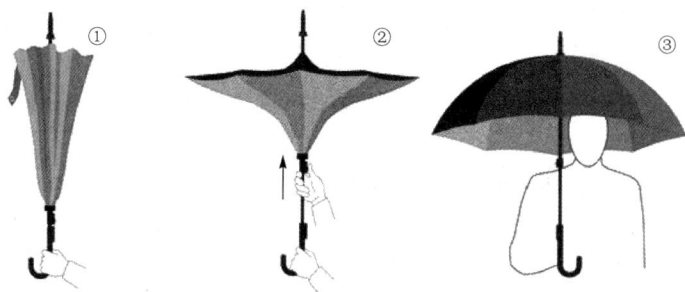

图 1-9 反向伞

②转换型逆向思维。

转换型逆向思维是指在研究一个问题时，由于解决该问题的方法无法实现，而用另一种方法，或转换思考角度，以使问题顺利解决的思维方式。如历史上被传为佳话的"司马光砸缸"的故事，实质上就是一个用转换型逆向思维的例子。由于司马光不能爬进缸中救人，因此他就用另一种手段——破缸救人，顺利地解决了问题。

③缺点逆向思维。

缺点逆向思维是指利用事物的缺点，将缺点变为可利用的点，化被动为主动，化不利为有利的思维方式。这种方式不以克服事物的缺点为目的，相反，它将缺点化为优点，以找到解决方法。例如，金属腐蚀是一件坏事，但人们可以利用金属腐蚀原理进行金属粉末的生产，或进行电镀，这无疑是缺点逆向思维的一种应用。

(4)逆向思维的培养。

培养逆向思维需要经过科学的训练，"反其道而行之"的方法并不难，难的是"反"得有道理。

举两个例子。

洗衣机脱水缸的转轴是软的，摇摇晃晃，为的是在高速脱水时转得很平稳。不过，一开始这个转轴是硬的，脱水时会产生剧烈的颤抖和噪声。技术人员一开始的方案是加粗加硬转轴，全部无效，最后还是逆向思维帮了忙，为什么不能用软轴呢？终于解决了问题。

早期的破冰船用自身的重量从上往下压碎冰层，所以船体很重，费燃料，而且破冰速度很慢，遇到很厚的冰层，还不管用。人们运用逆向思维，设计出一个从下往上"顶"碎冰层的新型破冰船。借助水的浮力，新型破冰船的重量大大减轻，节约能源，就算很厚的冰层也能"顶"碎。

以上两个案例都是典型的运用逆向思维的案例：一个是把"硬轴"变成"软轴"，一个是把"往下压"变成"往上顶"。

培养逆向思维要从两方面进行努力。一方面是进行方法训练，如辩论赛的选手都要锻炼逆向思维，他们会把一件事的正常逻辑全部列出来，一个个分析，然后思考如果反过来会有哪些变化；他们还会选择那些大众都深信不疑的观点，一个个拿出来反驳。经过大量的训练，人们可以把逆向思维培养成自己的一种本能。另一方面是大量储备各种知识，而且在各种知识之间建立横向的联系。像前面洗衣机脱水缸的软轴设计，工程师也是在看到一种植物的构造之后，才联想到洗衣机脱水缸的，把这两类完全不相干的知识联系在一起，也是一种能力。把问题反过来想的能力，其实真正考验的不是你会不会"反"，而是你常规思维的逻辑能力是不是强大，知识面是不是广，这就是"守正出奇"的道理。

在职场中，团队应该尊重不同声音的存在，这样做一是可以发挥每个人的积极性，二是允许存在不同思维，待思维碰撞后带动整个团队的发展，三是在有些时候，真理掌握在少数人手里。

研究表明，逆向思维能力强的人，逻辑思维能力更强。这其实很好理解，如果没有逆向思维，相当于只会从正向去看待问题，有了逆向思维，人们就多了一种思维方式和思维角度，更重要的是，可以让思维形成整体的闭环。这就像我们高中解题时的验算，如果验算时采用逆向思维的方式倒着推演，那么在两次计算结果相符的情况下，出问题的概率非常小。相反，如果你采用解决问题时用过的方法验算，那么极有可能被正向思维左右，也许从一开始就是错误的。所以，在平时的工作中，我们可以有意识地用"验算"的方法去检视工作，不断提高逆向思维能力。

(5)逆向思维的七种方法。

①方位逆向。

方位逆向就是双方完全交换位置。它不仅指物理空间的交换，还指一种对立抽象的本质。

恋爱中的男女总是时而甜甜蜜蜜、时而吵吵闹闹，而吵架的原因不外乎是认为对方不为自己考虑，不站在自己的角度想一想。事实上，如果每个人都能真正站在别人的位置上想一想，世界上也就少了许多遗憾了。但是，大多数人总是在抱怨对方不站在自己的角度为自己考虑的时候，忘了自己也应该站在对方的角度为对方考虑一下。看来，"方位逆向"是一件说起来容易、做起来难的事。

学习方位逆向，首先在于四个字：设身处地。在方位逆向的实际应用中，需要你真正站在他人的角度——尤其是存在利益关系的"敌对方"的角度看待和分析问题。学习这一点，需要一颗真诚的心，更需要创新的智慧。站在对立面研究解决问题的方式，和对方换一个角度进行思考，是一次"方位逆向"。方位逆向可以多次使用，甚至反复使用。

学习方位逆向，其次就是要学会"换位—再换位"。之所以要进行多次、反复的逆向换位，是因为我们必须考虑到"对立"的那一方可能也在进行逆向思考，思考他人—做出反馈—再思考他人对于你的反馈会做出什么逆向反馈……这就是方位逆向的升级，在这样的换位对抗中谁胜谁负，就要看谁在换位思考上胜人一筹了。

②属性逆向。

事物的属性往往是多角度的，对于一件事，人们可以从不同的角度去理解。即使从不同的角度观察同一件事，其性质也可以是多方面的，并且多方面之间可以相互转化。就像钱钟书说的"以酒解酒、以毒攻毒、豆燃豆萁、鹰羽射鹰"，包含着极大的矛盾性。例如，好坏、大小、强弱、有无、动静、多寡、冷热、快慢、增减、生死、出入、始末、水火等。

有一次，美洲草原上失火了，烈火借着风势，无情地吞噬着草原上的一切。那天刚好有一群游客在草原上玩，一见烈火扑来，个个惊慌失措。幸好有一位老猎人与他们同行，他一见情势危急，便喊道："为了我们大家都有救，现在听我的。"老猎人要大家拔掉面前这片干草，清出一块空地来。

这时大火越来越近，情况十分危险，但老猎人胸有成竹。他让大家站到空地的一边，自己则站在靠近大火的一边。他见烈火像游龙一样越来越近，便果断地在自己脚下放起火来。眨眼间老猎人身边升起了一道火墙，这道火墙同时向三个方向蔓延开。奇迹发生了，老猎人点燃的这道火墙并没有顺着风势烧过来，而迎着那边的火烧过去。当两堆火碰到一起时，火势骤然减弱，然后渐渐熄灭。

游客们脱离险境后纷纷向他请教以火灭火的道理，老猎人笑笑说："今天草原失火，风虽然向着这边刮来，但在近火的地方，气流还是会向火焰那边吹去的。我放这把火就是为了抓准时机，借这股气流让火向那边吹去。这把火把附近的草木烧了，这样那边的火就再也烧不过来了，于是我们得救了。"

逆向思维总是能帮助我们在困难中找到出路。彼德·诺顿也是这样一个运用逆向思维走向成功的人。他曾经以 3 亿美元出售了他的计算机软件。这是一套被称为"恢复删除"的软件，他把逆向思维运用于其中，目的是恢复被意外删除的计算机文件。不小心删除了文件是计算机使用者的噩梦，恢复被删除的文件是许多人的"妄想"，但只有他朝前跨出了一步，把看似荒谬的妄想变成了现实。在他的思想里，进与退、出与入、有与无，可以在更高层次上获得新的统一和转化。

③因果逆向。

逆向思维中"倒因为果、倒果为因"的方法在生活中的应用是极其广泛的。有时，某种恶果在一定的条件下又可以反转为有利因素，关键是如何进行逆向思考。

"倒因为果"最典型的案例应当是人类对疫苗的研究。人类在抗击一场场疾病的过程中，毫无疑问，有效的方法之一就是以毒抗毒。早在我国宋朝时，人们就开始想到用事物的结果去对抗事物的原因。据文献记载，当时人们把天花病人皮肤上干结的痘痂收集起来，磨成粉末，取一点吹入天花病人的鼻腔。后来这种天花免疫技术经波斯、土耳其传入欧洲。直到1798年英国医生爱德华·琴纳用同样的原理研制出了更安全的牛痘，为人类根治天花做出了决定性的贡献。

④心理逆向。

《中国经济时报》曾经刊登过这样一篇文章，题目是"送者贱、求者贵的思考"。大致内容如下。

五年前，我去一个偏僻山村采访，见地里种的全是当地的老品种油菜，秸秆细弱，株矮枝疏，便问同行的乡长为何不让农民改种杂交油菜，乡长一脸无奈，农民不相信呗！

于是我给他讲了下面这则故事：当年，土豆传到法国时，法国农民并不愿种，有人便出了一个怪招，在各地种植土豆的实验田上，边派全副武装的士兵日夜把守。周围的农民一见此阵势，认为地里种的肯定是金贵之极的好东西。于是，他们时常乘机溜进实验田，把土豆种在自家的地里。渐渐地，土豆成为法国广为种植的一种农作物。

前不久，那位乡长给我写了一封信，说该乡临近山区的四个村成了养羊基地，规模大着呢！一去才知，当初乡里决定在四个村中每村只选一户饲养波尔山羊，决不多选！慎重起见，由乡长任推选组组长。推选前，乡里提出了很多苛刻的条件，整整忙活了一个月，乡里为这四户每户引种羊100只，多一只也不行。乡里还组织这四个村的联防队员轮流值班看羊。等羊下了羊崽后，乡里说要出口，不让养羊户私自出售。左邻右舍的农民眼馋，托亲拜友，晚上摸黑溜进养羊户家里，好说歹说也要买几只波尔山羊饲养。如今这几个村，户户养羊，人均收入已超过万元。

毫无疑问，人类的心理是这样的——"禁止"意味着"加强"。

⑤心理逆反。

心理逆反是指在思考的过程中摈弃自身局限，先探究对方的思想，然后反对方的思路而行事。

心理逆反的"反"并不是方位逆向中反复换位中的"反"，而是"反其道而行之"中的"反"。虽然在方位逆向的学习中，你已经熟悉了捉摸对方的心理，然后想出对策，但在心理逆反中，需要你更进一步，让对方跟着你的思路走，让他做出你需要他做出的选择。

引申而言，心理逆反体现着一种"料敌在前，抢占先机"的精神。"敌不动我不动，敌动我动"的后发制人策略虽然彰显了大气和谨慎，先置自己于必守之地，再图进攻，但是在应对时始终因为必须依据他人行动做决定而丧失了先机。运用心理逆反方法，即立足于对对方心理的预测和反馈布局，使其防不胜防，让你在应对自如之余还能反将一军。

⑥雅努斯式思维(对立互补)。

"雅努斯"是罗马神话中的两面神,传说中,他的脑袋前后各有一副面孔,一副凝视着过去,一副注视着未来。你常常能在古罗马钱币上看见他一手握着开门钥匙,一手执警卫长杖,站在过去和未来之间。

雅努斯式思维,就是以把握思维对象中对立的两面为目标,自觉遵循逆向路径研究问题,把正向思维和逆向思维有机地结合起来;要求人们在处理问题时既要顺着正常的思路研究问题,也要倒过来从反方向逆流而上,看到正反两方的互补性。

雅努斯式思维训练的第一步就是在"逆向"意识之上,你必须学会认识到事物都是由两方面构成的,你现在面对的问题必然还存在其对立面。也就是说,当你面对一个难题时,你可能会面对这个难题的条件、问题和答案。你需要做的是对这个难题的构成进行逆向思考。

雅努斯式思维训练的第二步是把握住对立面之间相互渗透的关系,以达到解决问题时质的飞跃。要时刻谨记:对立是为了共存。

什么样的 18 层大厦可以在地震中屹立不倒?千万不要认为这是一个脑筋急转弯,也不要认为这是一个单纯的建筑学问题,你可能因为专业的局限性不能想到合适的建材和房屋结构,但是你可以抓住正确的思路。答案就在下面的这篇报道中。

1972 年 12 月 23 日,尼加拉瓜共和国首都马那瓜发生了大地震,一座现代化城市顷刻间变成了一片"瓦砾",死亡万余人,震中 511 个街区的房屋损毁。令人惊奇的是,一片废墟中唯独 18 层的美洲银行大厦安然屹立,而大厦正前方的街道地面却呈现出了上下达 1/2 英寸的错动!如此奇迹,轰动了全球。

奇迹的创造者就是著名工程结构专家美籍华人林同炎。他在设计美洲银行大厦时,试图设计一座在地震中不会出现崩裂的大厦,但是无论如何都没有办法解决建筑材料在强大外力下变形、裂开的问题。就在他一筹莫展之际,忽然想到如果不把思维的重点放在正面,而把思维着重放在反面呢?

于是,在多方筛选测算后,他采取了框筒结构。这种结构和一般结构不同,具有刚柔相济的特点:在一般受力的情况下,建筑物有足够的刚度来承受外力;而当受到突如其来的强烈外力时,可通过房屋内部结构中某些次要构件的开裂使房屋总刚度骤然减弱,从而大大减少主要构件需要承受的外力。这种以房屋次要构件开裂的损失来避免房屋倒塌的设计思想突破了一般常规的思维框架,突破了以刚对刚的正面思维方式,从而创造了世界上少有的奇迹。

这里,保护与破坏是完全对立的,但这不意味着它们不能互补共存。如果不遗余力的保护不能达到保护的最终目的,那么用"破坏"来"保护"就是雅努斯式思维的精髓所在了。使"保护"和"破坏"双方呈现出相互依存的态势,主动设计一些在强地震中会被破坏的东西,恰恰成就了保护的目的。

雅努斯式思维训练的第三步建立在前两步的基础上,这一步要求解析对立的双方,然后进行重组构建。

⑦缺点逆用。

缺点逆用的主旨就在于"缺点即优点"。缺点逆用,首先意味着从普通中体会不普通。它强调的是反过来考虑如何直接利用这些缺点,做到"变害为利"。也就是说,针对事物中已经发现的缺点，除采用"改进"策略以外，更希望做到的是成本更为低廉的"直接利用"。

你可以依循下面的步骤搜索身边的"缺点"，练习缺点逆用：

第一步，确定一个对象，可以是一个东西、一件事，甚至一个人；

第二步，尽可能列举这一对象的缺点和不足；

第三步，将缺点加以归类、整理；

第四步，针对每个缺点进行分析，寻求变废为宝、化弊为利的可能(这一步最关键的就是"逆"，要用逆向思维处理这些缺点)。

【思考与练习】

(1)有 4 个相同的瓶子，怎样摆放才能使其中任意两个瓶子瓶口的距离都相等呢？

(2)很多摄影者在拍集体照时总是先数"3、2、1"，可是尽管人们都尽量睁大了眼睛，总会有一些人在数到 1 的时候坚持不住，眨了眼。后来有个人出了个主意，大家将信将疑，甚至还觉得有点怪异，可是照片拍出来以后一看，果然一个闭眼的都没有，你能想到这个主意吗？

案例故事

地图的另一面

一天早上，一位很贫困的牧师，为了转移哭闹不止的儿子约翰的注意力，将一幅色彩缤纷的世界地图，撕成许多小的碎片，丢在地上，许诺道："小约翰，你如果能拼起这些碎片，我就给你 2 角 5 分钱(美元)。"

牧师以为这件事会使约翰花费上午的大部分时间，但不到十分钟，小约翰便拼好了。

牧师说："孩子，你怎么拼得这么快？"

小约翰很轻松地答道："在地图的另一面是一个人的照片，我把这个人的照片拼到一块，然后把它翻过来。我想，如果这个'人'是正确的，那么，这个'地图'也就是正确的。"

牧师微笑着给了儿子 2 角 5 分钱(美元)。

案例故事

哈桑借据法则

一位商人向哈桑借了 2000 元，并且写了借据。快到还钱的时候，哈桑突然发现借据丢了。他焦急万分，因为他知道，丢失了借据，向他借钱的这个人可能会赖账。哈桑的朋友纳斯列金知道此事后，对哈桑说："你给这个商人写封信过去，要他到时候把向你借的 2500 元还给你。"

哈桑听了迷惑不解："我丢了借据，要他还 2000 元都成问题，怎么还能向他要 2500 元呢？"尽管哈桑没想通，但还是照办了。信寄出以后，哈桑很快收到了回信，借钱的商人在信上写道："我向你借的是 2000 元钱，不是 2500 元，到时候就还你。"

生活中处处潜藏着看似不可能的变化，关键是要习惯一种逆向思维的方法。

1.3.6　纵向思维与横向思维

1. 纵向思维

(1)纵向思维的概念。

纵向思维，是指在一种结构范围内，按照有顺序、可预测、程序化的方法进行思考的思维方式，这是一种符合事物发展方向和人类认识习惯的思维方式，遵循由低到高、由浅到深、由始到终等线索，清晰明了，合乎逻辑。纵向思维从对象的不同层面切入，具有突破性、递进性、渐变性等特点。具有这种思维的人，对事物的见解往往入木三分，一针见血，对事物动态的把握能力较强，具有预见性。

纵向思维也称垂直思维，在生活中运用纵向思维时，当研究或解决一个问题时，往往会一直钻研下去，直到找到答案、找到方法才停止。纵向思维会促使你不断地寻找答案，表现出一种不达到目的，誓不罢休的精神。纵向思维需要配合系统思维、横向思维、发散思维等多种思维方式使用，单一地使用纵向思维，会让你钻进"死胡同"里。

纵向思维是将思考对象，从纵向上依照其各个发展阶段进行思考，从而推断出其进一步发展趋势的思维。例如，轮胎的发明就经历了这样一个的过程：原先的车轮是木制的，特别容易损坏。于是，人们以铁制车轮代替木制车轮，尽管铁制车轮牢固，但它具有容易振动的缺点。后来人们又发明了轮胎，利用压缩气体的弹性，减少了振动。到目前为止，汽车、摩托车等都使用轮胎。由此可见，纵向思维是纵观事物的发展历史，立足于事物现有的缺点，研究事物从有缺陷往完美方向发展的思维。纵向思维是一种可以预见未来趋势的思维方式。将纵向思维放在时间的维度上，便可产生"由昨天看到今天和明天的效果"。马云说过一句话："机会没来之前，你看不见。当机会来了，你没把握住。机会走了，你知道时却已经来不及。"纵向思维的预见性就是如此，即能"看见"别人"看不见"的东西。

如果把问题视为链条，问题中的一个因素视为链条中的一环，这样就组成了完整的问题链。问题是由多个因素综合在一起的，是一环扣一环的。运用纵向思维解决问题的方法，就是从链条的一端开始，从第一个链条环开始，一环扣一环地去解决，直到把事情中存在的全部问题解决。当然，能够做到这样，一个人的思维方式并非是单一的，需要以大量的知识储存量为基础。

(2)纵向思维的特点。

①由轴线贯穿的思维进程。

当人们应用纵向思维时，会抓住事物不同发展阶段所具有的特征进行考量、对比、分析。事物体现出发生、发展等连续的动态演变特性，而所有片段都由其本质轴线贯穿始终。如人类历史由人类的不同发展阶段串联而成，这里的时间轴是最常见的一种轴线。特别是在各种各样的专项研究中，轴线的概念和类型就丰富多了，如物理研究中水在不同温度中表现的物理特性，则是由温度轴来贯穿的。

②清晰的等级、层次、阶段性。

纵向思维考察事物背景参数从量变到质变的特征，使人们能够准确把握临界值，清晰界定事物的各个发展阶段。

③良好的稳定性。

运用纵向思维，人们会在设定条件下进行一种沉浸式的思考，思路清晰、连续、单纯，不易受干扰。情感上呈现阶段性的平淡，但因为研究的中心和目标不变，随着时间的推移，就会发生质的飞越。

④目标、方向明确。

纵向思维有着明确的目标，运用纵向思维时，就如同导弹根据设定的参数锁定目标一样，直到运行条件溢出才会终止。

⑤强烈的风格化特点。

纵向思维本身的种种特点，决定了其具有极高的严密性、独立性，个性突出，难以被复制。我国明朝的医药学家李时珍在前人的基础上重修药典《本草纲目》，就是运用纵向思维的过程。他并不满足于对前人工作的简单继承，而是把研究引向纵深方向，并努力创新发展，日臻完善。李时珍对药用植物、动物和矿物，进行了广泛、深入的观察、鉴别、实验、考证之后，共增补了近400种药物，8000个药方，并纠正了以往书中的许多错误。历时27年，他终于撰写完52卷的《本草纲目》，对世界医药学和生物学的发展做出了重大的贡献。

2. 横向思维

(1)横向思维的概念。

横向思维，顾名思义，是指一种思路更宽的思维方式。具有这种思维的人，知识面都不会太窄，且善于举一反三。

横向思维是一种打破逻辑局限，将思维往更宽领域拓展的前进式思维方式，它的特点是不限制任何范畴，以偶然性概念来逃离逻辑思维，从而创造出更多匪夷所思的新想法、新观点、新事物。横向思维可以创造更多的切入点。

横向思维是爱德华·德·博诺教授针对纵向思维提出的一种看问题的新方式、新方法。他认为纵向思维者对局势采取最理智的态度，从假设开始，依靠逻辑解决问题，直至获得问题答案；而横向思维者对问题本身提出问题、重构问题，倾向于探求解决问题的所有不同方法，而不是接受最有希望的方法，并按照该方法去做。

(2)横向思维的特点。

①横向思维的断裂性。

横向思维讲究的是思维的断裂，与纵向思维正好相反。用纵向思维思考问题时，必然要从事物本身开始，而用横向思维思考问题时，可以从与目标事物根本不相关的话题开始。

思维断裂就是打破传统纵向思维的连贯性，故意让自己的思维从甲跳到乙、从东跳到西，甚至北。总之，要刻意远离当下的思考焦点，逼迫自己逃离到与此事物完全不相关的新事物上。断裂得越厉害，断裂的频率就越高，创新的可能性就越大。

②横向思维的拓展性。

横向思维是以寻找更多、更优的创意为核心的，它不像纵向思维，一旦发现一个好创意、好想法，就立即停止思考，横向思维会将这个创意和想法暂时搁置，继续从另一个方向甚至更多方向去拓展，试图找到更多更佳的新创意、新想法，这种多点思考法在横向思维中称为前进式思考。

譬如一个人驾驶一辆摩托车在十字路口遇到红灯后熄火，绿灯后启动摩托车时，摩托车发生故障，司机便把摩托车推到路边，检查火花塞是否积炭、汽化器是否堵塞等，最终发现是因为火花塞积炭而影响了打火，就拧下了火花塞，清除掉火花塞上的积炭，再装上火花塞，发动引擎，打火成功，继续驾驶，这是传统的思维习惯。

如果运用横向思维进行拓展性思考，他则会继续想：火花塞为什么会积炭？要怎么做才能永远不积炭？那就不能用混合汽油，而用纯汽油，甚至高纯度汽油。这个思考就触及了摩托车引擎的改造和炼油技术的提升，就会推动摩托车和炼油两大领域的创新进步。

③横向思维的可能性。

在横向思维中没有二元对立，甚至没有对和错，它讲究的是万事皆有可能，运用横向思维思考问题时要进行立体思考或者多维思考，同时也没有绝对的权威或永远的正确。

过去，患胃溃疡和十二指肠溃疡疾病的人会服用 20 年以上的抗酸药，有时候还需要动手术，将胃的全部或部分切除，带来无尽的痛苦和烦恼。数以百计的医学人员和科学家一直在研究这种严重的疾病是否有更好的治疗方法。

后来，一位年轻的消化科医生巴里·马歇尔提出疑惑，胃溃疡和十二指肠溃疡有可能是由细菌感染造成的。当时的权威医疗专家乃至医学界所有专家都认为这种想法很荒唐，因为人胃中分泌出的胃酸，足以将所有的细菌杀死。所以没有人将这种可能性当回事。

1979 年，病理学医生罗宾·沃伦在慢性胃炎患者的胃窦黏膜组织切片上观察到一种弯曲状细菌，并发现与这种细菌邻近的胃黏膜总有炎症存在，因而意识到这种细菌和慢性胃炎可能有密切关系，并认为巴里·马歇尔的探索是有价值的。

1982 年 4 月，为了进一步证实这种细菌就是导致胃炎的罪魁祸首，巴里·马歇尔在罗宾·沃伦的配合下，不惜喝下含有快速致人患病的细菌培养液，人为地患上最严重的胃溃疡和十二指肠溃疡疾病，然后再用抗生素进行杀菌治疗，获得成功。

④横向思维的多变性。

挖一口井，横向思维者会从多个角度思考如何才能更快地挖出水，甚至还会思考挖井的本质，如果这个难题不需要挖井也能解决，横向思维者就不会继续挖井了。

譬如，横向思维者会告诉需要挖井以解决喝水问题的人，请提前挖一个大坑，明天就有一场大暴雨，积攒的雨水，足够喝水用；同时还告诉他，附近的山上有山泉，可以把它引到这里，解决喝水问题。这还不够，横向思维者继续思考：附近的山上有很多多汁植物，可以解决喝水需求；人不喝水是不是也能生存下去，那要怎么做？他会继续这种思考，直到找到不需要喝水，人也能健康生存的新方法。多变性能给我们带来更多原来我们不曾想过的新思路。

⑤横向思维的破局性。

在传统纵向思维中，我们经常会遇到"这个不行""这不可能"或"这简直是天方夜谭"等否定的结论。而在横向思维者的思考中，坚决不允许存在这种否定的结论，他们习惯去"破局"。

"破"的意思是"能""可以""可行"，例如，人可以飞，大米的销售额一年能突破1000 亿等；"破"出思考点之后，就要让这个目标指引我们去思考，在什么情况下，人真的可以飞？要怎么做，大米的销售额一年能突破 1000 亿？这种带有强烈破局意味的思考，总是能让我们找到一些令自己都感到吃惊的新方法。哪怕我们最终没有想出更好的新方法，但当我们这样思考的时候，我们的思维已经走得很远了，远到足以令自己都感到不可思议。

⑥横向思维的逆反性。

逆反意味着打破原来的顺序。我们不从起点出发，而直接从终点返回；我们不考虑产品的质量好坏，而直接思考消费者最想要什么样的产品；我们不考虑定位和广告，而思考要怎么做，产品的销量才迅速增加。

逆反也意味着将正常的思路颠倒。例如，开店必须开在热闹的商圈，必须要有好的店面形象，必须要有美观的产品陈列，必须要有能说会道的营业员……现在全部颠倒：在冷僻的地方开店，店面形象非常破烂，产品陈列乱七八糟，营业员不爱说话。但是，这样的商店，一定不好吗？冷僻的地方也许可以提供更大的空间，破烂的店面形象也许可以制造更加真实的年代感，乱七八糟的产品陈列也许可以制造不拘一格的艺术效果，不爱说话的营业员也许反而言简意赅。

⑦横向思维的偶然性。

在传统的纵向思维中，谁都不会将偶然发生的事主动与创意目标进行关联，因为在逻辑模式中，偶然意味着不符合逻辑，不在预设的模式之内。因为偶然事件是不可预料的，是突发的。这就是为什么我们在面对突发事件时，常常会手足无措的原因。但在横向思维中，存在偶然事件是好的，我们要关注偶然、重视偶然，并利用偶然。因为偶然之中肯定藏着必然，而这个必然也许就是我们要找的创意目标。但是，如何重视和利用偶然事件呢？

自然界发生的一切偶然事件，我们确实无力去驾驭它们，但利用横向思维，可以创造偶然，并利用偶然。例如，我们在思考解决城市交通拥堵问题时，可以闭着眼睛，打开电视机，听到电视机"说"出的某一个概念或词组，然后从这个概念和词组开始思考，也许会产生令人意想不到的创意点子。当你走在路上的时候，可以随意看看身边的风景，用风景中的各种事物来触发自己的创新思考，如一棵枯死的树、一个倒翻的垃圾桶、一次突发性车祸、一次人与人之间的争吵、一片在空中飞舞的树叶、远处建筑物上的一则广告，都可以当成新的思考点。

⑧横向思维的交叉性。

运用横向思维时，常常会运用断裂、偶然与创意目标进行交叉，这与纵向思维完全不同。纵向思维要求人们不要分散注意力，希望人们集中精力，解决问题。但横向思维完全要求人们要基于更多的事物进行交叉思考。

例如，思考饮料产品的品牌营销时，思维可直接跳到罐头或手电筒上，然后思考罐头是什么？手电筒的作用是什么？接着将其与饮料品牌营销进行交叉，看能否产生全新的创意。罐头是一种密封性很强的金属质地的食物包装形式，使食口便于携带，那么饮料能否具有罐头的特性？能否具有金属质地的包装？包装是否可以是扁平的，便于在包里存放？包装是否不怕挤压？手电筒可以照明，饮料瓶可否具有照明功能？可否具有开关功能？

3．纵向思维和横向思维的主要区别

纵向思维要求我们对局势采取理智的态度，从假设、前提、概念开始，依靠逻辑认真解决问题，直至获得问题答案。我们平常在生活、学习中大多采用这种思维方式。而横向思维要求我们对问题本身提出问题、重构问题，它倾向于探求观察事物、解决问题的所有不同方法，而不是接受最有希望的方法，这对打破既有的思维方式是十分有用的。纵向思维符合选择与判断模式，不具有单向性特征。横向思维符合"急中生智"模式，即创造性模式。

【思考与练习】

在常态下，用圆珠笔或者钢笔写字，在任何地方都能写出字来。但是如果条件变了，也有写不出字的时候。例如，在太空中，圆珠笔、钢笔都写不出字来，不是因为没有墨水，而是因为在太空中没有地心引力。你能不能想想办法解决宇航员在太空中写字的问题？

📚 案例故事

巧 移 钟 王

北京大钟寺的一座大钟，有8万7千斤重，号称钟王。这是明朝皇帝朱棣为了防止民众造反，派军师姚广孝收集老百姓的各种兵器后铸就的。不知什么原因，这口大钟沉到了西直门外万寿寺前面长河的河底。一百多年后的一天，一个打鱼的老汉发现了河底埋的这座大钟。清朝皇帝得知此事后，下令将这座钟打捞上来，并挪动到觉生寺(现在的大钟寺)，然后再修建一座大楼来悬挂这座大钟。从河底把大钟打捞上岸绝非易事，经过一番努力，总算克服了困难，将大钟打捞了上来。但要把这8万7千斤重的大钟挪动到几公里以外的觉生寺去，谁也想不出一个可行的办法来。大钟是在夏天被打捞出来的，到了秋天，还没有人想出主意。有一天，参与此事的一个工头和几个工匠在工棚里喝闷酒。工棚里有一块长长的石条，被当成桌子用，大伙就围坐在石条旁。这时天正下雨，从棚顶漏下来的雨水滴在石桌上。坐在石桌一头的一个工匠，让坐在石桌另一头的一个工匠再给他倒一杯酒。酒倒好后，由于手上有水，工匠在传递酒杯时没留神把酒杯弄翻了，引得大伙连声抱怨："太可惜了！"这时，一个工匠很不耐烦地说："何必用手传呢！石桌上有水，是滑的，轻轻一推不就推过去了。"坐在旁边的一个平时很少说话的工匠沉思了片刻，大叫起来："有啦！挪动大钟有办法啦！"这个平时很少说话的工匠想到的办法是，在万寿寺和觉生寺之间，挖一条浅河，放进一二尺深的水，河里的水结冰后，不用费多大力气便能将大钟从冰上推走。后来，人们就采用这个方法将大钟从万寿寺挪动到了觉生寺。这个工匠思考这个问题时运用了创新的思维方式。大钟虽然比酒杯不知要重多少倍，可它们都是"在光滑平面上不用费多大的力气就能推走"的物体。在这一点上，二者是有相似之处的，它们遵循着相同的物理规律。

📚 案例故事

吸油泵的发明

日本著名科学家这样讲述他发明吸油泵的经过：1942年，我正在读二年级，在冬天一

个冰冷的早晨，我看见母亲在厨房里，双手抱着一个巨大的玻璃酱油瓶，向桌上的小瓶子里倒酱油。那时的酱油瓶是又大又重的玻璃瓶，瓶口上也没有现在的细出口，所以对一个妇女来说，向小瓶子里倒酱油不是一件轻松的事。冬天，母亲的那双手不断颤抖，酱油洒了一桌子，却没向小瓶子里倒进去多少。母亲弯着腰、低着头、努力地做着这件艰苦的事情，我看见她蜷缩的身影，心里很难过。平日里我一直想为母亲做一点事，帮她的忙，这时我想："为了让母亲少受些苦，为了让她不抱个冰冷的大瓶子就能够轻松地将小瓶子装满酱油，我一定要想一个好办法。"于是我自己去图书馆，读了许多书，查了一些资料。在学习流体理论和原理的过程中，我了解了流体力学的虹吸现象，找到了解决问题的关键所在。首先，我找到了理论依据，掌握了"合理性"。这个理论依据就是：当液体在管道内从高处向低处流动时，尽管中间有一段高出液体平面的管路，但一旦液体开始流动，其就会不停地向低处流动，这一现象就是虹吸现象。当然只了解这一点是不够的。当用管子吸取大瓶子中的酱油时，必须想办法把酱油吸到逆"U"形管子的最高处，再使之向另一端的低处流，才能形成虹吸，才能使酱油自动地流入小瓶子。向低处流的下坡是不成问题的，困难的是如何才能把酱油吸到管子的顶点，也就是"爬坡的问题"。当然也可以像一般人想象的那样，用嘴吸管子的一端，将酱油吸过顶点后，再迅速地将管口插入小瓶子中。但是用嘴吸的时候，力度很难控制，很容易把酱油吸到嘴里或洒到外面。"难道没有好办法吗？"有一天，我正在为这件事苦思苦想的时候，突然看到桌子上钢笔的墨水吸取管，眼前一亮，来了灵感。我上中学的时候，所使用的钢笔与现在的不一样。向钢笔里灌墨水的方法是，用一个带橡皮球的玻璃吸取管从墨水瓶里吸取墨水，再注入钢笔内。这种钢笔现在几乎已经见不到了，吸取管由一个一端细、一端粗的玻璃管和一个连在粗端的空心橡皮球构成，这是那时使用钢笔时不可缺少的文房之宝。将玻璃吸取管的细端插入墨水瓶，用手将橡皮球捏扁，松开手，墨水就会被吸入玻璃吸取管中。再将细端插入钢笔的上端，捏扁橡皮球，墨水就会注入笔内。这个玻璃吸取管触发了我的灵感，使我找到了解决问题的方法。"不用嘴吸管子的一端，也能把液体吸上来！"于是我把玻璃吸取管的橡皮球取下来，再将一个喝汽水用的塑料管弯成"U"形，在中间开一个洞，把橡皮球用胶水固定在塑料管的洞口上。但是这样做没有成功，并没有把液体吸上来。经过实验和思考，我明白了在塑料管上必须有两个单方向通行的"活瓣"。经过多次改造、实验，克服了许多困难，我终于成功地使吸上来的液体不再倒流回去，液体能顺利地连续流动了。

多年来，这项发明一直被家家户户所使用。

案例故事

从小鸡孵化器到婴儿恒温箱

19世纪末，婴儿的死亡率高得惊人。这一点，即使像巴黎这样的国际大都市也不能幸免，大约5个婴儿中就会有1个在学爬行前不幸夭折。那些早产且体重不足的婴儿，死亡率则更高。

妇产科医生斯蒂芬·塔尼在去巴黎动物园散步时，偶然发现了一些小鸡孵化器。看着那些刚刚孵出的小鸡在孵化器温暖适宜的环境中蹦蹦跳跳，他的脑海里突然跳出了一个创意。那天之后不久，他就聘用了动物园里的家禽养殖员马丁，让他帮忙制造一个类似小鸡孵化器的设备，用于为刚出生的婴儿提供相似的保护。

当斯蒂芬·塔尼研制的婴儿恒温箱在其工作的妇产科医院投入使用后，婴儿就在由热水瓶提供温度支持的恒温箱里得到了保护。他立即开始了一项数据调查，调查结果让巴黎各家医疗机构和组织大吃一惊。体重过轻的婴儿，66%在出生后几周内就不幸夭折。但这些婴儿如果使用了斯蒂芬·塔尼研发的恒温箱，其死亡率则降低为38%，只要为早产的婴儿提供像小鸡孵化器一样的保护，就能大幅度地降低死亡率。

虽然，早期的婴儿恒温箱，在使用和维护的过程中，仍存在一些缺陷，但这个产品的发明为后来的恒温育婴箱和早产儿医治开辟了道路。

1.4　创　新　方　法

1.4.1　创新方法的内涵

创新方法也称创新技法，是指根据创新思维的发展规律而总结出来的一些原理、技巧和方法，使创新有规律可循、有步骤可依、有技巧可用、有方法可行。应用创新方法，可以提高人们的创造力和创新成果的实现率。

创新方法一直为世界各国所重视，在美国被称为创造力工程，在日本被称为发明技法，在俄罗斯被称为创造力技术或专家技术。我国学者认为创新方法是科学思维、科学方法和科学工具的总称。其中，科学思维是一切科学研究和技术发展的起点，始终贯穿于科学研究和技术发展的全过程，是科学技术取得突破性、革命性进展的先决条件。科学方法是人们进行创新活动的方法，是实现科学技术跨越式发展和提高自主创新能力的重要基础。科学工具是开展科学研究和实现创新的必要手段和媒介，是最重要的科技资源。由此可见，创新方法既包含实现技术创新的方法，也包含实现管理创新的方法。

常见的创新方法有头脑风暴法、奥斯本检核表法、列举法、5W2H 法、综摄法、试错法、六顶思考帽法、和田十二法、TRIZ 法等。下面主要介绍奥斯本检核表法、列举法、5W2H 法、试错法。

1.4.2　奥斯本检核表法

1. 基本概念

所谓检核表法，是指根据研究对象的特点列出有关问题，形成检核表，然后一个个地核对讨论，从而发掘出解决问题的大量设想的方法。它引导人们根据检核表中的一条条思路来解决问题，力求周密。

亚历克斯·奥斯本(如图 1-10 所示)是美国创新方法和创新过程之父，他撰写了《思考的方法》一书，提出了世界上第一个创新方法"智力激励法"；他还撰写了《创造性想象》一书，提出了奥斯本检核表法。

奥斯本检核表是针对某种特定要求制定的检核表，主要用于新产品的研制开发。奥斯本检核表法引导主体在创造过程中对照9方面的问题进行思考，以便拓展思路，开拓思维想象的空间，促进人们产生新设想、新方案。下述 9 方面的问题对于任何领域都是适用的，不是奥斯本凭空想象出来的，而是他在研究和总结大量近、现代科学发现、发明、创造事例的基础上归纳出来的。

图 1-10　亚历克斯·奥斯本

(1) 能否他用。

现有的对象(如发明、材料、方法等)有无其他用途？保持原样不变能否有更多的用途？稍加改变后，有无别的用途？

人们从事创造活动时，往往沿这样两条途径：一条是当某个目标确定后，沿着从目标到方法的途径，根据目标找出达到目标的方法；另一条与此相反，是首先发现一个事实，然后想象这一事实能起什么作用，即从方法入手将思维引向目标。后一条路径是常用的，而且随着科学技术的发展，其将越来越广泛地得到应用。

"有无其他用途？""还能用其他什么方法使用它？"……这能使我们的想象活跃起来。当我们拥有某种材料时，为扩大它的用途，打开它的市场，就必须善于进行这种思考。有人想出了 300 多种利用花生的方法，仅仅用于烹调，他就想出了 100 多种方法。橡胶有什么用？有家公司提出了成千上万种设想，如用它制成床垫、浴缸、人行道装饰、衣夹、鸟笼、门扶手等。炉渣有什么用？废料有什么用？边角料有什么用？人们会用丰富的想象力产生更多的好设想。

(2) 能否借用。

能否从别处得到启发？能否借用别处的经验或发明？外界有无相似的想法，能否借鉴？过去有无类似的东西，有什么东西可供模仿？谁的东西可供模仿？现有的发明能否引入其他的创造性设想之中？

当伦琴发现"X 光"时，并没有预见到这种射线的任何用途。因而当他发现"X 光"具有广泛的用途时，他感到吃惊。通过联想借鉴，现在人们不仅用"X 光"来治疗疾病，外科医生还用它来观察人体的内部情况。科学技术的重大进步不仅表现在某些难题的突破上，还表现在成果的推广应用上。一种新产品、新工艺、新材料，必将随着它越来越多的新应用而显示其生命力。

(3) 能否扩大。

现有的对象能否扩大使用范围？能否添加部件、延长时间、增大长度、提高强度、延长使用寿命、提高价值、加快转速？

在自我发问的技巧中，研究"再多些"与"再少些"这类问题，能提供大量的设想。使用加法和乘法，可扩大探索的领域。

"为什么不用更大的包装呢？"橡胶工厂大量使用的黏合剂通常装在一加仑的马口铁桶中出售，使用后便扔掉。有位工人建议将黏合剂装在更大的容器内，容器反复使用，便能节省大量马口铁。

"能使之加固吗？"织袜厂通过加固袜头和袜跟，使袜子的销量增加。

"能改变一下成分吗？"在牙膏中加入某种配料，使其成为具有某种附加功能的牙膏。

（4）能否缩小。

现有的对象缩小一些会怎样？能否减轻重量、降低高度、变薄？能否省略某部分？能否进一步进行细分？

袖珍收音机、微型计算机、折叠伞等就是使用缩小思路产生的结果。没有内胎的轮胎，尽可能删去细节的漫画等就是使用省略思路产生的结果。

（5）能否改变。

现有的对象是否可以做某些改变？改变一下会怎么样？可否改变一下形状、颜色、声音、味道？可否改变一下型号、模具、运动形式？改变之后，效果如何？

如汽车，有时改变一下车身的颜色，就会增加汽车的美感，从而增加汽车销量。又如面包，给它裹上一层好看的包装，就能提高其吸引力。

（6）能否代用。

可否由别的东西代替，由别人代替？可否用别的材料、零件代替？可否用别的方法、工艺代替？可否用别的能源代替？可否选取其他地点？

如在气体中用液压传动来代替金属齿轮，又如用氩气来代替电灯泡中的真空，提高钨丝亮度。

（7）能否调整。

能否更换一下先后顺序？可否调换元件、部件？是否可用其他型号的产品？可否改成另一种安排方式？原因与结果能否对换位置？能否改变日程？

重新安排通常会带来很多的创造性设想。飞机诞生的初期，螺旋桨被安排在头部，后来，它被装到了顶部，成了直升机，而喷气式飞机则把螺旋桨安装在了尾部。商店柜台的重新安排，营业时间的合理调整，电视节目的顺序安排，机器设备的布局调整等，都有可能产生更好的结果。

（8）能否颠倒。

反过来会怎么样？是否可以倒转？左右、前后是否可以对换位置？正反是否可以颠倒？可否用否定代替肯定？

这是一种运用逆向思维的方法，逆向思维在创新中是一种颇为常见和有用的思维方式。第一次世界大战期间，有人就曾运用这种"逆向"的设想建造舰船，使建造速度显著加快。

（9）能否组合。

组合起来会怎么样？能否装配成一个系统？能否对目标进行组合？能否将各种想法进行综合？能否把各种部件组合起来？

例如，把铅笔和橡皮组合在一起，成为带橡皮的铅笔；把几种金属组合在一起，变成性能不同的合金；把几种材料组合在一起，变成复合材料；把几个企业组合在一起，实现合作共赢。

应用奥斯本检核表法的过程是一个强制性思考过程，有利于突破不愿提问的心理障碍。在众多的创新方法中，这种方法是一种效果比较理想的方法。人们运用这种方法，产生了很多杰出的创意及发明创造。

2．奥斯本检核表法的特点

奥斯本检核表法是一种能够启发创新思维的方法，因为它强制人去思考，有利于使人突破不愿提问题或不善于提问题的心理障碍。提问，尤其是提出有创意的新问题，本身就是一种创新。它能使人进行一种多向发散的思考，使人的思维角度、思维目标更丰富。大部分人总是自觉和不自觉地沿着长期形成的思维方式来看待事物，对问题不敏感，即使看出了事物的缺陷和毛病，也懒得去进一步思索，因而难以进行创新。而奥斯本检核表法中有9个问题，就好像有9个人从9个角度帮助你思考。你可以把9个思考点都试一试，也可以从中挑选一两个，集中精力深思。

利用奥斯本检核表法，人们可以产生大量的原始思路和原始创意，当然，运用该方法时，还要注意以下三个问题。

(1)它需要和具体的知识经验相结合。奥斯本只提出了思考的一般角度和思路，思路的发展，还要依赖人们的具体思考。

(2)需要结合改进对象(方案或产品)来进行思考。

(3)可以自行设计大量的问题来提问。提出的问题越新颖，得到的方法越有创意。

奥斯本检核表法的优点很突出，它使思考问题的角度具体化了。但它也有缺点，就是它是改进型的创意产生方法，你必须先选定一个有待改进的对象，然后在此基础上设法加以改进。

3．奥斯本检核表法的应用

奥斯本检核表法的核心是改进，其应用的基本步骤如下：

(1)明确问题，根据创新对象明确需要解决的问题；

(2)检核讨论，根据需要解决的问题，参照表中列出的问题，运用丰富的想象力，强制性地进行检核讨论，写出新设想；

(3)筛选评估，对新设想进行筛选，将有价值和创新性的设想筛选出来。

在此过程中要注意：

(1)不遗漏，要联系实际一条条地进行检核，不要有遗漏；

(2)多检核，要多检核几遍，效果会更好；

(3)多创想，在检核每项内容时，要尽可能发挥自己的想象力和联想力，产生更多的创造性设想；

(4)检核方式可根据需要选择，一人检核也可以，三至八人共同检核也可以。集体检核时，人们可以互相激励，进行头脑风暴。

4．奥斯本检核表法的意义

(1)远离思维惰性。

思维惰性就是在考虑事情的时候，不想去思考，仅仅把大脑中存储的信息取出来。奥斯本检核表法提供了9方面的问题去刺激大脑，让人们慢慢远离思维惰性，强迫自己去思考和改变。

(2)突破思维定式。

所谓思维定式，就是按照思维活动的经验教训和已有的思维规律形成的比较稳定的、定型了的惯性思维。在情境不变的条件下，思维定式使人能够应用已掌握的方法迅速解决问题。而在情境发生变化时，它则会妨碍人们采用新的方法。有些时候，思维定式是束缚创造性思维的枷锁。奥斯本检核表法能够帮助人们突破思维定式，激发人们的想象力。

（3）建立思维自信。

思维自信是指相信自己有能力改变周围世界的一种心态，拥有思维自信的人，会相信自己有创造力，敢于挑战挫折和失败。在创新的过程中，很多人不知道如何提出高质量的问题，害怕提错了问题被人嘲笑，而奥斯本检核表法提供了提问的清单，能有效帮助人们突破不愿意提问的心理障碍，帮助人们建立提问、思考、想象的思维自信。

应用举例

手电筒的奥斯本检核表如表 1-1 所示，电风扇的奥斯本检核表如表 1-2 所示，水龙头的奥斯本检核表如表 1-3 所示。

表 1-1　手电筒的奥斯本检核表

序号	检核项目	创造性设想
1	能否他用	信号灯、装饰灯
2	能否借用	加大反光罩，增加灯泡亮度
3	能否扩大	延长使用寿命：使用节电、降压开关
4	能否缩小	缩小体积：1 号电池→2 号电池→5 号电池→7 号电池→8 号电池→纽扣电池
5	能否改变	改变灯罩颜色、使用彩色电珠等
6	能否代用	用发光二极管代替小电珠
7	能否调整	换型号：两节电池直排/横排
8	能否颠倒	反过来想：不用干电池，用磁电机供电
9	能否组合	带手电筒的收音机、带手电筒的手机等

表 1-2　电风扇的奥斯本检核表

序号	检核类别	创造性设想
1	能否他用	湿气干燥装置、吸气除尘装置、风洞实验装置
2	能否借用	仿古电风扇、借用压电陶瓷制成的无翼电风扇
3	能否扩大	增加功能：可吹出冷风的电风扇、可吹出热风的电风扇、驱蚊电风扇
4	能否缩小	微型吊扇、无风叶电风扇
5	能否改变	改变形状：方形电风扇、立柱形电风扇、其他外形奇异的电风扇
6	能否代用	用玻璃纤维代替风叶
7	能否调整	模拟自然风，调整电风扇的风力
8	能否颠倒	利用转换栅颠倒送风的方向
9	能否组合	带灯的电风扇、带负离子发生器的电风扇

表 1-3　水龙头的奥斯本检核表

序号	检核类别	创造性设想
1	能否他用	作为照明装置使用：带有 LED 装饰灯的水龙头可利用水流自动发电
2	能否借用	借助智能感应技术的智能水龙头：可智能感应温度，自动调节水温
3	能否扩大	可以放音乐的水龙头：当水从水龙头里流出来的时候，会播放悠扬的音乐
4	能否缩小	可折叠的水龙头：通过机械关节，可调整水龙头的形状
5	能否改变	更换不同的挡位来控制水龙头的水流量
6	能否代用	用钢、铜、石、竹、木、骨等材料制作，增加抗摔性、耐磨性，使水龙头更加结实、轻便
7	能否调整	调整水龙头部件的位置，解决空间利用率的问题
8	能否颠倒	位置颠倒：拥有向上、向下两个出水口，通过按钮切换
9	能否组合	与饮水机、净化器组合

【思考与练习】

在下列物品中任选一样，采用奥斯本检核表法进行提问，可以做哪些改进？

自行车、钢笔、眼镜、计算机、暖水瓶。

1.4.3　列举法

1. 属性列举法

(1)基本概念。

属性列举法即特性列举法，也称为分布改变法，特别适用于老产品的升级换代。其特点是将一种产品的特点列举出来，制成表格，对问题进行全面的分析研究。

所谓属性，就是事物所具有的固有特性，例如，人类有性别、年龄、体重等属性。一般而言，一个事物具有许多属性，事物的每个属性都可以被分开。

属性列举法要求使用者在创新的过程中观察和分析事物或问题的属性，然后针对每个属性提出改良或改变的构想。通过将决策系统划分为若干个子系统(把决策问题分解为局部小问题)，并把它们的属性一一列举出来，区分这些属性，将它们划分为概念性约束、变化规律等，然后研究这些属性是否可以改变，以及改变后对决策产生的影响，研究决策问题的解决方法。

日本的上野阳一先生把属性分为三类，即名词属性，如部件、材料、制造方法等；形容词属性，如性质、状态等；动词属性，如功能等。按照这一分类方法，下面以眼镜设计为例来分析。

首先，眼镜的名词属性包括部件(镜片、镜架、螺丝、螺帽等)、材料(玻璃、塑料、金属等)、制造方法(焊接、成型、研磨、组装等)；其次，眼镜的形容词属性包括性质(轻的、重的、看得清楚的、看不清楚的)、状态(镜框变形、螺丝松动、镜片脏)；最后，眼镜的动词属性包括功能(对视力的矫正等)。这样，把眼镜的属性列举出来进行分析，问题的改善点、改善方法自然而然地会浮现出来。

以状态属性为例，对"镜框变形"这一点的改善进行讨论，如可否使用形状记忆合金使镜框自动复位；再从"镜片脏"这一点的改善入手，可以考虑采用抗菌材料制作镜片。因此，对于构造简单的眼镜，可以提出多种多样的改进方法。

(2)属性列举法的实施步骤。

属性列举法的实施步骤如图 1-11 所示。

第一步，确定一个目标明确的研究对象。

第二步，了解研究对象的现状，熟悉其基本结构、工作原理及使用场合，应用分析、分解及分类的方法对研究对象进行一些必要的结构分解。

①名词属性。

②形容词属性。

③动词属性。

第三步，从需要出发，对列出的属性进行分析、抽象，并与其他物品对比，通过提问的方式来诱发创新思想，采用替代的方法对原属性进行改造。

第四步，应用综合的方法将原属性与新属性进行综合，寻求功能与属性的替代、更新、完善，提出新设想。

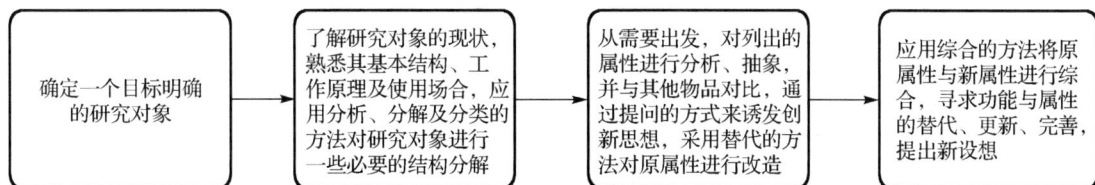

图 1-11 属性列举法的实施步骤

应用举例

【新颖水壶】改进烧水的水壶，已经成为属性列举法的一个经典案例，虽然关于水壶，人们似乎已经不易想到可以改进之处，但运用属性列举法分析它，仍然可以找到创新思路。

(1)名词属性。

整体：壶体。

部分：壶嘴、壶把手、壶盖、壶底、蒸气孔等。

材料：铝、铁、搪瓷、铜等。

制作方法：冲压、焊接、烧铸等。

根据所列属性，可进行分析，然后提问，例如：

壶嘴长度是否合适？

壶把手可否改成塑料材质的，以免烫手？

冒出的水蒸气是否烫手？

(2)形容词属性。

重量：轻、重。

状态：美观、清洁、大小等。

颜色：黄色、白色、黑色等。

壶底形状：圆形、椭圆形等。

根据所列属性，可进行分析，然后提问，例如：

怎样改进更便于清洁？

颜色图案还有哪些变化？

壶底用什么形状才更利于吸热、传热？

(3)动词属性。

功能：烧水、装水、倒水、保温等。

根据所列属性，可进行分析，然后提问，例如：

能否在壶体外加保温材料，提高传热效率并使水壶具有保温性能？

【思考与练习】

对雨伞进行属性列举。

2．希望点列举法

(1)基本概念。

希望点列举法是一种不断地提出"希望"，提出"怎么样才会更好"，进而探求解决问题的方法。

希望点列举法是发明创造者从个人愿望或广泛收集到的社会需求出发，提出并确定发明创造项目的一种方法。它不受原有事物的束缚，是一种积极主动型的创新方法，可使产品标新立异。

古往今来，许多东西都是根据人们的希望创造出来的。人们希望飞上天空，就发明了热气球、滑翔机、飞机；人们希望遨游太空，就发明了火箭、宇宙飞船；人们希望冬暖夏凉，就发明了空调；人们希望传递图像，就发明了电视机、互联网；人们希望快速计算，就发明了计算机。

希望就是人们心里想达到的某种目的或出现的某种情况。发明创造的希望不是出于人们单纯的主观愿望，而是出于人们从实践中提出的需要。希望和需要不可分割，同时具备创造性、科学性和可行性的希望更非臆造之物，它是人们用发展的眼光深刻地认识和预测客观事物的结晶。对事物认识不深，预测不远，就难以获得有创造性、科学性和可行性的希望。

希望点列举法是开发新产品的有效手段，现在，国内外市场上许多新产品都是靠这种方法问世的。例如，大家希望自行车不用经常打气，有人便以这一希望立题，发明了每隔半年才需要打一次气的贮气气嘴。

(2)希望点列举法的实施步骤。

希望点列举法的实施步骤如图1-12所示。希望点随着社会需求而产生，对希望点进行分析、确定、评价后，可进行产品的开发设计，直到产生创新成果。同时，希望点又随着实践的发展而变化。人们的职业不同，见识不同，想象力不同，围绕同一个目标的希望点就不同。

就钢笔这个目标而言，用户的职业不同，他们的希望点就有差异：

①木工希望生产出能在各种木料上画线的钢笔；

②体育教练希望钢笔能当口哨吹；

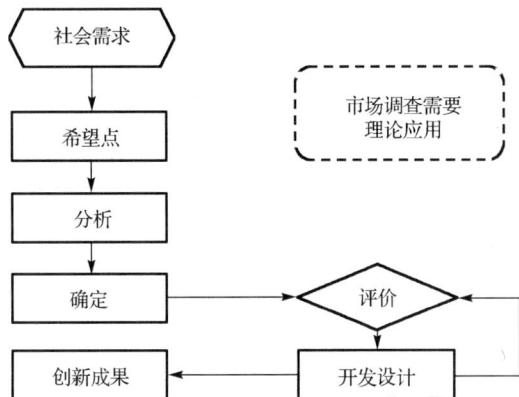

图 1-12　希望点列举法的实施步骤

③美术工作者希望钢笔能写出多种颜色，并可控制线条的粗细；

④医生希望钢笔能测出体温和脉搏数，并将结果显示在笔杆上；

⑤学生希望钢笔不用经常灌墨水；

⑥电工希望钢笔和微型测电笔合二为一；

⑦财会人员希望钢笔会算数；

以上这些诱惑人的希望点，充满了创造性。这些目标大都具有立题价值，有的已经研究成功。但是，一个人拥有的希望点毕竟有限，为了激励人们对同一目标能产生不同的希望点，便出现了希望点列举法。

（3）希望点列举法的意义。

希望点列举法可以采用不同的列举方式实现。例如，可以举行智力激励会来列举希望点，会议的时长一般为 1～2 小时，产生 50～100 个希望点即可结束。会后再分类整理大家提出的希望点，逐个分析每个希望点所具有的创造性、科学性和可行性，把目前可能实现的希望点甄选出来，立题研究，拟定具体的设计或实施方案。

链式传动自行车诞生于 1884 年，然而，早在 1495 年，意大利著名美术家、科学家、工程师、哲学家达·芬奇就希望发明一种依靠人力、利用链条进行传动的自行机械，并画出了世界上最早的链式传动自行车的图纸。近 400 年后，达·芬奇的希望终于实现。这充分说明希望产生在现实的前面，希望是对现状的冲击，希望先于现实、来自现实、高于现实，发明创造孕育在希望的"田野"上。

具有创造性、科学性、可行性的希望，综合反映着一个人的洞察力、审美、判断力、想象力和创造力，开发人们的希望，就是开发人们的创造力。大量开发人们的希望，是开发新产品、新技术和新方法的桥梁，尤其在日用品的开发设计中，希望点列举法具有普遍的意义和积极的作用。

应用举例

电风扇的希望点列举表如表 1-4 所示。

表 1-4　电风扇的希望点列举表

希望点	创造性设想
角度不仅仅被限制在一定范围内	摆头电风扇
不需要摆头就能得到不同的风向	转叶式台扇
风吹的范围更大	吊扇
能随意调节风力的强弱，而不用换挡位	无级调整电风扇
能像电视机一样被遥控	遥控电风扇
能像折扇一样随身携带	帽檐电风扇或微型电风扇
风叶不会伤到人	采用软的材料制造风叶
节约空间	挂壁式电风扇
具有调节空气流动的功能	塔式气流扇
有益健康	带负离子功能的电风扇
风速能根据温度的高低而变化	温控电风扇，可自主调节风速
能驱蚊虫	驱蚊电风扇
在停电时也能工作	带蓄电池电源的电风扇
用户能在计算机前享受舒服的凉风	USB 接口电风扇，可以连接到计算机的 USB 接口上
具有空调的功能	空调扇

【思考与练习】

列出暖水瓶的希望点列举表。

3．缺点列举法

(1)基本概念。

缺点列举法就是通过发现、发掘事物的缺点，并将其一一列举出来，然后针对这些缺点，设想改革方案，进行发明创造的方法。缺点列举法是一种行之有效的创新方法，因为任何事物都不是十全十美的，总是有缺点的。

缺点列举法是日本鬼冢喜八郎提出的一种方法，他是在改进运动鞋设计的过程中总结出这个方法的。为了战胜竞争对手，他走访了许多运动员，请他们指出市场上现有运动鞋的各种缺点。因为大多数人反映鞋底容易打滑，所以他便设法使自己的产品克服这个缺点，从而占领了市场。鬼冢喜八郎在调查中发现，在提方案的过程中，一般提方案者总考虑优点，而对缺点考虑得不够。

缺点列举法是为了提高产品质量而被提出来的，其应用非常广泛。该方法不仅有助于改进某个具体产品，解决属于"物"的硬技术问题，而且可用于解决属于"事"的如企业管理等软技术问题，是一种简便有效的发明创造方法。

事物的缺点大致可分为两类。

一类是造就性缺点，即事物在孕育和形成过程中形成的缺点，如铸件的砂眼、裂纹等。

另一类是转化性缺点，即事物在形成后，随着时间的推移和环境条件的改变，原来的优点失去了积极作用或转化为了缺点。例如，风箱是宋朝的发明，风箱作为鼓风设备，风力大、效率高是它的优点，可是随着冶铁技术的发展，风箱的缺点又恰恰是风力小、效率低。缺点列举法就是把这两类缺点一一寻找并列举出来，并针对其进行改进的方法。

在寻找事物缺点的过程中，应该注意事物的造就性缺点是明显的，很快会被人们发现。事物的转化性缺点是潜伏的，短期内很难被察觉。寻找并揭示事物的转化性缺点比寻找事物的造就性缺点困难得多。事物的转化性缺点，必须在用发展延伸的眼光，观察、探索、分析事物到一定深度和广度时，才能发现。

对脚踏式缝纫机来说，体积大、噪声大、较沉重是其明显的造就性缺点。随着人们生活水平的不断提高，目前购买脚踏式缝纫机的人已经不多了，不实用就是它的转化性缺点。无论是造就性缺点，还是转化性缺点，抓住它们就找到了改进原有事物的着手点。

按照缺点属性来分，事物的缺点有功能性缺点、原理性缺点、结构性缺点、造型性缺点、材料性缺点、制造工艺性缺点、使用维修性缺点等。某些旧产品，只要准确抓住其一个缺点或若干个相关缺点，探究其原因，就能使其焕然一新，或者促使其更新换代，推出全新产品。例如，灰口铸铁管抗拉强度低、没有韧性，而钢管抗拉强度高、韧性好，但耐腐蚀性差，根据这些缺点，人们研制出了用途广泛的抗拉强度高、韧性好、耐腐蚀的球墨铸铁管。

（2）缺点列举法的实施步骤。

缺点列举法的实施步骤如图 1-13 所示。

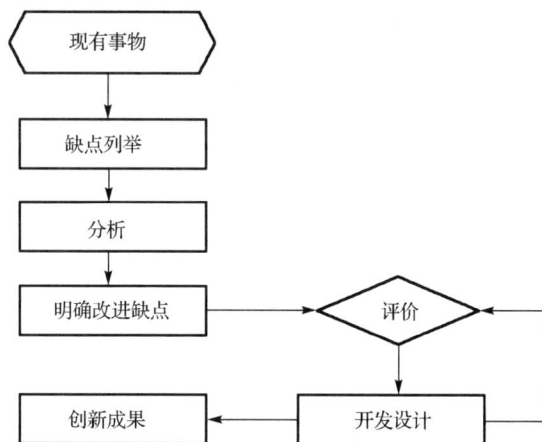

图 1-13　缺点列举法的实施步骤

其中，在缺点列举阶段，可召开专家会议，启发大家寻找现有事物的缺点。寻找现有事物的缺点是很重要的一步。在分析阶段，应启发大家思考列举出的缺点存在的原因，然后根据原因找到解决的办法，最后，应按照"缺点""原因""解决办法"和"新方案"等项目，列出简明的表格。

案例故事

初学者的网球拍

日本美津浓株式会社原是生产体育用品的一家小厂，为了产品畅销世界各国，厂里的开发人员到市场上去调查。在调查中，他们发现，初学网球者在打球时不是打不到球，就是打出"触框球"，把球碰偏了，十分头疼。很多人都想，要是球拍大一点，兴许不会出现上述问题。国际网球联合会规定，球拍面积必须在 710cm^2 之下。美津浓株式会社专门做了一些比标准大 30% 的初学者球拍。这种球拍一上市，畅销极了。后来他们又了解到初学者打网球时，手腕处容易患一种皮炎，这种病被人们称为"网球腕"，患病的原因是腕力较弱的人，在运动前没有进行足够的力量练习，也没有采取其他保护措施，在打球时发生腕震。于是，该公司又发明了减震球拍，产品销到了欧美各国。

(3) 缺点列举法的希望点列举法的区别。

缺点列举法与希望点列举法是两种不同的方法，缺点列举法着眼于现有的事物，围绕现有的事物吹毛求疵，百般挑剔，充分挖掘它的缺点，提出相应的改进设想，通过改进做到创新。这种方法一般离不开客观事物的原型，所以它属于被动式方法。希望点列举法是人们从求新的意愿出发，提出各种创造性设想，依此发明新的事物，应用希望点列举法，人们可以摆脱现有事物的束缚去思考创新，因此它属于主动式方法。

【思考与练习】

尽可能多地列举玻璃杯的缺点，并制订改进方案。

1.4.4　5W2H 法

1．基本概念

5W2H 法又称七问分析法，该方法简单、方便，易于理解、使用，富有启发意义，广泛用于企业管理和技术活动中，对于决策和执行性的活动非常有帮助，也有助于弥补考虑问题的疏漏。

2．5W2H 法的具体内容

发明者用五个以 W 开头的英语单词和两个以 H 开头的英语单词进行设问，发现解决问题的线索，寻找发明思路，进行设计构思，这种方法称为 5W2H 法。

(1) What——是什么？目的是什么？做什么工作？条件是什么？重点是什么？与什么有关系？功能是什么？规范是什么？工作对象是什么？

(2) Why——为什么要做？可不可以不做？有没有替代方案？为什么采用这个参数？为什么要做成这个形状？

(3) Who——由谁来做？谁来做最方便？谁会生产？谁是客户？谁被忽略了？谁是决策人？谁会受益？

(4) When——什么时间做？什么时机最合适？何时要完成？何时安装？何时销售？何时产量最高？

(5) Where——在哪里做？何地最适合某物生长？在何处生产最经济实惠？从何处买？还有什么地方可以作为销售点？安装在什么地方最合适？何地有资源？

(6) How——怎样做？如何提高效率？怎样改进？怎样避免失败？怎样快速发展？怎样增加销量？怎样才能使产品更加美观大方？怎样才能使产品用起来更方便？

(7) How much——做到什么程度？数量是多少？质量水平怎么样？费用是多少？

提出疑问、发现问题和解决问题是极其重要的。创造力丰富的人，都具有善于提问的能力。众所周知，提出一个好的问题，就意味着问题解决了一半。发明者在设计新产品时，常常提出 What、Why、Who、When、Where、How、How much 等问题，这就构成了 5W2H 法的总框架。如果问题中常有"假如""如果""是否"这样的词语，那么这个问题就是一种设问，设问需要更丰富的想象力。

在发明创造中，对问题不敏感、看不出问题是与平时不善于提问有密切关系的。对一个问题追根刨底，有可能发现新的知识和新的疑问。所以从根本上说，学会创新，首先要学会提问、善于提问。

【思考与练习】

试用 5W2H 法为自己制订一份学习计划。

3．5W2H 法的优点

如果现行的做法或产品经过 7 个问题的审核后已无懈可击，便可认为这一做法或产品可取。如果 7 个问题中有一个答复不能令人满意，则表示在这方面还有改进的余地。如果某个问题的答复有独创性的优点，则可以扩大产品这方面的效用。

5W2H 法的优点如下。

(1)可以准确界定问题、清晰表述问题、提高工作效率。

(2)可以有效掌控事件的本质、完全抓住事件的主骨架。

(3)有助于思路的条理化，杜绝盲目性。

(4)有助于全面思考问题，从而避免在流程设计中遗漏项目。

5W2H 法是独立思考的好工具，是一种非常好的提问方法，其通过一整套标准的流程对事情进行深入提问，待所有的问题都得到解答后，思考的广度和深度也都将有所增加。我们需要通过长期地练习才能掌握 5W2H 法，利用好 5W2H 法，会让我们更加理性和深入地思考。

1.4.5 试错法

1．基本概念

试错法是一种通过不断实验和消除误差，探索具有黑箱性质的系统的方法。应用试错法的主体通过间断地或连续地改变黑箱系统的参数，检测黑箱所做出的应答，以寻找达到目标的途径。主体行为的成败是由趋近目标的程度或达到中间目标的过程来评价的。若趋近目标的信息被反馈给主体，则主体会继续采取成功的行为方式；若偏离目标的信息被反馈给主体，则主体会避免采取失败的行为方式。通过这种不断尝试和不断评价，主体就能逐渐达成所要追求的目标。

2．试错法的特点

(1)解决问题导向：试错法不试着去探讨为什么某种方法会成功，只要成功解决问题即可。

(2)针对某个特定问题：试错法不试着去找出可以被广泛应用、拿来解决其他问题的方法。

(3)没有最佳化：试错法只用于找出某种方法，并不会去尝试所有的方法，也一般不会找出问题的最佳方法。

(4)仅需最低限度的知识：即便人们在某问题的领域中只了解少量的知识，试错法仍然可以被应用。

3. 试错法的实施步骤

试错法的实施步骤分为两步，即猜想和反驳。

(1)猜想。

猜想是试错法的第一步，没有猜想，就不会发现错误，也就不会有反驳和更正。猜想在一定意义上就是怀疑，这种怀疑是为了发现问题、更正问题的怀疑，是科学的、审慎的怀疑。我们的猜想一方面来自观察、实践，另一方面来自大脑中已有的知识。然而，对大脑中已有的知识，我们并不是要原封不动地去利用，而是要有选择地、批判地去利用，对已往的知识进行修正，被修正过的知识方可融进新的认识、理论之中。

猜想之所以被运用，还在于我们对事物的认识是不清晰的。此时，我们不能等着事物的本质全部呈现出来，而是要积极地创造条件，使之尽快呈现出来，并积极地进行猜想、审查，以期从已有事实中发现新东西。猜想离不开直觉和想象。从这方面来说，猜想与创新思维紧密相连。

对猜想的要求如下。

①简单性要求。

经猜想而得的设想必须简单明了，必须让人一看就明白新设想"新"在何处，它与旧认识的关联何在等。

②独立检验要求。

新设想除了可以解释预期要解释的事物，还必须可以接受检验。例如，我们在写一份分析报告时，先陈述已有的某方面成就及其不足，提出自己的新主张，然后还必须从自己的新主张中推论出几种建设性意见或几条重要结论。

③尽可能获得成功和较长久地不被替代、推翻。

之所以进行猜想，怀疑原有认识，就是为了确立新的认识和理论。如果新的认识和理论不追求成功和长久有效，猜想就毫无必要了。

(2)反驳。

反驳是试错法的第二步。没有反驳，猜想可能是错误重重的。反驳就是批判，就是在初步结论中寻找毛病，发现错误，通过检验确定错误，最后排除错误的过程。排除错误是试错法的目的，也是它的本质。因为不能排除错误，认识就不能得到提高。

反驳就是一种"从错误中学习"的方法。没有错误，人类就无法前进，科学也无法发展。国家的每个方针、政策都是在吸取以前经验的基础上制定的，科学的重大发现也是在无数次错误中诞生的。

试错法就是猜想与反驳的结合。这种方法同假设—演绎法有相同之处，也有不同之处。假设—演绎法是先根据事实，确立一个假设，然后寻求证据去支持它、证实它；而试错法似乎相反，它是对已有认识的试错，不是找正面论据，而是找推翻它、驳倒它的论据，从而使认识更加精确、科学。所以，这两种方法在方向上是对立的，但在动机和目的上是相同的：证实某一理论并赋予它更多的科学性。

3．试错法的意义

如图 1-13 所示，设计人员根据经验或已有的产品沿方向 A 寻找"解"，如果没找到，就调整方向，沿方向 B 寻找，如果还找不到，再变换方向，沿着方向 C 寻找，如此一直调整方向，直到在第 N 个方向找到一个满意的"解"为止。这是最原始的试错法。

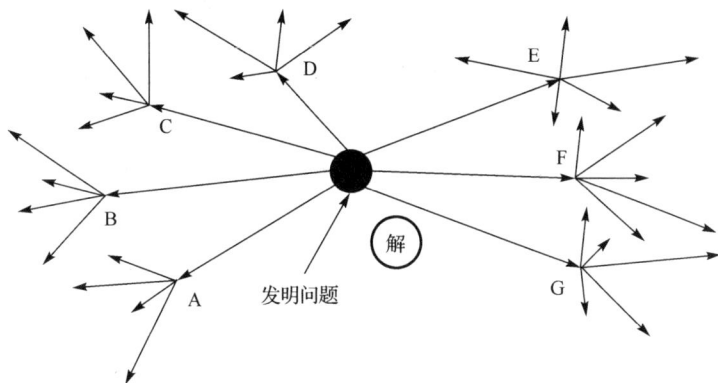

图 1-13 试错法的过程

由于设计人员不知道满意的"解"所在的位置，在找到该"解"或较满意的"解"之前，往往要试错多次。试错的次数取决于设计者的知识水平和经验。试错法的成果在 19 世纪是非常显著的。电动机、发电机、电灯、变压器、离心泵、内燃机、钻井设备、转化器、钢筋混凝土、汽车、地铁、飞机、电报、电话、收音机、电影、照相机等发明都是通过试错法实现的。虽然试错法的效率很低，但是这种方法仍然没有失去它承担解决创造性难题的重任的能力。

应用试错法的过程是一个漫长的过程，需要大量的牺牲，需要经历许多次不成功，也许会浪费大量的精力和时间。目前，随着技术的加快发展，试错法已越来越不适应社会需要。

案例故事

查尔斯·固特异发明硫化橡胶

有一天，查尔斯·固特异买了一个救生圈，决定改造给救生圈打气的充气阀门。但是当他带着改造后的阀门来到生产救生圈的公司时，他得知，如果他想成功，就应该去寻找改善干橡胶性能的方法。当时的干橡胶仅用于布料浸染剂，而干橡胶存在很多问题：它会从布料上整片脱落，完全用干橡胶制成的物品会在太阳下熔化，会在寒冷的天气里失去弹性。查尔斯·固特异对改善干橡胶的性能着了迷。他瞎碰运气地开始了自己的实验，身边所有的东西，如盐、辣椒、糖、沙子、蓖麻油甚至菜汤，他都一一掺进干橡胶里去做实验。他认为如此下去，早晚他会把世界上的东西都尝试一遍，总能在这里面找到成功的组合。查尔斯·固特异因此负债累累，家里只能靠土豆和野菜根勉强度日。据说，那时候如果有人来打听如何才能找到查尔斯·固特异，小城的居民都会这样回答："如果你看到一个人，他穿着橡胶大衣、橡胶皮鞋，戴着橡胶圆筒礼帽，口袋里装着一个没有一分钱的橡胶钱包，那么毫无疑问，这个人就是查尔斯·固特异。"人们都认为他是个疯子，但是他顽强地继续着自己的探索。直到有一天，当他用酸性蒸气来加工干橡胶的时候，发现干橡胶得到了很大的改善，他第一次获得了成功。此后，他又做了许多次"无谓"的尝试，最终发现了使干橡胶完全硬化的第二个条件：加热。当时是 1839 年，硫化橡胶就是在这一年被发明出来的。但是直到 1841 年，查尔斯·固特异才选配出硫化橡胶的最佳方案。

查尔斯·固特异的一生只解决了一个难题，对他而言，要获得"发明的技巧"，一次生命的时间远远不够。实际上，甚至在解决这个问题的时候他也是非常幸运的，大多数研究者在解决类似的难题时，往往用了一生的时间也没有任何结果。

1.5　本章习题

一、名词解释

正向思维、逆向思维、纵向思维、横向思维。

二、简答题

1. 大学生创新的意义是什么？
2. 大学生创新的方法有哪些？
3. 什么是 5W2H 法？
4. 举例说明什么是正向思维、逆向思维、纵向思维、横向思维。

三、思考题

1. 举例说明一些固有的思维定式，结合所学知识，说一说如何去突破这些固有的思维定式。
2. 创新有很多方法，请思考一下它们之间的差异。

第 2 章 结合专业进行创新

本章重点

- 理解创新意识的内涵
- 掌握大学生创新意识的培养方法和途径
- 能分析与评估创新项目

本章难点

- 如何改变目前高校的创新创业教育形式
- 如何结合专业进行创新
- 分析结合专业进行创新的案例

本章简介

本章从专业角度谈如何进行创新，并结合具体专业进行案例分析。

2.1 大学生创新创业教育的现状

2.1.1 创新创业教育课程内容不完善

目前，创新创业教育还没有真正融入正规的教育体系，形成科学规范的课程体系。大多数高校把创新创业教育作为就业指导的一部分，或以创新创业讲座的形式开展创新创业教育，讲课的内容主要以营销、管理、法律、工商、税务等为主，而没有融入专业知识，形成科技创新创业的教学体系。

2.1.2 创新创业师资力量薄弱

目前，高校创新创业教育缺少专职的教师队伍，绝大多数教师都没有受过系统的创新创业师资培训。因为自身缺乏创新创业经历，对企业的创办、管理缺乏了解，且缺乏专业知识，从而在教学上要么无法深入进行市场营销知识、创新创业案例分析的教学，要么不能从专业角度进行讲解，对创新创业的实践指导不足。创新创业教育对学生缺乏吸引力。

2.1.3　大学生创新创业意识薄弱

虽然越来越多的高校开始重视并大力推进创新创业教育，但作为创新创业教育受教的主体——大学生，在思想认识上仍存在偏差。大学生对创新创业的关注度不高，主观能动性较差，创新创业意识较弱，计算机、软件相关专业的大学生还没有认识到科技创新创业的重要性。

2.1.4　对接创新创业支撑平台力度不够

目前，高校的工科类专业未能与创新创业支撑平台进行很好的对接，大学生不能及时掌握最新的创新创业信息，不能很好地利用创新创业优质资源，高校也无法为大学生创新创业提供优质服务。

2.1.5　大学生创新意识的培养

创新意识支配着创新者对创新的态度和行为，引导着创新者态度及行为的方向和强度，具有较强的能动性，是创新型人才必须具备的条件之一。创新意识的培养是培养创新型人才的起点。

1．创新意识的内涵

人们对创新与创新的价值性、重要性的认识水平、认识程度决定了人们对待创新的态度，人们以这种态度来规范和调整自己的活动方向的一种稳定的精神态势就称为创新意识。创新意识代表着一定社会主体奋斗的明确目标和价值指向性，成为一定社会主体产生稳定持久的创新需要、价值追求、思维定式及理性自觉的推动力量，成为唤醒、激励和发挥人所蕴含的潜在本质力量的重要精神力量，是创造性思维和创造力的前提。

2．创新意识的作用

创新意识的作用主要体现在以下几方面。

(1)创新意识是决定一个国家、民族创新能力的最直接的精神力量。

如今，创新能力是一个国家和民族解决自身生存、发展问题的能力大小的客观、重要标志。创新更新了人们的生产工具和生产技术，提高了劳动者的素质，开辟了更广阔的劳动市场，也推动了社会生产力的发展。

(2)创新意识促成社会多种因素的变化，推动社会的全面进步。

创新意识植根于社会生产方式，它的形成和发展必然进一步推动社会生产方式的进步，从而带动经济的飞速发展。创新意识能进一步推动人的思想解放，有利于人们形成开拓意识、领先意识等先进观念；会促进社会向更加民主、和谐的方向发展，这是创新发展需要的基本社会条件。这些条件反过来促进创新意识的发展，更有利于创新活动的进行。

(3)创新意识促成人才素质结构的变化。

创新实质上代表着一种新的人才标准，代表着人才素质变化的性质和方向，输出着一个重要的信息：社会需要充满生机和活力的人、有开拓精神的人、有道德素质和现代科学文化素质的人。它在客观上引导人们朝这个目标提高自己的素质，使人的本质力量在更高的层次上得以明确。它能激发人的主体性、能动性、创造性，从而使人自身的内涵获得极大地丰富和发展。

3. 创新意识与实践能力的关系

创新意识和实践能力是人精神发展的有机统一成分。它们都是人的本质属性的表现，是不可分割的。创新意识是在实践的基础上产生的，既是过去实践的精神结果，又是即将开展的实践活动的准备。创新意识是否正确、是否符合实际需要，必须在实践过程中去验证。

实践能力是实践主体在实践过程中逐渐形成的对目的、计划、方案等思想意识付诸行动的执行力，会对创新意识产生促进作用。

创新意识和实践能力都来自实践，同时对即将进行的实践具有促进作用。当代大学生只有具备创新意识和实践能力，才能适应快速发展的社会需要。

4. 大学生创新意识的培养

当代大学生创新意识的培养主要包括创新精神和创新思维的培养、创新人格的培养、团队协作精神的培养，以及智力因素和非智力因素的培养。当代大学生创新意识的培养途径和方法主要有以下几种。

(1) 大学生方面：完善自身的知识结构，加强创新思维的训练。

当前，大学生普遍存在知识结构单一、文化底蕴不够深厚、兴趣爱好不够广泛及创新思维欠缺的现象。而创新创业活动要求大学生综合运用知识，所以大学生要努力学习各方面的知识，不断完善自己的知识结构，以丰富自身的文化底蕴，为创业做好准备。

此外，大学生可根据自身的特点进行以下三方面的训练。

①加强元认知训练，即加强对思维的训练，以监督和调节人的认知活动，从而提高认识活动的效率。元认知水平高的人，能够从多角度思考问题，能看到事物的不同侧面，也能充分认识到自己行为的各种可能后果。

②进行一系列的创新技能训练，包括坚持不懈的毅力训练、发散思维训练、打破思维定式的能力训练和敢冒风险的能力训练。

③养成爱读书的习惯，广泛阅读各学科的图书，不断汲取知识，以弥补自己的不足。

(2) 高校方面：转变教育观念，充分尊重学生的个性与创新精神。

高校在实际的教学工作中，应当促进大学生主动性和独立性的发展，不是把学生当作灌输知识的容器，而是把每个大学生都视为具有创新潜能、具有个性的主体，为大学生提供更多的选择和发展机会。这样，大学生的主动性就会得到很好的发展，个性也会得到不断的发展，从而有利于大学生创新精神和创造力的培养。

(3) 国家方面：营造有利于创新的社会环境。

如何为大学生创新意识的培养营造良好的环境，是目前备受社会关注的问题。结合当前大学生创新意识培养的实际情况，概括起来，国家可从以下两方面来开展工作。

①重视创新意识培养的硬件建设，为大学生成才提供条件，如创办创新创业基地、为大学生提供实训、实习机会等。

②完善相关法律法规、扶持政策和激励措施，营造均等普惠环境；加强创新创业公共服务资源开放共享，整合利用全球创新创业资源，实现人才跨地区、跨行业自由流动。

拓展阅读

李克强总理在 2014 年夏季达沃斯论坛上的致辞(节选)

加快体制机制创新步伐，是创新的其中应有之意。中国经济每一回破茧成蝶，靠的都是创新。创新不单是技术创新，更包括体制机制创新、管理创新、模式创新，中国 30 多年来改革开放本身就是规模宏大的创新行动，今后创新发展的巨大潜能仍然蕴藏在制度变革之中。试想，13 亿人口中多达 8、9 亿的劳动者都动起来，投入创业创新和创造，这是多么大的力量啊！

关键是进一步解放思想，进一步解放和发展社会生产力，进一步解放和增强社会活力，打破一切体制机制的障碍，让每个有创业愿望的人都拥有自主创业的空间，让创新创造的血液在全社会自由流动，让自主发展的精神在全体人民中蔚然成风。借改革创新的"东风"，在 960 万平方公里土地上掀起一个"大众创业""草根创业"的新浪潮，中国人民勤劳智慧的"自然禀赋"就会充分发挥，中国经济持续发展的"发动机"就会更新换代升级。

2.2　结合 IT 专业进行创新

2.2.1　IT 创新案例一：从 Foxmail 创始人到微信创始人

张小龙，Foxmail 创始人，微信创始人，腾讯公司高级副总裁。他毕业于华中科技大学，获得学士、硕士学位。曾开发国产电子邮件客户端——Foxmail，加盟腾讯公司后开发微信，被誉为"微信之父"，被《华尔街日报》评为"2012 中国创新人物"。

大多数人认为，邮箱是比社交更大的一块领域，而在张小龙眼里，Foxmail 已经变成了一个大包袱，每天都有无数的人催促他"往前跑"，而庞大的知名度和用户量，并没有给他带来任何经济上或社会地位上的好处。

张小龙将 Foxmail 出售给了博大互联网公司。错过了第一波互联网冲击纳斯达克的高潮后，博大走向没落。2005 年，张小龙和 Foxmail 被打包出售给了腾讯公司。张小龙在腾讯公司接手了 QQ 邮箱，并带领着 QQ 邮箱超越了网易邮箱，成为中国最大的邮件服务商，他再一次证明了自己开发产品的能力。

Foxmail 如此受欢迎，以至于张小龙必须开放语言包，并将语言包拓展到包含十几种语言。直至今日，Foxmail 被收购，QQ 邮箱推出，Foxmail 的用户依然有数百万名。在被腾讯收购之后，Foxmail 开始了艰难的转变，从客户端产品转变为 Web 产品。一开始非常不顺利，最早的版本类似 Web 上的"巨无霸"，几乎无法操作。从程序员到管理者，从客户端产品经理到 Web 产品经理，张小龙度过了极为孤独的三年时光。

三年之后，张小龙的第一次转型完成。QQ 邮箱被腾讯内部称为"七星级产品"。人们经常用一个例子来说明 QQ 邮箱在产品体验上的细腻入微：如果你在邮件正文里提到

"附件"，而你在发送时并没有粘贴任何附件，那么系统会立即提醒你是否忘了加上附件。

QQ 邮箱的成功，不仅没有人让张小龙开心，还让张小龙感觉到焦灼。因为邮箱对于大量的普通网民而言，依然是一个门槛较高的产品。也许，教会他们用 @ 符号都很难。什么是海量网民所需要的产品呢？

于是，张小龙开始了他的第二次转变，从 Web 工具类产品，进入 Web 社交类产品。这一过程大约耗费了不到两年的时间，难度比上一次更大，周折更多。张小龙和他的团队最先实验了阅读空间，这是跳出工具类产品的第一个接榫。

张小龙的第三次转变突如其来，张小龙的注意力早已经从 Web 跳转到了移动互联网。只是一个简单的要求，团队中的程序员就从原来的岗位离开，开始学习手机客户端的编程。原来在 QQ 邮箱手机随身邮上的经验，被广泛应用到了微信的打造过程中。

2010 年 9 月，张小龙团队的 QQ 漂流瓶正式上线。在这款应用软件中，张小龙捕捉到大多数人内心深处的孤独感，采用与陌生人交友这一方式来迎合大众的需求。这款应用软件获得了空前成功，漂流瓶每天的发送量很快达到令人吃惊的 1 亿次，直接将 QQ 邮箱送上全国第一的宝座。漂流瓶的成功给了张小龙很多启示，之前他关注的是技术，之后，人性需求成了其产品的新核心。

QQ 邮箱登顶没多久，2010 年 10 月，一款名为 Kik 的 App 流行起来，上线 15 天便斩获约 100 万名用户。张小龙在研究 Kik 时发现，这种新的即时通信软件，可能对 QQ 造成致命威胁。于是，他连夜给马化腾写了一封邮件，建议腾讯做这块业务。马化腾也没睡，很快给他回复："马上就做。"这封邮件成了微信的缘起。此后的两个月，张小龙带领十几名干将，挤在一个狭窄的办公区域，开始了疯狂的"编程生活"。他们时刻待在计算机旁边，起初，张小龙自己也不清楚应该把微信做成什么样，但是他觉得自己有义务阻击腾讯的潜在对手。

2011 年 1 月 21 日，微信 1.0 上线。打开应用，映入眼帘的是一幅深邃的画面：一个小小的人孤零零地站在庞大的星球外，眺望着远方的家园，如图 2-1 所示。张小龙希望用这幅画传递开发微信的用意：人很孤独，需要沟通。

在此后的时间里，微信不断推陈出新，从语音功能到查看附近的微信用户功能，其社交属性不断提升，用户数量也迎来了爆发式的增长。微信 2.5 发布的前一天，张小龙被任命为腾讯公司副总裁。在针对用户需求的调整中，张小龙大到一个按钮应该放在哪里，小到一个图像差几个像素，都会对团队提出苛刻的要求。在追求极致的过程中，张小龙找到了新偶像——乔布斯。在腾讯公司广州研发中心，人

图 2-1 微信登录界面

手两本书：一本是《乔布斯传》，另一本是凯文·凯利的《失控》。乔布斯时代所有产品的发布视频，张小龙一个都没有错过。微信 2.5 大获成功后，张小龙一直在为下一个版本的内容犯愁。一天，在和同事吃饭时，他突然想到可以通过摇手机来找人，大家都觉得这个点子挺好。回家后，张小龙一遍又一遍地思考：两个人怎么通过摇手机进行沟通？第二天，他和团队花了半天的时间确定细节，如设计摇手机的手势等。会后，大家迅速投入新一轮的开发工作中。2011 年 10 月 1 日，微信 3.0 上线，"摇一摇"成为杀手级武器。人们只需

摇一摇手机，就能找到千里之外同时摇手机的人。该功能很快引起热捧，日启动量超过 1 亿次。在无数的"咔嚓"声中，千万颗"寂寞之心"很快找到了充满可能性的去处。同月，张小龙受邀回母校演讲。演讲在一阵清脆的"咔嚓"声中开始，张小龙握着手机与台下的学弟学妹们互动。

2012 年 3 月，微信用户数已经突破 1 亿。"摇一摇"的成功很快引来对手的纷纷效仿。这时，张小龙又将精力放在新的超越上。2012 年 4 月 19 日，微信 4.0 又推出朋友圈功能，引发了新一轮的移动社交热潮，每天有上亿条文字信息、上亿张图片在朋友圈中传递。

至此，微信的基本框架确立。2015 年年底，微信的月活跃用户数攀升至惊人的 6.97 亿。虽然用户数量激增，微信的商业价值凸显，但是张小龙不接受任何粗暴的广告植入，因为那样会骚扰用户，影响他们的使用体验。基于这一理念，微信拒绝和所有的营销公司、广告公司合作。微信公众号平台上线后，为了防止微博式的水军泛滥、频繁刷屏，张小龙硬性规定每个公众号每天只能推送一条信息。

后来，马化腾几番找张小龙做工作，他才迫于压力，同意在朋友圈投放广告。但起初，他坚持要求每次的广告费必须在 1000 万元以上，这样，真正有实力、能做出漂亮广告的商家才能进来。微信的风头强劲，张小龙却有了新的担忧，他觉得人们开始过度依赖微信。2016 年 1 月，张小龙在微信公开课上说，他和同事开会或吃饭，很多人每隔两分钟就要看一下手机、看一下微信，如果规定不能看，对方就会手足无措，很焦虑。

张小龙并不希望微信变成对人的控制工具，他说："好的产品应该是用完即走，如果用户沉浸在其中、离不开，就像你买了一辆车，到达目的地后，你却说汽车的空调很好，希望待在里面，那这个产品一定不是一款好的产品。"他的言论一度被认为莫名其妙——互联网各家企业都挖空心思抢流量，传统行业也没有听说过要驱赶用户的，张小龙的想法有点荒诞不经。但在他看来，微信的目的是帮助人们高效地完成任务，而不是让他们陷在里面，永远都有处理不完的事情。

张小龙希望能在对微信的定位中实现其价值，不逾矩、不扰人。伴随着微信的成功，张小龙头顶上的光环越来越多，产品经理视他为偶像，媒体将他塑造为乔布斯的中国接班人。有人说："张小龙很幸运，做了 3 次，就成功了 3 次"，但其实他自始至终都只在做一件事，雕刻着完美的作品。

2.2.2　IT 创新案例二：从 PayPal、支付宝的发展历史看 IT 模式创新

1．PayPal 的起源

世界第一家第三方支付公司是 PayPal，现在其也是世界上使用范围最广的第三方支付公司。PayPal 支持 200 多个国家和地区，全球用户量超过 2 亿，通用货币涵盖欧元、英镑、美元、日元等 25 种。

1998 年，在美国的斯坦福，一位叫马克斯·列夫琴的程序员因一场名为"市场全球化和政治自由之间的联系"的演讲而大为所动，演讲结束后，马克斯·列夫琴主动找到演讲者彼得·蒂尔交流互动，他们研讨了当前支付领域的种种痛点，尝试用一种新的技术(数字钱包)来代替现金，实现个人对个人的支付。一家名叫康菲尼迪(Confinity)的支付公司就这样在两位年轻人此次简短的交流和几次午餐的思想碰撞后诞生了。公司的初衷是提供一个

方便客户和商家进行网上金钱交易的工具。

2000 年, 埃隆·马斯克为解决网上快捷转账业务上的竞争, 将 X.com 公司与彼得·蒂尔和马克斯·列夫琴创办的 Confinity 公司合并, 这家新公司于次年 2 月更名为 PayPal。

2002 年 10 月, 全球最大拍卖网站 eBay 以 15 亿美元收购 PayPal, PayPal 便成了 eBay 的主要付款途径之一。PayPal 仅 2013 年就在网上处理了约 1800 亿美元的交易, 平均每天处理约 800 万笔交易, 它向 eBay 贡献了约 41%的收入和 36%的利润。

PayPal 成功的秘密并不复杂, 它顺应互联网时代的精神, 把简易、快速和善变这三大核心要求实施到了极致。其实, 在高科技行业, 最成功的企业的思路往往都是简单的, 如谷歌、苹果、亚马逊, Facebook 等。如何用纯粹的高科技向用户提供一个纯粹的低科技解决方案是一个核心命题, 也是这些企业成败的关键。尤其是在内容为王的今天, 用最简易的软硬件向用户提供最丰富的内容, 就是企业制胜的法宝, 只有深刻洞察用户心理和行为的企业才能做到。

2. 支付宝的发展

支付宝是中国最大的第三方支付软件。支付宝最初是为了解决淘宝网交易安全所设的一个功能, 该功能使用"第三方担保交易模式"。

在淘宝网创办之初, 团队士气高涨, 大家拼劲儿十足, 整个网站也很活跃, 有很多用户在论坛上发帖, 但奇怪的是, 大多数用户都没有交易, 因为淘宝网初期的交易方式无非两种: 要么同城见面交易, 要么远程汇款。在中国人传统的商业思维中, "一手交钱, 一手交货"是天经地义的事情, 而在网上交易, 还没有先例, 淘宝网的成长也随之陷入困境。

碰巧的是, 淘宝网的创始人孙彤宇在逛淘宝网论坛时发现, 关于支付信任问题, 不仅淘宝网团队为此头疼, 淘宝社区中的买家和卖家也在讨论, 他就主动发帖和这些用户讨论。一来二去, 他的思路越来越清晰。孙彤宇想, 既然用户关心的是钱, 那么只要保证资金安全, 用户就敢用淘宝网了。因此, 如果能在淘宝网推出一种基于担保交易的支付工具, 问题就解决了。

经过数十年的发展和金融创新, 包括支付宝、财付通、快钱在内的诸多第三方支付软件已成为电子商务、互联网金融不可或缺的部分。

第三方支付在短短的几年间, 给世界带来的变化可谓翻天覆地。余额宝、微信红包、付款码等支付方式一次次地刷新着人们的眼球。网银支付、移动支付、固话支付、ATM 支付、扫码支付、点卡支付等支付产品满足了人们的日常生活所需。

目前支付宝已经成为全球交易量最大的第三方支付软件。在国内, 从最开始的第三方担保交易模式, 到后来的快捷支付、二维码支付、VR 支付等诸多方式, 支付宝一直引领着行业创新之路。

2.3 结合电子信息专业进行创新

电子信息工程是一个综合、跨学科的专业, 该专业以电子科学方向和信息技术方向为主, 属于实践类、应用型、宽口径专业。该专业倾向于培养实践应用型人才, 重视学生创新思维、编程测试能力、电路设计能力、动手能力、创新意识的培养。

2.3.1　电子信息创新案例一：智能养殖场

1．项目简介

（1）项目设计背景。

当今时代是信息化时代，信息化各行各业的建设都需要电子信息技术的支持，而电子信息技术的发展需要大量基础扎实、实践能力强的创新型电子信息方向的人才。鉴于此，很多高校鼓励学生积极参加专业相关的各类竞赛，以锻炼学生的实践能力、团队协作能力，力求培养与社会需求紧密结合的、具备创新意识的学生。智能养殖场（如图 2-2 所示）作品来源于 2018 年全国大学生电子设计竞赛广东省赛区"人工智能"专题。

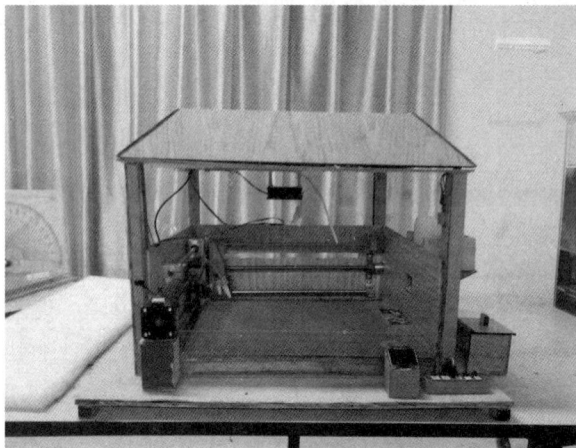

图 2-2　智能养殖场

（2）项目实施目标。

基于专业特点及社会热点，智能养殖场作品旨在设计出功能贴合现实需求的智能控制系统。通过确定设计思路、软硬件方案验证、作品分模块调试、作品完成、作品优化的整个过程，有效提高学生的实践能力，培养学生的创新精神，提高学生将课堂知识应用于解决实际问题的能力，培养学生的团队精神。

（3）方案设想。

通过查找网络资源及团队讨论确定参赛作品方向：作品计划针对当前社会智能化养殖趋势，采用 Arduino UNO 单片机实现"智能养殖场控制系统"，是一个比较贴合竞赛主题且应用性强的作品。该控制系统以 Arduino UNO 单片机为控制核心，采用 DS1302 时钟模块设计定时，采用 OLED 显示屏显示时间和温度，通过 42 步进电机控制清洗功能，利用舵机拖动阀门实现自动喂食，采用 DHT11 实现温控功能，并可通过蓝牙模块实现用手机控制清洗、喂食、温度。

2．实现过程

围绕方案设想，展开工艺、软件、硬件三方面的设计。

该控制系统在模型设计和外观材料上选用电子信息工程专业实验室常见的木板、亚克力板和 3D 打印材料，外观模拟房子的外形，屋顶采用透明的亚克力板，便于观察室内状况；喂食的漏斗和喷水头及下水道口采用 PLA 材料，通过 3D 打印制造而成（根据实际需求确定尺寸的大小，自主设计建模，然后自主打印）。

该控制系统的重点及难点在于整个系统的分析、设计、实物实现。首先进行主控芯片的选择，在参赛选手进行自我知识评估及共同讨论后，一致选择他们较为熟悉的 Arduino UNO 单片机，基于此款单片机的功能，围绕"人工智能"专题设计作品的功能模块，最终确定四个模块：智能喂食模块、智能清洗模块、温控模块、蓝牙模块。

（1）智能喂食模块。

利用 DS1302 时钟芯片做成的时钟模块，控制舵机带动阀门进行喂食，达到定时效果，然后达到智能喂食的效果。舵机带动阀门，然后连接到舵面上，达到拖动阀门的效果。经过多次调试，得出了模拟舵机的角度和拖动阀门的长度，以比较精细地控制舵机和舵面的连接。

（2）智能清洗模块。

利用 A4988 芯片控制 42 步进电机带动喷水头及一个微型电动潜水泵，进行对地板的清洗，然后结合 DS1302 时钟芯片达到每天定时清洗一次的效果。在作品制作过程中，参赛选手在阅读智能养殖场的相关文献后，对该功能模块进行了扩展，添加了消毒功能，在清洗过程中可启用紫外线为地板消毒，这些功能都是以 Arduino UNO 单片机为核心的。而该模块中所应用的步进电机的步数也经过了多次调整。此外，喷水头的喷射方向可以由舵机调整，做到清洗得干净。

（3）温控模块。

利用 DHT11 芯片来检测室内的温度，当温度达到 30℃时，控制系统将会启动风扇进行降温，30℃是经过了多次调整而确定的一个临界点，以更好地监控智能养殖场的环境。

（4）蓝牙模块。

为更好地结合竞赛主题，更好地满足智能养殖场的要求，本项目中的智能养殖场作品还包含配套的手机控制端，可通过蓝牙模块实现用手机控制清洗、喂食、温度。

为使以上模块更好地实现相应的功能，本项目的程序设计和优化在 OCROBOT 开发环境下完成，采用 C 语言进行编程，实现对传感器输入信号的处理和对按键和其他部件的精确控制。以分模块的思想编写程序，分别实现按键、OLED 显示、时钟、蓝牙、舵机控制等程序。模块化的程序设计思想有利于后期对作品的完善及维护。

智能养殖场作品细节图如图 2-3 所示。

该作品的测试分为三大部分，分别是软件仿真测试、硬件测试、测试数据综合分析。软件仿真测试主要使用相关开发环境对程序模块中的程序进调试验证，并最终将程序下载到实物中进行测试；硬件测试主要是对整个作品各模块的测试及对作品综合功能实现的测试；测试数据综合分析是测试中最重要的部分，该部分不仅测试作品的功能实现，而且测试极端条件下作品的实现情况，以便更好地测试作品的稳定性及精度。

依据作品的稳定性和精度要求，参赛选手分别对相关模块和测试次数进行设计，并最终确定以下测试方向：42 步进电机长轴直线测试、42 步进电机短轴直线测试、喂食模拟舵机测试、自动清洗测试、自动喂食测试、其他电信号干扰测试。

通过对以上测试数据的统计，得出结论：该作品各模块功能均测试通过，具有较好的稳定性，该作品基本模拟实现了智能养殖场。该作品贴合专题，方向新颖，功能齐全，从硬件到手机控制，从数据测试到作品完成，均考虑周全，最终获得大赛二等奖。

图 2-3 智能养殖场作品细节图

3．作品分析

（1）特定专题下的热点方案。

参赛选手在不脱离主题的情况下进行方案设计，所设计的方案既围绕主题，又保持新颖。基于此，在类似的竞赛中，参赛选手务必要对竞赛主题有深入了解，要查阅大量论文资料，清楚认识当前主题的最新资讯，由此综合各类资源，确定方案设计。

（2）智能控制的不断优化。

智能养殖场作品的外观从美观性、实用性出发，由参赛选手自己建模制作，完全贴合预设的养殖场模型外观；在硬件上，采用精度、准确度较好的模块，使得控制系统的硬件更为可靠；在程序设计上，采用分模块调试的方法，在各模块程序实现后再进行综合调试。在发现漏洞时不断优化，例如，当采用步进电机常规程序的写法时，经常出现丢步现象，经参赛选手讨论确定了新的算法后，解决了丢步问题。

智能养殖场作品的完成是参赛选手共同努力的结果，他们抓住"人工智能"的竞赛方向，根据当前养殖场逐渐智能化的现状，设计功能贴合现实需求的智能控制系统。

4．项目意义

电子设计竞赛是比较典型的电子信息工程专业学生参加的竞赛，在竞赛过程中，学生既要完成硬件原理图设计、电路板设计、程序设计，还要完成竞赛报告的写作。学生从选定元器件、设计电路图到实物制作，在自己知识体系内，不断改变常规思路、尝试不同电路设计方式、确定防干扰设计、优化算法，这无一不体现"突破"二字，这是一个新作品实现的过程，是学生创新思维形成的过程。整个过程要求参赛选手合力协作、取长补短、充分发挥自身的创新能力，最终形成团队创意，实现"独一无二"的作品。

在竞赛中怎样解决技术上遇到的问题、如何认识参赛选手各自的知识体系、如何配合、如何解决怯场问题、如何实现团队协作等，这些对于平时主要接受课堂教育的学生来说，是极大的挑战。电子设计竞赛更好地培养了学生的创新能力，为以后学生进入工作岗位打下了坚实的基础。

5. 创新能力的培养

(1)完善自身知识结构。

目前，大学生普遍过于依赖课堂教育，仅仅学习书本上知识，易造成知识结构单一、文化层次不够深厚的现象。而创新是基于丰富的知识和诸多实践的，显然作为当代大学生，我们应努力学习各方面的知识，不断完善自己的知识结构，以丰富自身的文化底蕴，为创新做好准备。完善自身知识结构可以通过阅读相关专业课外书、在课堂内外进行讨论等方式来实现。

(2)打造适合大学生的创新教育特殊课堂。

大学生综合能力的提升需要一个长期的过程，为此，高校为更好地让学生将课堂理论应用到实践中，培养创新型人才，在课堂教育中，应以学生的素质教育、创新思维教育等为中心，激发学生的创新意识、创造性，充分调动学生的主体意识，激励学生扬长避短、表现自我。基于以上基础，高校应鼓励学生参加校外的专业竞赛，并定期举办多方向校内竞赛，积极建设电子信息工程专业实验室，提供学习耗材，供学生使用。

专业竞赛是创新教育的特殊课堂，是课堂教育定位于将各类竞赛活动与学科课程及社会实践相结合的基准点，高校可在各类竞赛中全方位、全过程的渗透创新教育的理念，力求通过"以赛促学"的方式，将课程教育与竞赛相结合，致力于创新型人才的培养。

2.3.2 电子信息创新案例二：智能衣物收晾系统

1. 项目简介

(1)项目背景。

智能衣物收晾系统(如图 2-4 所示)作品来源于 2018 年广东创新科技职业学院"第三届创新点子大赛"，该作品荣获"点子王"奖项。

图 2-4　智能衣物收晾系统

(2)方案设计。

智能衣物收晾系统主要针对户外露台晾衣设计，该系统利用光线、湿度、雨滴等对衣物收晾进行智能控制，用步进电机作为动力。光敏传感器用于检测光信号，实现白天晾晒衣物，晚上收衣物的功能。该系统通过可升降衣架把晾干的衣物下降到人手能够收拿的位置，从而使人们摆脱用衣叉收衣物的困扰。当超声波模块检测到衣架上无衣物的时候，衣架将自动升起。当下雨时，雨滴模块接收到相应信号，衣物会从户外被收进室内，当雨停了，雨滴模块接收到相应信号，衣物会被自动送出阳台晾晒。湿度传感器主要用于湿度检测，当户外湿度大于设定值时，衣物将被自动收进室内，然后系统自动开启烘干模式和紫外线消毒模式，当户外湿度小于设定值时，系统将自动关闭风干模式和紫外线消毒模式，等待手动控制，并将系统状态传送到12864LCD显示屏上显示，用户可通过显示屏随时查看系统状态。该系统还采用蓝牙无线传输技术，使用者可用手机移动端对系统进行操控。

2．作品分析

智能衣物收晾系统属于当下物联网智能家居的范畴，参赛选手在各自知识储备的基础上，观察生活、以细节化方式进行思考。该作品的创新点在于改变传统人工收晾衣物的操作，突破时间、空间的限制，能适当代替人类的工作，节省时间成本。此外，该作品还具有烘干模式和紫外线消毒模式，更符合当代社会人们对生活品质的要求。整个作品对户外露台的设计针对性较强，市场竞争力也比较突出，是一个功能完善、角度新颖、专业性强的作品。智能衣物收晾系统细节图如图2-5所示。

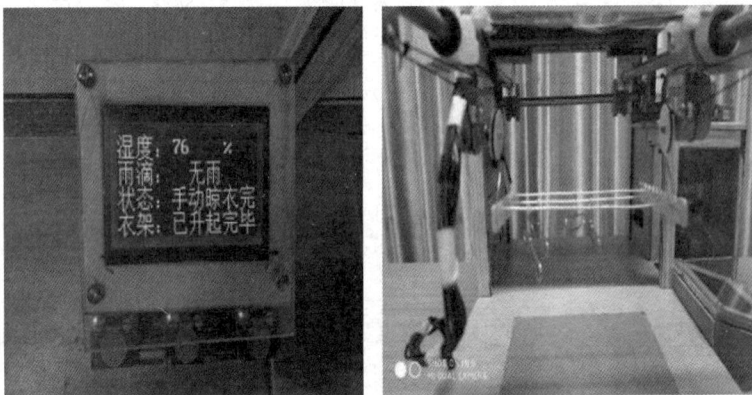

图2-5　智能衣物收晾系统细节图

3．校内外竞赛的意义

通过参加校内外竞赛活动，学生的专业知识、心理素质及创新能力都能得到进步和提高。

(1)丰富基础理论知识。在参加各种校内外竞赛的过程中，学生都会运用一定的专业知识，如模拟电子技术、数字电子技术、单片机原理与接口技术等。在常规的课堂学习中，学生对基础类课程学习的积极性不高，大部分学生认为基础类课程枯燥，无法真正掌握知识。但是在参加竞赛的过程中，学生能根据竞赛要求，发现自身基础理论知识的不足，从而端正学习态度，及时补充理论知识，为创新实践打下基础。

(2)有利于创新能力和实践能力的提高。校内外竞赛大多要求提交实物,能够获奖的作品,必定在某一方向有创新点、独到之处,学生在参加竞赛活动时,指导老师要鼓励其做到在继承的基础上进行创新,并强调对作品进行数据分析、统计,从而不断优化作品。因此,参加竞赛能提升学生的创新能力及实践能力。

(3)有利于综合素质的提高。校内外竞赛不仅能从知识、能力的角度对参赛选手进行考核,而且能从抗压能力、心理适应能力等方面对参赛选手进行考核。有的学生在日常制作作品或课堂教学中表现优秀,有一定实力,但是在竞赛中心理素质不佳,遇到困难容易退缩,失去信心,甚至有可能产生退赛想法,而通过多参加竞赛活动,可使这类学生不断地熟悉各类竞赛流程,了解解决问题的方向,锻炼应对突发问题的能力,提升综合素质。

(4)有利于团队协作能力的提升。在竞赛中,学生多以团队形式参赛,指导老师应根据学生的课堂表现确定团队队长,团队队长需要具有确保团队整体协调一致,把握作品的进度等能力。参赛队伍应以团队荣誉为主,以整体为先,成员间相互配合,互帮互助,共同调试,制作出优秀的创意作品。这种合作的方式有利于加强学生的团结观念、整体意识,提高学生的团队协作能力。

(5)有利于大学生对接社会需求。竞赛的题目常常对接社会需求,并且与高校课程的内容紧密相关。学生参加竞赛可很好地将所学知识应用到其中,有利于学生了解社会需求,掌握工作所需技能。

4.专业培养与创新教育

当今社会需要的电子信息工程专业的人才应具备扎实的基础知识、一定的动手能力、团队协作能力、实践能力,由此高校对于电子信息工程专业学生的培养要与社会紧密结合,可以依托赛项,培养创新型人才。

对于电子信息工程专业的学生来说,创新的基础是知识储备,创新要求大学生应该具有良好的知识储备量及宽泛的知识面,并善于观察周围的新事物,只有这样,当遇到问题时才能更全面、深入地进行思考、分析、解决。显然,在专业培养中,必然不可能单纯依靠于竞赛来培养学生,仍然要重视学生的课堂教育,只有课堂教育给予学生足够的专业知识,学生才能基于自己的知识思考问题、扩展思维,进而解决问题。

创新教育的进阶是能力的培养,能力的培养需要一个过程,是学生在实践活动、竞赛等过程中长时间锻炼的结果。在能力培养中,学生应基于自身的知识储备,不断发现问题,思考、分析并解决问题,随着不断发现问题,学生能够思考不足,查漏补缺,积累经验,不断提高自身能力,激发创新潜力。

创新教育要始终贯彻创新精神,培养创新精神不是一蹴而就的,它需要以课堂教育为基础,充分应用以学生为主体作用的教学模式,改变传统知识注入式的教学方式,创造适合学生学习的氛围,以启发式、鼓励式、讨论式的教学方式,调动学生的学习能动性和上进心,激发学生的好奇心,引导学生独立思考,灵活获取知识,并鼓励学生大胆设想、质疑,探寻不同的解决问题的方法,竭力为学生提供培养创新精神的平台。

2.4　结合机电专业进行创新

2.4.1　机电创新案例一：手袋底部定型设备

本项目设计一种手袋底部定型设备，其结构图与效果图如图 2-6 所示。

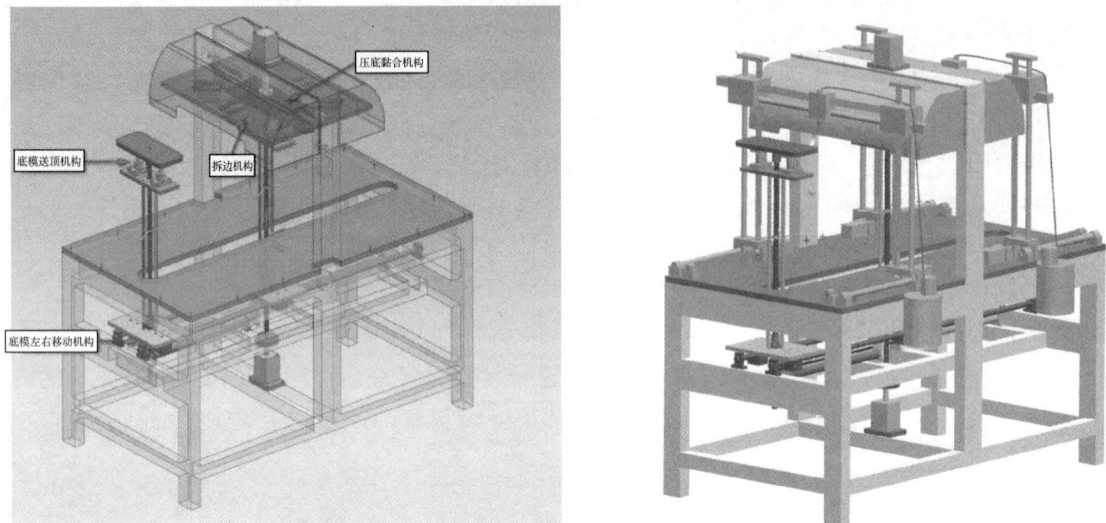

图 2-6　手袋底部定型设备结构图与效果图

1. 项目简介

(1) 项目背景。

目前，国内手袋加工行业大多工序仍采用手工方式进行，袋底定型工艺效率低，定型品质一致性差，手工包边平整度不高，胶水黏合不均匀，难以保证底部黏合到位，给后续针车工序带来困难，影响生产效率，无法保证合格率，难以满足高品质加工的要求。

(2) 项目目标。

本项目旨在为社会提供一种高品质半自动手袋底部定型设备，以实现手袋加工的高效率、高品质，其简易的机构、简单的操作、低廉的价格更适合国内广大客户。

(3) 构思设想。

手袋底部定型设备采用气缸连接滑块机构，滑块的直线运动分别控制底模左右移动机构的左右运动、底模送顶机构的运动、折边机构的运动、压底黏合机构的运动。设备利用 PLC 控制各电磁阀，控制气缸进行供、排气的往复运动，通过调整气缸行程实现折边压底定型加工。

(4) 项目特色。

手袋底部定型设备通过 PLC 精确控制装配结构的运动，实现折边压底定型。通过模具组合的多样性和装配间的调节，实现手袋种类的多样性。

2．市场调研及可行性分析

随着人们生活水平的提高，传统工业的现状无法满足我国的工业发展。传统工业需要足够的工人，而生活水平的提高使工人的工资随之提高，但是各行各业的挤压使得工业领域的市场利润下滑，急需进行工业改革。目前，在手袋行业中，大多数还采用手工操作对袋底进行定型，其生产效率低，且质量难以保证，因此手袋底部定型设备的市场需求量比较大。

为了提高工作效率，本项目设计了基于 PLC 控制的电磁阀，由电磁阀控制气缸的动作。气缸对手袋底部进行自动定型时，可以实现均匀挤压，只需要一个工人把手袋底部放在机器特定的位置上，按一下启动按钮即可。

本项目设计出了一个全新的折边压底定型机构，在 PLC 的控制下，能实现半自动折边、压底定型工艺，其合模机构可任意调整，从而实现对任何规格手袋的折边压底定型加工，这样就扩大了其生产类型；其袋底半自动定型精确，周围折边完整，生产量大且结构紧凑、占用空间小、成本低廉，能为客户解决很多难题；这种定型机构主要涉及手袋底部定型加工领域，尤其涉及手袋背包等加工行业，将人工操作转换成自动化生产。

3．控制流程说明

本项目采用 PLC 作为控制器，在 PLC 的控制环节中，3 个步进电机，8 个气缸平稳有序运行，步进电机控制龙门架移动，把出胶水口移动到指定位置，每个气缸分别由一个电磁阀控制。只要把未加工完成的手袋底部放在设备的指定位置上，按下启动按钮，设备即可开始运行。在运行过程中按下停止按钮，则所在工位关联的气缸全部停止运行。当遇到紧急情况时，按下急停按钮，1#工位、2#工位的全部气缸都停止运行。

在 1#工位按下启动按钮后，胶水水位传感器开始工作，水位正常，步进电机动作，龙门架移动，把出胶水口移动到指定位置，抽胶水泵开始工作，涂胶完成后，步进电机动作，把龙门架移动到原点。涂胶完成后，1#气缸开始工作，1 秒后，3#气缸开始工作，1 秒后，4#、5#、6#、7#气缸同时工作 1 秒，然后 8#气缸开始工作，1.5 秒后，8#、1#、3#气缸先后复位，1#工位所有工序完成。

在 2#工位按下启动按钮后，胶水水位传感器开始工作，水位正常，步进电机动作，龙门架移动，把出胶水口移动到指定位置，抽胶水泵开始工作，涂胶完成后，步进电机动作，把龙门架移动到原点。涂胶完成后，2#气缸开始工作，1 秒后，3#气缸开始工作，1 秒后，4#、5#、6#、7#气缸同时工作 1 秒，然后 8#气缸开始工作，1.5 秒后，8#、2#、3#气缸先后复位，2#工位所有工序完成。

当 2#工位所有工序完成后，1#工位继续开始加工，依次循环工作。电磁阀控制气缸结构如图 2-7 所示。

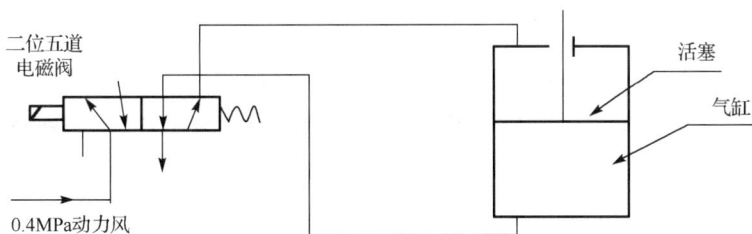

图 2-7　电磁阀控制气缸结构

4．预期风险及防范

(1)利用本项目创业时，由于在校大学生不太了解创业相关政策法规，也没有相关企业的工作、实践经历，在进行实际操作时，可能不具备解决问题的能力。所以学生一方面要多参加创业实践活动，积累创新创业知识；另一方面要积极参加创新创业教育培训，接受创新创业指导，提高创业成功率。

(2)由于从事自动化设备研发的企业众多，这些企业也有可能会研发出这样的产品，有些产品一进入市场就被其他企业复制，所以要多了解相关政策和法规，在产品推出之前首先要对其进行知识产权保护。

2.4.2　机电创新案例二：龙眼自动脱肉机

1．项目简介

(1)项目背景。

在广东省，亚热带水果龙眼的种植面积约为 200 万亩，每年产出挂果超 600 万吨。每到丰产季，都需要将龙眼加工成为桂圆肉(龙眼肉)。由于龙眼鲜果不耐贮运，需要把龙眼去核、去壳加工成龙眼肉干。传统加工龙眼肉干的方式主要是人工制作方式，即人工对龙眼进行去核、去壳，这种操作方式效率低、费时费力，且人工操作容易导致加工出来的龙眼肉形状不规则、果肉流失，不能满足现代农产品加工的要求。

(2)项目目的。

本项目旨在利用自主研究的创新方法，设计出果肉损失率在 3%以下、无污染、适应性强、成本低的新鲜龙眼脱肉机的关键部位，能满足在制作龙眼干过程中最关键的去核、去壳的技术需求，取代手工操作这种不卫生、低效率的方式。

2．基本思路

本项目的基本思路是，用两个有弧形刀口的刀形成闭合口，再利用弹簧的弹力进行去核，我们称这种方法为"弧形弹簧刀去核法"。应用此方法去核时，靠不同半径的刀紧密配合，在顶针将核压下时，利用弹簧的弹力与核受压的压力相互作用，使刀与核各边缘紧密接触，最终将核与肉分离，这样能很好地保证肉的完整性。

3．使用说明

只需将带核的果肉放在特制的送料盘上，传送到顶针下方，龙眼自动脱肉机会自动使顶针向下压，实现果肉和核的分离。龙眼自动脱肉机的结构如图 2-8 所示。

4．项目特点

本项目涉及食品加工设备技术领域，具体涉及一种龙眼脱肉的方法及一种龙眼自动脱肉机，与现有技术相比，本项目能够实现龙眼去核工序的全自动化控制，工作效率高，操作简单，能够连续加工龙眼，而且采用本项目的方法和设备所获得的龙眼肉完整性好、果肉损失率低，能更好地满足现代农产品加工的要求。本项目填补了现有市场上的制作龙眼干时脱肉机械的空缺，具有较好的应用前景。

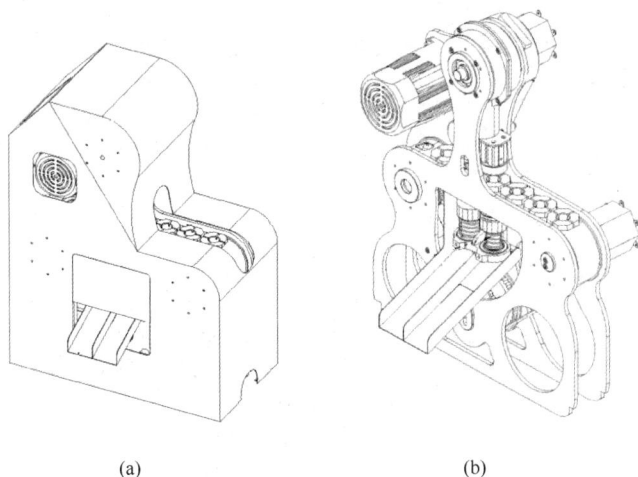

（a） （b）

图 2-8 龙眼自动脱肉机的结构

2.5 结合动漫专业进行创新

"动漫"是动画和漫画的统称。动漫产业以"创意"为核心，以动画、漫画为表现形式，包含图书、电影、电视、音像制品、舞台剧和基于现代信息传播技术手段的动漫新品种等动漫产品的开发、生产、出版、演出和销售，以及与动漫形象有关的服装、玩具、电子游戏等衍生产品的生产和经营。动漫产业作为新兴的资金密集型、科技密集型和劳动密集型产业，是 21 世纪的朝阳产业之一。

基于动漫专业的特殊性，创新思维在动漫创作中显得更加重要，动漫专业的毕业生相较于其他专业，进行自主创业更容易，动漫专业部分学生的创新创业活动具有良好的市场前景和创新价值。

2.5.1 动漫创新案例一：动画场景设计

良好的创意来源于生活，又高于生活。动画场景设计在一部动画片中起着非常重要的作用，是动画制作的基础与前提，决定着动画在制作过程中的艺术质量与风格，不仅影响动画的视觉效果，还影响动画在制作中花费的成本及时间。

动画场景设计相当于为角色搭建舞台，起着向观众阐明故事发生的时间、地点及环境的作用，也起着衬托角色表演、烘托镜头气氛的作用。它能够与角色结合起来，给观众带来一个完整的故事。

1. 动画场景设计的原则

（1）动画场景应当能够交代故事发生的环境。

动画场景应当向观众阐明故事发生的年代、背景、地点等，应当能够烘托镜头气氛，对角色的表演起衬托作用。如图 2-10 所示，作品《归途》充分交代了故事发生的环境。

图 2-10　作品《归途》

（2）动画场景应当符合剧情需要。

在动画的制作过程中，只有符合剧情需要的场景才能够吸引观众的眼球，使观众融入动画的剧情中。动画场景设计不能只将目光定格于场景自身的塑造上，还应当充分考虑场景对剧情的烘托作用。

（3）动画场景应当符合透视原理。

透视是设计中非常重要的因素，有了透视现象，才会产生立体空间，立体空间是由透视现象所决定的，透视是产生立体空间的第一条件。在现实生活中，任何物体都是在透视状态下展现出来的，所以想要真实、生动地展现动画场景，就必须符合透视原理。如图 2-11 所示，该 3D 设计作品充分利用了透视原理构建立体空间。

图 2-11　作品《初春》

（4）动画场景应当能刻画角色。

动画场景的造型功能是多方面的，总体来说，就是刻画角色，为创造生动、真实、性格鲜明的角色服务。刻画角色就是刻画角色的性格特点，反映角色的精神面貌，展现角色的心理活动。角色与场景的关系是不可分割、相互依存的。典型的场景应为塑造角色提供客观条件。刻画角色的性格，除了要对角色的生活习惯、兴趣爱好、职业特征等进行塑造，还要对角色的心理空间进行刻画。心理空间是反映角色内心活动的形象空间，是因观众的情感动因而形成的形象空间，是一种对角色心理变化和内心情感世界的烘托空间，是角色内心感情和情绪的延伸和外化形式，也可称为情绪空间，有明显的抒情和表意功能。

(5)动画场景应当注重视觉感。

动画的制作过程实质上是一个艺术创造过程，动画场景设计在动画的制作过程中，应保证时间与空间的统一、正确的场景色彩基调、正确的比例尺度、恰当的画面构成、符合特定的时代背景，这样才能够给观众带来视觉的享受。如图 2-12 所示，作品《与鸟同行》充分考虑了场景的视觉感，在空间等方面给观众带来了美好的视觉体验。

图 2-12　作品《与鸟同行》

2. 动画场景设计的运用范围

动画场景在现代多媒体艺术中非常重要，它是作品前期设计的重要环节，起着确定作品风格，指导作品后续制作的重要作用。它广泛运用于动画电视、动画电影、游戏设计、漫画等多个领域。

(1)动画电视中的场景。

随着社会的发展，电视屏幕尺寸越来越大，虽然还不能与电影屏幕相提并论，但也要求动画电视充分强调构图、透视，以及一系列的细节因素，要求其能够恰当展现出故事情节中的场景形象。

(2)动画电影中的场景。

动画电影中的场景，更多要考虑如何表现视觉冲击力和画面的厚重感与气势。因此，在设计这类场景时，不仅要求构图宏伟大气，更要求深入刻画细节，使动画场景气势恢宏、画面丰富饱满、构图完美、色调高雅而统一。

（3）游戏设计中的场景。

游戏场景更注重表现科幻、神秘和真实感，给玩家营造一个身临其境的感觉。在游戏设计中，场景要能体现出空间感，且具有一定的视觉冲击力。

（4）漫画中的场景。

漫画中的场景更注重绘画性，有别于影视作品中的场景（以烘托人物角色为主要作用）。漫画中的场景更注重画面本身的设计感和视觉上点、线、面的运用，特别强调黑、白、灰的关系，具有很强的绘画平面性。漫画中用到的局部场景较多，大场景较少。漫画作品比较注重绘画形式的工艺性，漫画作品中场景的绘制更注重线条的排列。

3．动画场景设计的任务分解

任务一：前期设定说明。

任务二：角色基础造型草图设计。

任务三：绘制三视图。

任务四：设计道具。

任务五：配色。

任务六：细化、完善及添加特效。

任务七：设计宣传海报或带背景插画。

任务八：完成整套原画的排版设计。

4．动画场景设计的创作过程

（1）角色原画设定的绘制分析。

（2）确定画稿基调。

（3）大基调的铺垫。

（4）细节的处理。

（5）画面调整与完善。

2.5.2　动漫创新案例二：游戏三维模型设计与制作

游戏三维模型道具在各种游戏场景中是不可缺少的一部分，大到各式各样的武器装备，小到花花草草，都能够丰富整个游戏的场景。现在，各高校使用的游戏三维制作软件基本上包括 Maya、3ds Max、C4D、Unity 等。某游戏三维模型道具作品如图 2-13 所示。

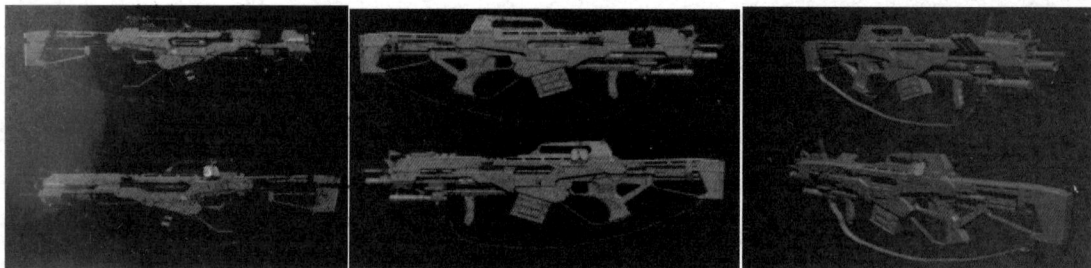

图 2-13　某游戏三维模型道具作品

1．游戏三维角色的制作流程

游戏三维角色的制作流程分为概念设定、3D 建模、贴图、蒙皮、动画、引擎测试 6个步骤。

（1）概念设定（原画设定）。

概念设定的主要工作是游戏世界观的视觉化表现工作。原画师根据策划的文案，设计出整个游戏的美术方案，包括角色设定、场景设计、怪物、道具、载具等，为后期的游戏美术（模型、特效等）制作提供标准和依据。通常每个游戏都会有相应的美术风格及美术标准，这将决定整个游戏的美术效果、细节要求等。概念设定也称为原画设定，原画一般分为场景原画、设定原画、CG 原画。

（2）3D 建模。

游戏角色模型的制作流程一般为：用 3ds Max 建中模、用 ZBrush 雕刻高模、用 Maya拓扑低模、用 Maya 进行 UV 拆分、用 Toolbag 烘焙贴图、用 Substance Painter 绘制材质。

中模是指中等面数的模型。中模要求根据概念设定，用最快的速度把角色的形体结构准确地表达出来。这一步的制作不需要特别考虑面数，只需要尽可能精致、准确地表现模型的轮廓就可以。中模建立完成后，再进行高模制作。高模是指高细节、高精度的 3D 模型，看上去十分逼真，细节非常丰富，面数也相当多。高模会将角色模型做得非常精细，包括人物细节、角色材质等，以表现角色的细节特征。高模也经常用来制作游戏的过场动画。

图 2-14 为某游戏三维角色设计作品（高模）。

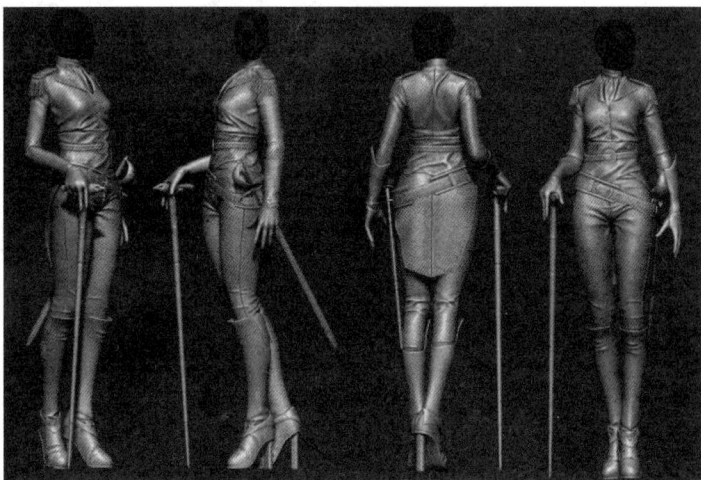

图 2-14　某游戏三维角色设计作品（高模）

由于高模细节多、面数多，游戏引擎可能"带不动"，从而产生了拓扑低模的概念。目前，所有游戏使用的模型都是低模。低模会根据高模减少面数，在尽量保证角色轮廓匹配的情况下进行优化，精简面数，进行合理布线，以方便后续角色动画的制作。

（3）贴图。

在模型制作完成后，需要进行贴图绘制。贴图可以理解为对照原画给角色模型添加"衣服"。游戏贴图可分为描绘物体表面细节凹凸变化的法线贴图、表现物体的颜色和纹理的反射率贴图、表现物体在光线照射条件下质感的金属度贴图和粗糙度贴图等。三维游戏会结合以上贴图方法，以得到更好的角色质感和表现效果。某游戏三维角色设计作品(贴图)及其细节展示如图 2-15、图 2-16 所示。

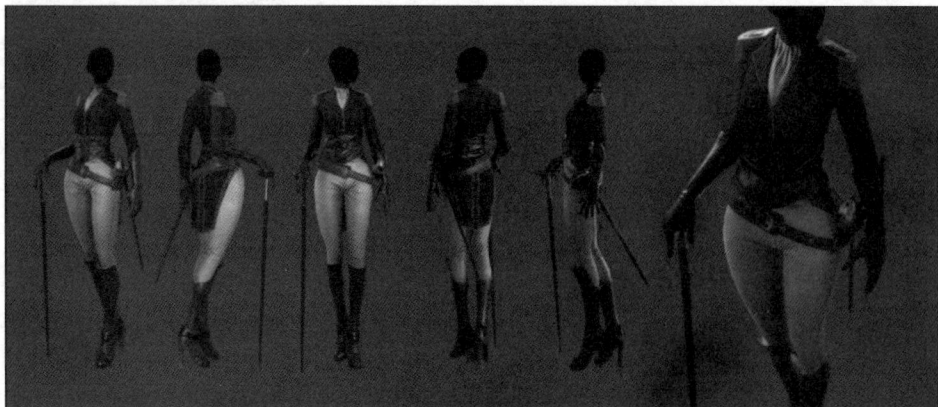

图 2-15　某游戏三维角色设计作品(贴图)

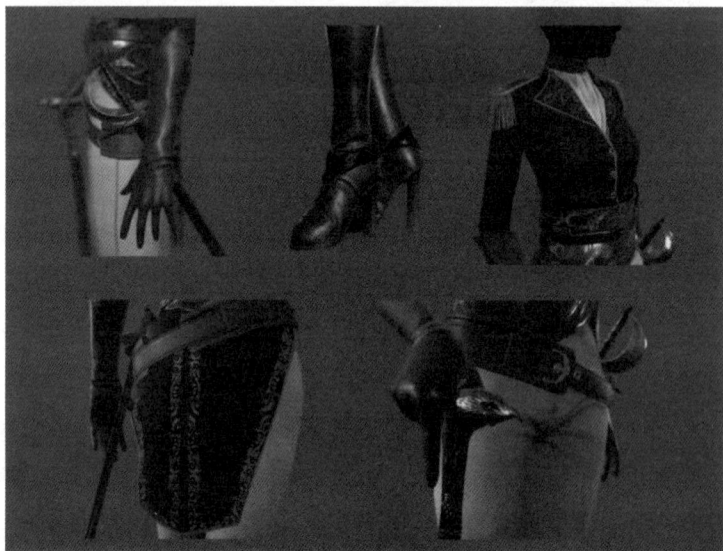

图 2-16　某游戏三维角色设计作品细节展示图(贴图)

(4)蒙皮。

贴图完成后，需要进行游戏角色骨骼的搭建及绑定。这里会根据角色的特性进行不同的设计，合理地根据角色肌肉、关节搭建骨骼，以方便后续的动画制作。

除角色本身以外，角色武器也要进行骨骼搭建及绑定，而在角色骨骼搭建完毕之后则可以开始蒙皮。蒙皮就是将创建好的骨骼与模型绑定在一起，保证模型能顺利地动起来。角色建模师往往会把模型建成双手向两侧抬起的姿势，这个姿势称为 T-pose，这样做是为了方便进行蒙皮，蒙皮后，模型上每个顶点都会被保存为绑定姿势下相对于部分骨骼的位置。

(5)动画。

在蒙皮完毕后，要根据游戏中的需求进行动画制作，如人物行走，以达到活灵活现的效果。在动画制作及优化环节，动画制作人员应比较严谨，除了要反复检查活动的骨骼，还要删除不必要（多余）的骨骼，要严格按照动画流程来制作。

（6）引擎测试。

在完成了上述工作后，动画制作人员会将做好的角色交还给模型制作人，此时模型制作人会将角色模型导入引擎中进行测试，检查纹理和照明的表现方式。通过测试后，一个角色模型的制作过程就完成了。

2．游戏三维角色的设计思路

（1）收集素材、确定游戏三维角色的设定、绘制前期草稿。

（2）创作三维基础模型，添加服饰、发型等基础造型。

（3）进行模型的输出渲染及后期效果处理。

2.6 本 章 习 题

一、名词解释

创新、创新意识、创新思维。

二、简答题

1．简述大学生创新创业教育的现状。

2．如何培养大学生的创新思维？

3．创新与创新思维之间的关系如何？

4．举例说明如何运用创新思维进行创新。

三、思考题

1．从个人所在专业角度，谈一谈如何进行创新。

2．创新型人才必须具有创新思维，请结合所在专业，谈一谈你将怎样培养和锻炼自己的创新思维，列举出锻炼的具体方法。

第 3 章 结合竞赛进行创新

本章重点

- 了解目前主要的技能竞赛和竞赛的相关要求
- 了解如何结合竞赛进行创新

本章难点

- 如何结合竞赛提高创新能力
- 如何结合竞赛要求进行备赛和学习

本章简介

本章从竞赛角度介绍如何进行创新，并结合具体赛项进行案例分析。

3.1 全国职业院校技能大赛介绍

全国职业院校技能大赛（本节简称"大赛"）是由教育部发起，由教育部联合相关部门、行业组织和地方共同举办的一项全国性职业院校学生技能竞赛活动。作为我国职业教育工作中的一项重大创新，大赛深化了职业教育教学改革，推动了产教融合、校企合作，促进了人才培养和产业发展的结合，增强了职业教育的影响力和吸引力。大赛已经成为广大师生展示风采、追梦圆梦的广阔舞台，成为促进我国职业教育改革发展的重要抓手，对职业院校办出特色、办出水平的引领作用日益凸显。大赛是我国职业教育学生切磋技能、展示成果的舞台，也是总览我国职业教育发展水平的一个窗口。

广东省职业院校技能大赛（本节简称"省赛"）是由广东省教育厅主办，中、高职院校承办的综合性技能竞赛，分为学生专业技能大赛和教学能力比赛两大类。学生专业技能大赛的主要目的为充分发挥以赛促教、以赛促学的作用，推动学生专业技能水平的提升。2020年年底，广东省教育厅结合近两年大赛和省赛的设置情况，确定了2020—2021年度81个拟开展的赛项，具体项目可查阅省赛官方网站。

下面以2019—2020年省赛高职组"Web应用软件开发"赛项为例，简要说明省赛的竞赛方式、内容和要求。

3.1.1　竞赛简介

赛项编号：GZ-29

赛项名称：Web 应用软件开发

赛项组别：高职组

赛项归属产业：电子信息产业

3.1.2　竞赛目的

Web 应用软件开发赛项主要面向 Web 前端开发工程师、PHP 工程师、软件测试工程师、软件技术支持工程师等核心岗位。通过竞赛考查参赛选手软件工程文档的编写能力、工程项目的需求分析理解能力、程序编码与排错能力及团队管理和协作能力，增强学生的专业技能和职业素质，提升教学环境与产业环境之间的契合度，让参赛选手尽可能地适应未来工作岗位的需要；促使软件技术专业对接最新行业标准和岗位规范，提升毕业生的就业竞争力；促进以"技术+模式+生态"为核心的协同创新，持续深化软件产业发展，建立健全产教融合、校企合作的人才培养机制，引领软件人才的培养，推动软件技术专业的建设。

3.1.3　竞赛内容

Web 应用软件开发赛项基于企业真实项目的工作流程，采用市场主流软件开发架构和实际操作形式进行现场编程设计。竞赛通过"系统设计""程序排错""功能编码"三种形式考查参赛选手对实际问题的综合分析能力、对技术架构的设计能力、对 Web 全栈开发技术的掌握程度及操作的熟练程度。考核点包括行业知识应用、项目配置和管理、HTML5、CSS3、Bootstrap、JavaScript、jQuery、基于组件的轻量级框架 MVVM（Vue.js：Element-UI，Mint-UI）、PHP、Laravel 架构设计、RESTful API 的使用、虚拟 DOM 编程、MySQL 数据库管理、数据分析、单页应用（SPA）、设计移动端 App、路由机制。赛项命题由专家组确定，竞赛组委会将提供给所有参赛选手一个项目框架代码（代码中包含缺陷，但项目可编译运行），一份《系统模块需求说明书》，以及项目开发所需的参考资源。竞赛采用实际操作形式，考查参赛选手对技术的掌握程度和对操作的熟练程度。赛点的设备中将安装统一的集成开发环境，并将赛项需求文档、所需素材和参考资料等事先存入 U 盘的指定目录中。参赛选手在竞赛期间禁止携带任何形式的参考资料及手机、平板电脑、笔记本电脑等可以与外界进行联系的设备。竞赛时间为 4 小时，参赛选手必须在规定时间内完成赛项内容，提交相关文档，进行项目部署。

3.1.4　竞赛方式

竞赛以团队方式进行，每个参赛队伍由 1 名领队、3 名选手（其中队长 1 名）、2 名指导教师组成。

每个参赛队伍的成员在现场根据给定的项目任务相互配合，在设备上完成 Web 应用软件开发项目的"系统设计""程序排错""功能编码"，最后以文档和赛项部署运行效果作为最终评分依据。

3 名选手自行分工,完成"系统设计""程序排错""功能编码"模块,整个团队可并行完成开发和调试。

3.1.5 竞赛流程

本赛项的竞赛时间为 4 小时(不间断),赛项时间安排如表 3-1 所示,赛项的详细日程安排如图 3-1 所示。

表 3-1 赛项时间安排

时间及安排	工作内容
第一天:报到	报到
	召开领队会、进行赛前说明
	领队抽取场次签及检录顺序号
	竞赛现场设备调试检验
	选手熟悉赛场
	封闭赛场
第二天:竞赛	开赛仪式
	参赛选手检录、抽取赛位号
	参赛选手进入赛位、发放任务、宣布竞赛注意事项、检查竞赛环境
	参赛选手完成竞赛任务、进行项目部署和运行
	成绩评判、汇总

图 3-1 赛项的详细日程安排

3.1.6　赛卷说明

本赛项采用公开样题的方式，专家组编制样题后，由大赛执委会在省赛平台正式发布。各赛项样题必须于正式竞赛前 30 日以上发布。

各赛项样题由专家组依据竞赛规程和样题模式进行编制，正式竞赛时的试题内容与样题内容不可重复，但题型、分值要一致。每个赛项编制 3 套正式试题，每套试题的重复率不可超过 30%。正式试题编制完成后，专家组要按照《专家承诺书》中的要求做好保密工作，并于竞赛开始的前 5 日以上将密封后的 3 套正式试题交付大赛执委会保存。

正式竞赛时，由广东省教育厅选派的大赛督察员从 3 套试题中随机抽取 1 套作为当天的竞赛用题。

3.1.7　竞赛规则

(1) 参赛队伍及参赛选手资格：参赛选手须为普通高等学校全日制在籍专科学生、本科院校中高职类全日制在籍学生、五年制高职四、五年级学生。参赛选手的年龄须不超过 25 周岁。凡在往届全国职业院校技能大赛中获得一等奖的选手，不得再参加同一项目、同一组别的竞赛。

(2) 竞赛场地通过抽签决定，竞赛期间，参赛选手原则上不得离开竞赛场地。

(3) 竞赛所需的硬件、软件和辅助工具由主办方统一提供，参赛队伍不得使用自带的任何有存储功能的设备，如硬盘、光盘、U 盘、手机、随身听等。

(4) 参赛队伍在赛前 10 分钟内领取竞赛任务并进入赛位，竞赛正式开始后，选手方可进行相关操作。参赛队伍自行决定选手的分工和工作程序。

(5) 在竞赛过程中，参赛选手如果有疑问，应举手示意，现场裁判应按要求及时予以答疑。如果遇设备或软件故障，参赛选手应举手示意，现场裁判、技术人员等应及时予以解决。确因计算机软件或硬件故障，致使操作无法继续的，经裁判长确认，予以启用备用设备。

(6) 竞赛时间终了，参赛选手应全体起立，结束操作。经工作人员查收清点所有文档后方可离开赛场，离开赛场时，不得带走任何资料。

(7) 赛项裁判应严格遵守赛项各项规章制度，确保竞赛公平、公正、公开。竞赛当天 8:00 起，赛项裁判应上交所有通信设备，由大赛执委会统一保管并安排赛项裁判在指定区域休息或工作，直至赛项成绩评判结束。

(8) 竞赛结束，经加密裁判对各参赛队伍提交的竞赛成果进行三次加密后，评分裁判方可入场进行成绩评判。最终竞赛成绩经复核无误及裁判长、监督长签字确认后，打印张贴在赛场的明显位置上。

(9) 竞赛过程中，合作企业方可以提供设备设施支持、赞助及相关技术服务，但不得以企业名义对赛项进行冠名，不得以竞赛名义违规收费培训，不得直接或间接参与赛题设计、成绩评判等涉及竞赛成绩的工作。

3.1.8　竞赛环境

每个参赛队伍的竞赛设备主要包括 3 台计算机、1 台服务器、1 个手持移动终端套件设备、1 个 Web 应用软件开发平台，以及常用的开发工具软件。

(1)计算机和服务器，最低软硬件配置要求如下：

操作系统：Windows 7/10(64 位)

处理器：i5 及以上

处理器内存：8GB 及以上

硬盘：500GB 及以上

显示器：分辨率 1024×768 及以上

(2)相关软件版本(软件已经安装完成)

具体配置如表 3-2 所示。

表 3-2　软件配置表

类别	名称及版本
操作系统	Windows 7/10(64 位)
开发工具	jdk-8u111-windows-x64
	mysql-5.7.17.msi(root 123456)
	Navicat_Premium_11.0.10.exe
	Sublime Text
	PhpStorm
	Netbeans
	HBuilderX.0.1.42.20180623-alpha.full.zip
	VSCodeSetup-x64-1.30.1.exe
	Postman-win64-3.10.3-Setup.exe
	node-v10.15.0-x64.msi
辅助工具	PDF 阅读器：Foxit Reader v9.0.0.29935
	Word 2010 或者 WPS
	Visio 2010
	火狐浏览器
	谷歌浏览器
	360 安全浏览器
版本管理	Git-2.12.1-64-bit.exe
	PhpStorm、Netbeans、Hbuilder 和 VSCode 的 git 及 svn(使用插件方式安装)
服务器资源安装	Mint-UI SDK(8081)
	Element-UI SDK (8085)
	VisualSVN_Server_3.5.0.0_x63.1457319621
	Gitstack 2.3.11
	XAMPP 5.7

3.1.9　技术平台

承办单位提供成都中慧科技有限公司的 Web 应用软件开发平台，该平台是基于 Laravel 架构的 Web 系统平台。平台采用分布式开发、前后端分离技术和开放式 API 模式设计。

竞赛素材由承办单位根据本校实际情况确定，并向参赛队伍无偿提供。如果参赛队伍不使用承办单位所提供的竞赛素材，则必须在正式竞赛日 15 日前以学校正式公函形式向大赛执委会申请自备竞赛素材，承办单位提供力所能及的协助工作，为此所发生的费用均由该参赛学校自理，产生的不良影响由该参赛学校承担。

3.1.10 成绩评判

竞赛满分为 100 分。竞赛成绩评判将根据"系统文档""程序排错""功能编码"三个模块进行，三个模块的分值权重分别为 10%、20%和 70%。竞赛总得分=系统文档得分+程序排错得分+功能编码得分。技能知识评分表如表 3-3 所示。

表 3-3 技能知识评分表

模块	考查点	权重	描述
系统文档	用例图的绘制	2%	符合软件规范，功能表述清晰
	类图的绘制	2%	对类的定义能描述出类之间的泛化关系
	流程图的绘制	2%	各个流程组件符合软件规范
	时序图的绘制	2%	时序图具有生命周期对象的三要素及消息
	详细设计（方法，核心片段）	2%	列出主要功能方法、方法的核心片段、原型或效果图
程序排错	HTML5+JavaScript+CSS3，Bootstrap	10%	根据界面原型与实际显示之间的差异，定位并修改相应代码，以实现正确的功能
	业务逻辑	10%	根据需求描述及对功能的理解，修复系统中业务逻辑的错误
功能编码	HTML5+CSS3，Bootstrap	9%	根据给定的资源和界面原型，自行设计/编写布局代码，实现与原型一致的界面布局功能
	HTML5/JavaScript API	5%	掌握 HTML5/JavaScript API 的使用，如利用 HTML5/JavaScript 实现拍照上传功能
	JavaScript	5%	掌握 JavaScript 基本语法
	MVVM，基于组件的轻量级框架	9%	掌握 Vue/Element 的使用、单页路由、双向绑定等
	PHP 7.2	5%	掌握 PHP 基本语法、继承、接口等
	网络编程	6%	实现 axios 和 ajax 网络通信，以及 JSON Bean 的数据封装、解析和转换
	Laravel 5.7 架构	9%	基于 Laravel 架构实现功能模块编码，注解实现事务处理
	数据存储	7%	掌握 MySQL 数据库的增、删、改、查，以及系统核心配置文件中的重要元素
	移动支付	5%	利用模拟支付宝 App 实现业务支付
	RESTful API	4%	掌握 RESTful API 的使用
	数据分析	6%	利用 Charts、ECharts 等图表组件实现数据的分析显示

3.2 蓝桥杯大赛介绍

软件和信息技术产业作为我国的核心产业，是经济社会发展的先导性、战略性产业，软件和信息技术产业在推进信息化和工业化融合，转变发展方式，维护国家安全等方面发挥着重要作用。为促进软件和信息领域专业技术人才培养，提升高校毕业生的就业竞争力，工业和信息化部人才交流中心、教育部就业指导中心联合举办蓝桥杯大赛。十一年来，包括北京大学、清华大学在内的超过 1300 所高校，累计 40 万余名学子报名参赛，IBM、百度等知名企业全程参与，蓝桥杯大赛成为国内行业认可度高的 IT 类科技竞赛。

3.2.1 竞赛简介

下面以个人赛-软件类-Python 程序设计竞赛为例进行简要介绍，其他竞赛可以参考蓝桥杯大赛官方网站。

3.2.2 竞赛目的

当前，全球人工智能技术发展迅猛，特别是在移动互联网、大数据、超级计算等领域，人工智能已成为新一轮产业变革的核心驱动力、国际竞争的新焦点、经济发展的新引擎。为贯彻落实《国务院关于印发新一代人工智能发展规划的通知》（国发〔2017〕35 号）的有关精神，加快高等院校人工智能学科建设与教学创新，培养、挖掘人工智能专业复合型人才，快速发展我国人工智能新兴产业，推进我国科技强国战略的有效实施，蓝桥杯大赛组委会决定在个人赛-软件类原有的 C++程序设计和 Java 软件开发的基础上增加 Python 程序设计项目。

3.2.3 竞赛方式

本竞赛不分组别。所有研究生，重点本科、普通本科和高职高专院校的学生均可报名参加，统一评奖。

3.2.4 竞赛流程

全国选拔赛时长：4 小时。

总决赛时长：4 小时。

详细赛程安排以大赛组委会公布的信息为准。

个人赛采用一人一机、全程机考的形式。选手机器通过局域网连接到赛场的竞赛服务器上。选手答题过程中无法访问互联网，也不允许使用本机以外的资源(如 U 盘)。竞赛系统以“服务器-浏览器”的方式发放试题、回收选手的答案。

3.2.5 竞赛环境

操作系统：Windows 7 及以上

处理器：i5 及以上

处理器内存：4GB 及以上

硬盘：60GB 及以上

编译器：Python 3.8.6

编辑器：IDLE(Python 自带编辑器)

3.2.6 赛卷说明

竞赛题目完全为客观题，根据选手所提交的答案进行评测。

竞赛题目有以下两种题型。

(1)结果填空题。

题目描述一个具有确定解的问题。要求选手对问题的解进行填空。不要求写出解题过程，不限制解题手段(可以使用任何开发语言或工具，甚至使用手工计算)，只要求填写最终的结果。最终的结果是一个整数或者一个字符串，最终的结果可以使用 ASCII 字符表达。

(2)编程大题。

题目包含明确的问题描述、输入和输出格式，以及用于解释问题的样例数据。编程大题所涉及的问题一定有明确客观的标准来判断结果是否正确，并可以通过程序对结果进行评判。

选手应当根据问题描述，编写程序(使用 Python 语言)来解决问题，在评测时，选手的程序应当从标准输入中读入数据，并将最终的结果输出到标准输出中。

在问题描述中，会明确说明给定的条件和限制，明确问题的任务，选手的程序应当能覆盖给定条件和限制下所有可能的情况。

选手的程序应当具有普遍性，不能只适用于题目的样例数据。

为了测试选手给出解法的性能，评测时用的测试用例可能包含大数据量的压力测试用例，选手选择算法时要尽可能考虑可行性和效率问题。

3.2.7　考查范围

试题考查选手解决实际问题的能力，对于结果填空题，选手可以使用手工计算、软件、编程等方法解决，对于编程大题，选手只能编程解决。

竞赛侧重考查选手对于算法和数据结构的灵活运用能力，很多试题需要使用计算机算法才能有效解决。

考查范围包括：

Python 程序设计基础：包含使用 Python 编程的能力，该部分不考查选手对某一语法的理解程度，选手可以使用自己喜欢的语句编程。

计算机算法：枚举、排序、搜索、计数、贪心、动态规划、图论、数论、博弈论、概率论、计算几何等。

数据结构：数组、对象/结构、字符串、队列、栈、树、图、堆、平衡树/线段树、复杂数据结构、嵌套数据结构等。

3.2.8　答案提交

选手在竞赛时间内提交的答案是可以用来评测的，竞赛之后的任何提交均无效。选手应使用考试指定的网页来提交代码，用任何其他方式提交的代码都不作为评测依据。

选手可在竞赛中的任何时间查看自己之前提交的代码，也可以重新提交任何题目的答案，对于每道试题，仅将最后一次提交被保存的答案作为评测的依据。在竞赛中，评测结果不会显示给选手，选手应当在没有反馈的情况下自行设计数据调试自己的程序。对于每道试题，选手应将试题的答案复制、粘贴到网页上进行提交。

Python 程序中仅可以使用 Python 自带的库，评测时不会安装其他的扩展库。

程序中应只包含计算模块，不要包含任何其他模块，如图形、系统接口调用、系统中断等。程序对系统接口的调用都应通过标准库来进行。程序中引用的库应该在程序中以源代码的方式写出，在提交时也应当和程序的其他部分一起提交。

3.2.9　评测

全部使用机器自动评测。

对于结果填空题，题目保证只有唯一解，选手的结果只有和解完全相同才得分，出现格式错误或有多余内容时不得分。

对于编程大题，评测系统将使用多个评测数据来测试程序，每个评测数据有对应的分数。

选手所提交的程序将分别用每个评测数据作为输入来运行。对于某个评测数据，如果选手程序的输出与正确答案是匹配的，则选手获得该评测数据的分数。

评测使用的评测数据一般与试题中给定样例的输入/输出不一样。因此，建议选手在提交程序前使用不同的数据测试自己的程序。

提交的程序应严格按照输出格式的要求来输出，包括输出空格和换行的要求。如果程序没有遵循输出格式的要求，将被判定为答案错误。注意，程序在输出的时候多输出了内容也属于没有遵循输出格式要求的一种，所以在输出的时候不要输出任何多余的内容，例如调试输出。

3.2.10　样题

样题 1：矩形切割（结果填空题）

【问题描述】

小明有一块矩形材料，他要从这些矩形材料中切割出一些正方形材料。

当他面对一块矩形材料时，他先竖直切割一刀，切出一块最大的正方形材料，剩下一块矩形材料，然后再切割剩下的矩形材料，直到全部切出正方形材料为止。

例如，对于一块两边的边长分别为 5 和 3 的材料（记为 5×3），小明会依次切出 3×3、2×2、1×1、1×1，共 4 块正方形材料。

现在小明有一块矩形材料，两边的边长分别是 2019 和 324，请问小明最终会切出多少块正方形材料？

【答案提交】

这是一道结果填空题，只需要算出结果后填空即可。本题的结果为一个整数，在提交答案时只填写这个整数即可，填写多余的内容将无法得分。

说明：选手做题时可以直接手算答案，即按照题目意思一步一步切割，最后得到切出的正方形材料块数，手算可能会花费一些时间。如果选手在手算时使用除法等方式加快速度，那么花费的时间可能少一些。如果选手编程来计算，可以减少手算过程中出现的失误。

本题答案为：21。

样题 2：特别数的和（编程大题）

【问题描述】

小明对数位中含有 2、0、1、9 的数字很感兴趣（不包括前导 0），在 1～40 中，这样的数包括 1、2、9、10～32、39、40，共 28 个，它们的和是 574。请问，在 1～n 中，所有这样的数的和是多少？

【输入格式】

输入一行，包含一个整数 n。

【输出格式】

输出一行，包含一个整数，表示满足条件的数的和。

【样例输入】

40

【样例输出】

574

【测试用例规模与约定】

对于 20% 的测试用例，$1 \leqslant n \leqslant 10$。

对于 50% 的测试用例，$1 \leqslant n \leqslant 100$。

对于 80% 的测试用例，$1 \leqslant n \leqslant 1000$。

对于所有测试用例，$1 \leqslant n \leqslant 10000$。

说明：本题是一道编程大题，选手需要编写一个程序来解决问题。下面给出一个参考程序，选手所编写的其他程序只要能得出正确的结果即可得分。

```
n = int(input())
ans = 0
for i in range(1, n+1):
t = i
ok = False
while t>0:
g = t % 10
if g == 2 or g == 0 or g == 1 or g == 9:
ok = True
t = t // 10
if ok:
ans += i
print(ans)
```

3.2.11　其他注意事项

(1)选手必须符合参赛资格，不得弄虚作假。在资格审查时，一旦发现问题，就会取消其报名资格；在竞赛过程中，若发现问题，则取消其竞赛资格；在竞赛后，若发现问题，则取消其竞赛成绩，收回获奖证书及奖品等，并在大赛官方网站公示。

(2)参赛选手应遵守竞赛规则，遵守赛场纪律，服从大赛组委会的指挥和安排，爱护竞赛场地的设备。

(3)竞赛评测采用机器阅卷+少量人工辅助的方式。选手需要特别注意提交答案的形式。选手必须仔细阅读题目的输入/输出要求及示例，不要随意添加不需要的内容。

(4)选手须使用默认编辑器的默认编码格式，使用其他编辑器产生的问题由选手自己负责。

3.3 广东省"泰克高校杯"软件设计竞赛介绍

3.3.1 竞赛宗旨

竞赛宗旨为：正确引导广东省在校青年学子积极参加科技竞技活动，以"淡化名次，重在参与，鼓励创新"为宗旨，为广大青年学子提供一个提高自我、展示才华的舞台，通过竞赛交流思想、交流技术、启发思维、共同提高，增强大学生的创新能力，提升职业技能，培养团队意识，通过富有自由、开放、创新精神的竞赛，为广东省软件行业发掘和培养更多的优秀青年人才。

3.3.2 参赛对象和内容

参赛对象应为广东省各高职高专院校有正式学籍的学生(以团队的形式参赛)。参赛作品须是参赛选手独立完成的软件作品，其主题应属于竞赛组委会确定的竞赛主题。

3.3.3 竞赛主题

竞赛包含三个主题。

主题一：基于移动互联网的应用软件开发(含游戏)。

包括基于各类智能终端平台的应用软件，如实用软件、益智游戏等。

主题二：基于 PC 的互联网应用软件及系统的开发(含游戏)。

包括桌面应用程序、基于网络的应用程序等。

主题三：基于大数据平台的软件及系统开发。

使用泰克教育实训云平台进行项目设计与实现。

3.3.4 主题一、二竞赛细则

(1)参赛作品：每所学校每个主题的参赛作品限报 3 个。每个作品参与的学生不超过 3 名，指导教师不超过 2 名。

(2)答辩作品：要求在规定日期之前提交，先由组委会委托承办单位进行形式审查；然后交广东省计算机学会高职高专分会和广东省高职教育信息技术类专业教学指导委员会初评，选出部分作品作为答辩作品，该部分作品均有机会获得竞赛证书和奖励。

(3)展示作品：除选出的答辩作品外，其余作品均作为展示作品，在自愿的原则下参加展示，在展示作品中，采取群众评议投票的方式评选出优秀作品(金、银、铜奖并颁发证书)。

(4)所提交的参赛作品必须是可独立运行的计算机软件，所有参赛作品要求有新意、实用和无计算机病毒。

(5)所有参赛作品必须提供按规范录制的演示视频(MP4 格式，分辨率为 1280×720，时长不超过 15 分钟，推荐使用 Camtasia Studio 软件录屏)。

(6)所有参赛作品必须提供按规范书写的技术文档，并打印装订成册(一式 10 份，技术文档要求规范、简练，每份原则上不超过 15 页)，力求言简意赅，条理清晰。

（7）参赛作品必须符合参赛要求，并附上知识产权声明，不得有抄袭或盗版行为，一旦发现此类行为，就即时取消参赛资格；若赛后发现此类行为，则取消所获奖项并通报批评。

3.3.5　主题三竞赛细则

主题三竞赛共有 4 道题可选，参赛队伍可以任选其中 1 道题进行设计，实现 2 道题及以上的队伍，其成绩以考题序号最小的那道题的成绩为准，每所学校的参赛队伍不超过 3 个，每个队伍参与的学生不超过 3 名，指导教师不超过 2 名，多个参赛队伍必须选择不同的题目。

（1）本次竞赛必须使用泰克教育实训云平台进行项目设计与实现，该平台上已经部署有 FusionInsight HD 环境，每个参赛队伍可以获取一个账号，通过公网访问实训云平台。

（2）本次竞赛由泰克教育提供赛前辅导，内容包括实训云平台的使用、FusionInsight HD 核心组件的使用与开发、典型案例讲解三部分，参赛选手可以免费参加。本次赛前辅导旨在帮助参赛选手熟悉平台环境，了解 FusionInsight HD 中关键组件的使用开发方式，并对大数据项目设计与实现形成一定的认知。

（3）本次竞赛使用的 FusionInsight HD 集群不提供连接外网的功能，参赛选手不能从本地上传数据或辅助工具到集群中，也不能从集群中下载数据到本地。

（4）本次竞赛题目的部分内容既可以通过指定方式实现，也可以通过其他方式实现。参赛队伍需要遵照考题要求进行解题，自行配置其他解决方案时，可酌情给分。

（5）本次竞赛题目存在一定的灵活性，部分内容需要自己设计实现。参赛选手在为自定义的文件（或数据库、表等）命名时，必须加上自己的队名标志作为后缀（如果是中文，则使用全拼，如 shopping_yimadangxian）。

（6）本次竞赛进行期间，参赛队伍获取到环境使用权限之后，不得对环境进行恶意操作，不允许登录其他队伍的环境，如果环境出现问题，可以派出学生代表联系泰克教育竞赛负责人。

（7）本次竞赛的竞赛内容仅允许同队伍选手进行交流，不同队伍的选手间，不允许进行讨论。

（8）本次竞赛成果可以在截止日期之前通过实训云平台直接保存提交，参赛选手每次操作之后，务必要保存实现进度。竞赛结束之后，由泰克教育专家组对各参赛队伍的实现成果进行审核。

（9）所有参赛作品必须提供按规范书写的技术文档，并打印装订成册（一式 10 份，技术文档要求规范、简练，每份原则上不超过 15 页），力求言简意赅，条理清晰。

（10）本次竞赛需要各参赛队伍进行项目答辩，答辩包括 PPT 展示和项目讲解两部分内容，答辩过程中，由泰克教育专家组进行随机提问并指定参赛选手作答。

3.3.6　竞赛流程

（1）答辩作品竞赛：通过初评的答辩作品按照作品的主题分别由相应主题的评委会专家组现场评审，竞赛过程分为作品演示和答辩两个阶段。每个作品的竞赛时间为 12 分钟，其中演示时间为 8 分钟，答辩时间为 4 分钟。

（2）答辩作品评比：由相应主题的评委会专家组成员按评分标准对参赛作品进行评比。按参赛作品所得的平均分计算排名，评出一等奖、二等奖、三等奖、优胜奖和创新奖（可以空缺）等奖项，并举行颁奖仪式。

（3）展示作品评选：现场展示时，组委会将给每所学校分发固定数量的选票，由各学校学生对参展的其他学校作品进行投票，自行评选。最终按各展示作品的得票数进行排名，评出优秀作品展示金奖、优秀作品展示银奖和优秀作品展示铜奖，并举行颁奖仪式。

3.3.7　评分标准

本次竞赛的评分主要分为两大部分。

（1）项目实现：考查参赛队伍是否按照题目要求实现相关功能，以及其实现效果（由评委会专家组审查），共占 70 分。

选题：结合竞赛主题，作品选题具有实用性、合理性、创新性，占 15 分。

技术：采用的软件开发方法与技术先进及与项目相宜，占 20 分。

实现：用户界面、真正实现的功能与效果（由评委会专家组抽查），占 35 分。

（2）项目答辩：考查参赛队伍对问题的实际理解程度和回答的正确性及清晰程度，占 30 分。其中，答辩 PPT 和光盘等其他辅助资料的质量占 15 分，答辩表现占 15 分。答辩过程中，如果发现参赛队伍不能正确作答已经实现的功能，疑似由其他渠道获取答案，则取消其项目实现部分的相应得分；如果参赛队伍不能正确作答 3 个及以上问题，则取消参赛队伍成绩。

3.3.8　参赛获奖作品案例：框架网页开发平台技术方案

1．项目主要内容

（1）框架网页开发平台的目的及理念说明和技术运用。
（2）框架网页开发平台面向群体。
（3）框架网页开发平台定位。
（4）框架网页开发平台页面设计风格。
（5）前端网站框架结构图及技术实现。
（6）网页后台系统功能实现代码框架说明。
（7）操作流程。

2．项目背景

本平台用于解决在实际开发网页类型项目过程中存在的一些代码冗余问题，以及加快开发者在制作网页和实现项目模块功能时的开发效率。本平台主要提供网页前端模板 HTML5+CSS3+JavaScript、图片素材下载功能、网页后台系统 MVC+三层架构代码功能、框架一键生成功能。

3．核心技术介绍

本平台主要运用市面上最流行的网页开发语言 HTML5+CSS3 做框架布局的实现，以满足绝大多数客户的需求，提供更好的服务。

目前，在框架方面，已大致完成了 JavaScript 的一些动态功能，能给用户带来更好的浏览体验。网页后台系统主要基于 Java Web 的成熟技术进行开发，直接面向中型网站都能运用的 MVC+三层架构，以及使用 MySQL 作为数据库，在开发阶段只使用开源的 Tomcat 作为开发的服务器。

4．项目目标用户

(1)有意向成为网页设计师、Java Web 开发工程师的在校大学生。

(2)刚入职相关岗位的新人。

(3)网页开发工程师。

(4)相关技术的初学者。

5．产品特色

(1)以企业级网页设计为目标，以产品营销为导向。

(2)结构清晰，层次分明。

6．系统界面设计

(1)前端网页设计。

主要面向实际的公司网页开发项目需求，针对淘宝、天猫、京东等电商类网页进行开发，设计出具有现代感，体现科技创新，强调色彩、时尚，页面流畅，保证访问者在较短的时间内能看到想看到的内容的网页。同时注重页面和 Banner、Flash、图片的协调，合理安排首页的信息，避免信息过多，分不清主次，造成信息冗余。

(2)后台系统功能实现。

后台系统功能主要用 MVC+三层架构实现，实现一键生成制作前端网页所需功能的代码框架，便于开发者直接使用，提高开发效率。

7．系统架构设计

系统架构如图 3-2 所示。

8．页面内容设计

(1)展示型首页。

运用图片、Flash、视频短片等形式设计与众不同的首页，使网站除提供访问者最需要的信息之外，还能使访问者有赏心悦目的感觉，使整个网站最终拥有观赏性和实用性的特点。

(2)公司概况。

包括公司简介、公司文化、公司资质等内容，主要利用 HTML5+CSS3+JavaScript 技术增加公司背景、服务内容、获得荣誉、营销范围、发展前景等。让访问者能够在网上直接了解公司的基本状况，充分直接了解公司文化的精髓，增强客户对公司的好感及信任感，便于公司树立良好的企业形象。

(3)人才招聘。

包括用人资质、招聘要求、岗位职责等，使公司更方便地招纳人才。

(4)广告服务。

包括广告推送、新闻发布等，便于公司推广产品及帮助合作商推广产品。

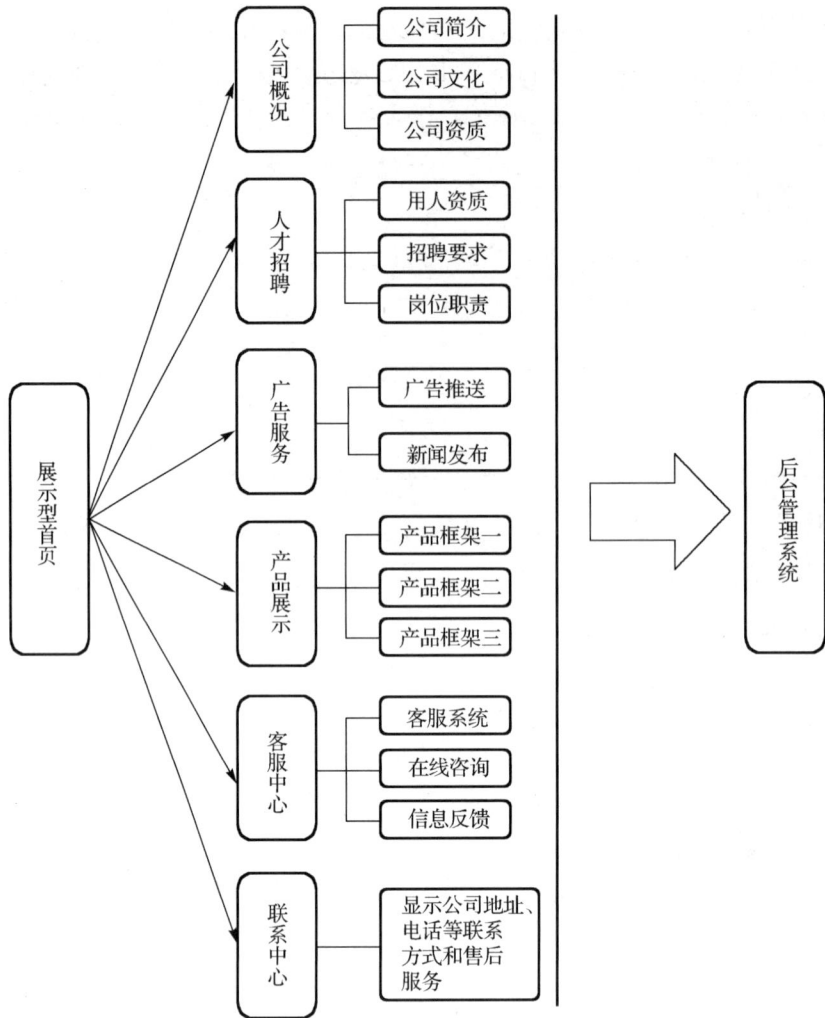

图 3-2 系统架构

(5)产品展示。

在发布产品过程中，使公司相关人员能够连接 MySQL 数据库上传图像，能够进行图文混合编排等操作。对于已经发布的产品，使公司相关人员能够进行查看、修改、删除、设定优先级等操作。

(6)客服中心。

包括客服系统、在线咨询、信息反馈等。

客服系统：可根据已有的模块框架，上传到已有的网站上。

在线咨询：可通过 QQ 进行在线交流，并做备份。

信息反馈：制作表单生成系统，用于网站系统管理员随时收集网站访问者的反馈信息。

(7)联系中心。

显示公司地址、电话等联系方式和售后服务。

9. 实现代码框架说明

实现代码框架说明如表 3-4～表 3-6 所示。

表 3-4　BackDev 类说明

内容	构造函数	说明
类成员	BackDev（String path）throws Exception	根据配置文件路径创建连接池
类成员	BackDev（）	

表 3-5　public 成员函数说明

函数类型	public 成员函数	说明
void	createDataPool（String path）throws Exception	根据配置文件路径创建连接池
DataSource	getDataSource（）	获取 DataSource 对象（）
static void	createFramService（String name）throws IOException	创建 Service 层
static void	createFramDao（String name）throws IOException	创建 Dao 层
static void	createThreeTier（String name）throws Exception	创建三层架构文件
static void	createLogin（String name）throws Exception	创建登录相关功能

表 3-6　private 成员函数说明

函数类型	private 成员函数	说明
void	createFile（String path, String name, String content）throws IOException	private 属性
final String	daoCode（）	储存 Dao 层主要代码
final String	Service（）	储存 Service 层主要代码
final String	Servlet（）	储存 Servlet 层主要代码

10．系统流程设计

打开 index.html 文件，就能进入网站的首页，如图 3-3 所示。

图 3-3　网站首页文件

在首页中可以选择所需要的布局，如图 3-4 所示。

选择一个布局后，可以浏览模板，单击左下角的下载按钮可下载模板，如图 3-5、图 3-6 所示。

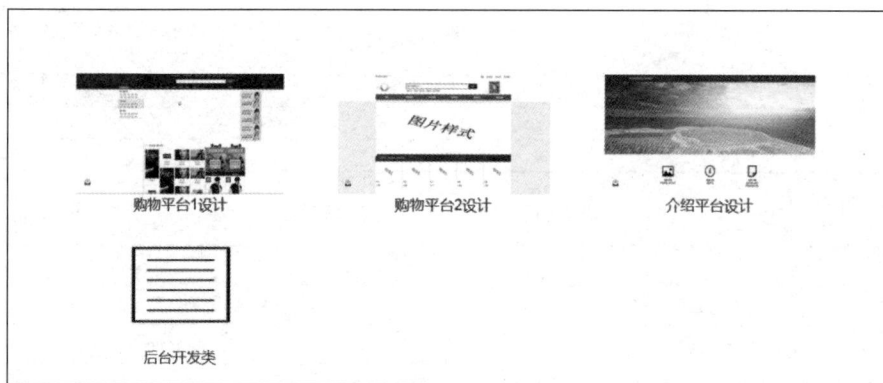

图 3-4 选择所需要的布局

图 3-5 浏览模板

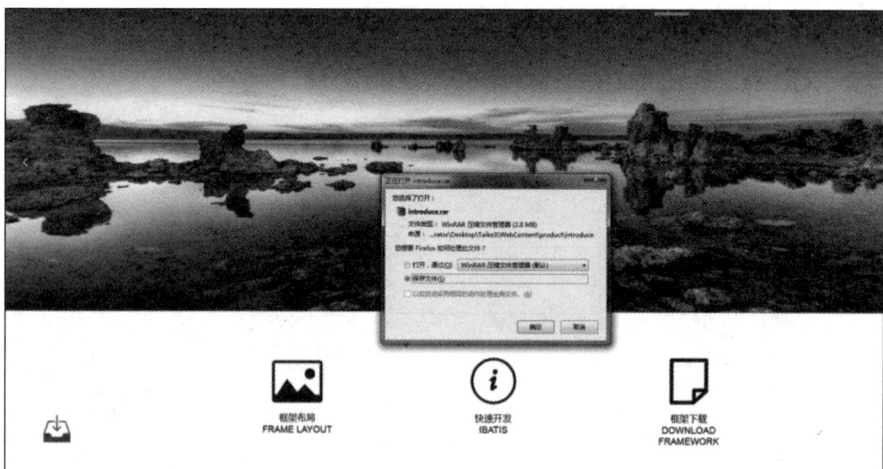

图 3-6 下载模板

每个网站都能实现登录及注册功能，如图 3-7、图 3-8 所示。

图 3-7　网站登录

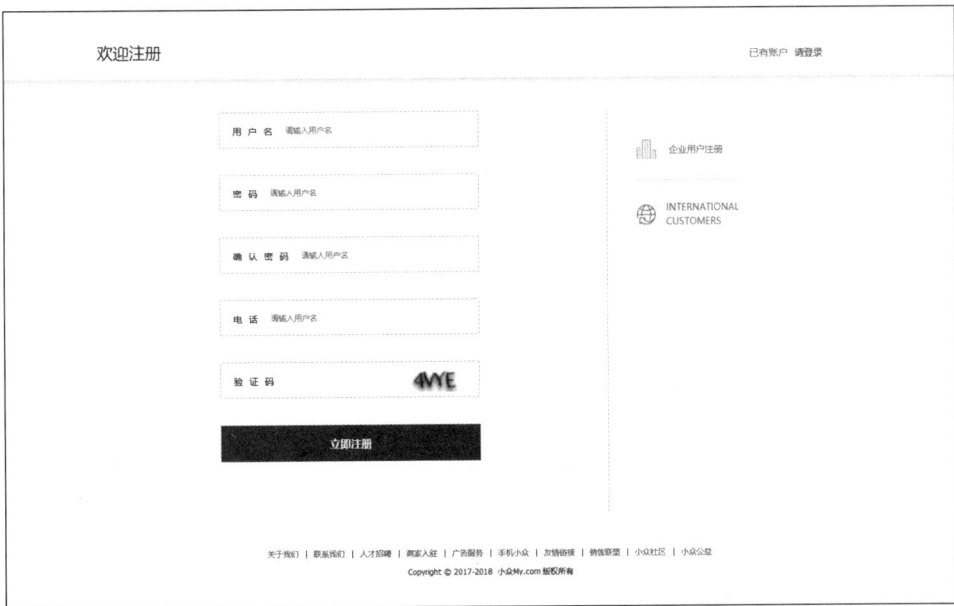

图 3-8　网站注册

下载 BackDev.java 文件后拖入工程中即可。

提供下载的类可以一键生成登录功能，代码截图如图 3-9 所示。

```
//创建的文件路径
String path = "D:\\java\\JaveProjedt\\TaiKe";
//连接池配置文件的路径
String path2 = "D:\\java\\JaveProjedt\\"
        + "TaiKe\\bin\\db.properties";

//可以一键生成登录功能
BackDev.createLogin(path);
```

图 3-9　一键生成登录功能代码截图

根据配置文件一键生成连接池的代码截图如图 3-10 所示。

```
//根据配置文件自动创建连接池
BackDev backDev = new BackDev(path2);
```

图 3-10　一键生成连接池代码截图

3.4　创新点子大赛介绍

本节所介绍的"创新点子大赛"为广东创新科技职业学院校内举办的竞赛，各高校可参考本竞赛进行本校创新创业大赛的策划。"创新点子大赛"以创新设计为主，分为校级竞赛、院系级竞赛两类。参赛作品应突出创新性，作品的类别包括实物类、设计类及创意文案类。

3.4.1　竞赛简介

校级决赛：由各院系根据初赛名额及上一届获奖情况进行决赛名额推荐。

院系初赛：在规定时间内，由各院系自行组织。

1．参赛作品类别

（1）实物类（原创、微创）。

① 与日常生活或未来生活相关的原创实物作品；

②在已有产品的基础上进行二次创新（改造）的实物作品。

（2）设计类（原创、微创）。

① 与日常生活或未来生活相关的原创设计作品；

② 在已有产品的基础上进行二次创新（改造）的设计作品。

注：因条件所限暂时无法做出实物。

（3）创意文案类。

根据创新创业项目形成文案类的作品。

2．参赛作品要求

（1）严禁抄袭和其他侵犯知识产权的行为。

（2）原创类作品可以通过登录广州市知识产权公共服务平台主页，进入广州市进出口专利预警平台进行原创作品的查新（也可通过其他渠道或方式进行查新），由指导教师审核、提交查新意见并签名确认，保证原创性。

（3）创意文案类作品必须图文并茂、条理清晰、逻辑严密。

3．评分标准

创新点子大赛评分标准如表 3-7 所示。

表 3-7　创新点子大赛评分标准

序号	评审指标	指标内涵	分值
1	原创性	产品、文案或设计方案为原创作品且符合参赛条件等	20
2	科学性	产品、文案或设计方案内容具有理论基础、符合客观实际、符合经过实践检验的科学原理等	20
3	先进性	产品、文案或设计方案内容具有前瞻性、先进性、低碳环保节能性等	15
4	社会性	产品、文案或设计方案符合社会发展要求的基本特性等	15
5	现实性	产品、文案或设计方案具有现实性，切忌天马行空、脱离现实等	15
6	实用价值	产品、文案或设计方案能够使用，并且能够产生积极效果等	15

3.4.2　案例一：小程序刷题系统

本作品采用微信小程序+ Django REST framework + Python 爬虫技术构建而成。作品的设计初衷是让考证的人员、学生能更好地进行练习，能够在任何地方、任何时间只要打开本作品所实现的小程序，就能够练习所需的题目。本作品的后端用 Python 中的一个框架 Django REST framework 搭建完成。Django REST framework 是基于 Django 的一个框架，能够快速完成后台的搭建。

小程序刷题系统介绍如图 3-11～图 3-16 所示。

图 3-11　小程序刷题系统介绍-1　　图 3-12　小程序刷题系统介绍-2

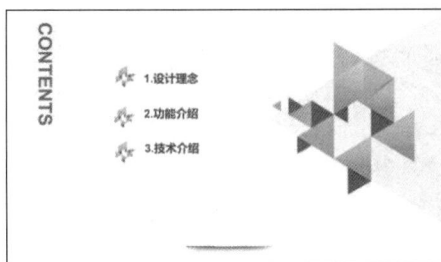

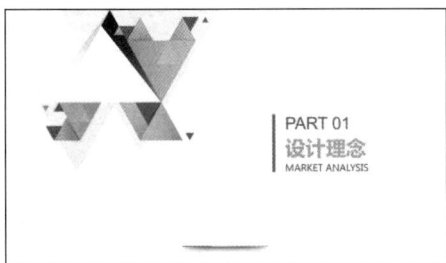

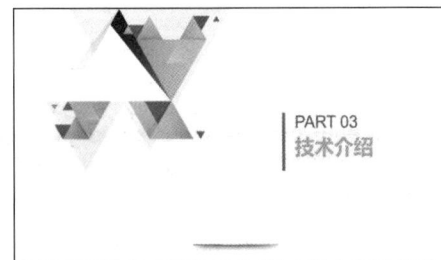

图 3-13　小程序刷题系统介绍-3　　图 3-14　小程序刷题系统介绍-4

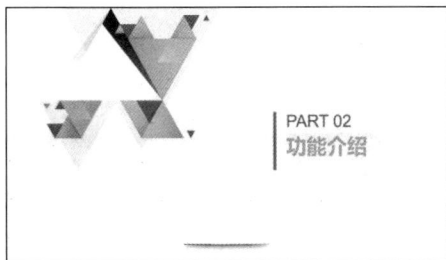

图 3-15　小程序刷题系统介绍-5　　图 3-16　小程序刷题系统介绍-6

3.4.3 案例二：创新盒子

1．作品简介

校园信息服务一直是高校关注的重点工作之一，如何让互联网、物联网融入校园信息服务也是比较热门的话题，因此，本作品以微信小程序作为切入点，旨在打造一个智能校园信息服务生态圈。作为一个工具类小程序，作品的名字为"创新盒子"，未来还会把微信小程序上的内容移植到 HTML5 应用及 App 中，我们针对在校大学生设计了一系列如预约抢课、一卡通查询等方便学习、生活的服务功能，只需要有微信，不需要安装任何 App，学生使用"创新盒子"小程序即可获得高效率的校园生活体验。

2．作品设计思路及原理

在设计这样一个产品时，要对后端架构的稳定性进行详尽考虑。

（1）在应对高并发方面，采用了负载均衡、分布式架构、数据缓存层等方案。

（2）后端框架采用 Node.js 语言开发的 Vinlic 框架。

（3）WebSocket 通信也采用自行开发的 MSYS 框架处理消息数据。

（4）充分使用 Nginx 的反向代理功能实现 HTTPS 和 WSS 协议的反向代理。

（5）在数据存储方面，利用 MySQL 数据库，采用分表分库和读/写分离技术。

（5）后期将对大数据进行整合并应用深度学习框架。

系统框架如图 3-17 所示。

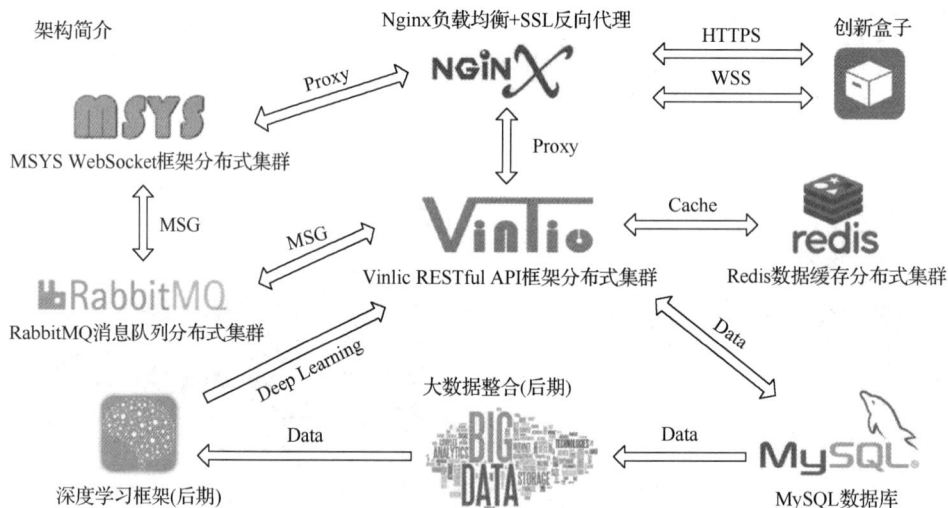

图 3-17　系统构架

3．作品可行性分析报告

随着微信小程序的日益发展，小程序越来越多，但是小程序的质量有些跟不上它的发展速度。校园类小程序的数量在增加，但功能不多。为了方便学生与校园接轨，及时关心学校的动态，"创新盒子"小程序的功能包括预约抢课(重要功能，可预约型的抢课系统)、一卡通查询(可显示校园一卡通余额、充值状态、消费记录)、图书馆系统(图书借阅状态查询、借书时间查询、馆藏图书查询等)、树洞(学生发帖与交友系统,可发布信息,评论、点赞等)、速评教(可评价学校教师教学情况)、考试报名(包含英语四、六级考试报名、计算机一、二级考试报名等)、校历(可查看校历和放假情况等)、速报修(基于"互联网+"开发的系统,可线上发布报修情况,也可线上接单等)、找失物(专门为学生做的失物招领系统)、报活动(专门发布学校开展的各类活动)。

4．作品创新点分析

自主研发的框架 Vinlic 是使用 Node.js 语言开发的一个 RESTful 架构的 API 框架,拥有强大的路由功能,并集成了其他组件,虽然无法与主流框架相比,但真正达到了轻量和简单易用的效果,适用于多种类型的项目。

通过与教务管理系统之间的模拟操作,达到绑定效果,从而实现同步最新课表、查询成绩、预约抢课等功能,流程如图 3-18 所示。

通过 SSH 正反向隧道,实现以校内网机器作为跳板机访问校内网系统,以实现更多的服务(如一卡通查询),流程如图 3-19 所示。

通过与校内电子图书馆的模拟请求,以及与豆瓣网的数据结合,实现图书馆馆藏图书查询、借阅状态查询等功能。

图 3-18　与教务管理系统之间的模拟操作

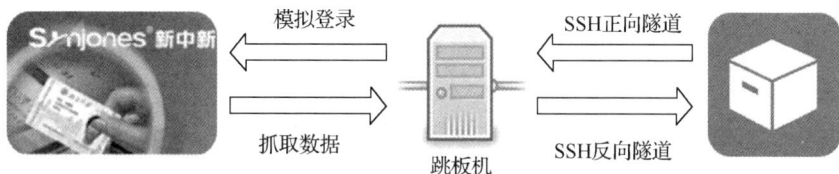

图 3-19　以校内网机器作为跳板机访问校内网系统

通过定时任务和消息队列排队技术,在特定时间将学生预约抢课的请求一个个发送到教务管理系统,解决学生拥挤抢课的难题。

5．作品市场价值分析

"创新盒子"小程序力争把校园信息服务做到极致,并慢慢结合物联网及人工智能进行更好的校园信息服务,不断推广,让大学生在校内也能高效率学习、生活。通过不断提升用户体验来吸引用户,具有潜在的商业价值。在盈利方面,主要有以下途径:

(1)接入商业应用,如订餐、快递、购物等;

(2)利用平台积累的数据进行大数据应用研究,利用推荐算法进行个性化商品推荐。

拓展阅读

TI 杯 2019 年全国大学生电子设计竞赛

全国大学生电子设计竞赛是面向全国大学生的学科竞赛之一，全赛期为四天三夜，组委会公布题目后，各高校参赛选手根据团队的知识体系选择适合的题目，在规定的时间内完成作品并测试、封装作品。该竞赛与高校相关课程内容密切结合，鼓励学生将理论知识应用到实践中。这样的竞赛形式考查了学生的知识体系、知识应用能力及心理素质，可以很好地提高学生的思考能力。

在 TI 杯 2019 年全国大学生电子设计竞赛中，"简易多功能液体容器"获得广东省赛区三等奖。

"简易多功能液体容器"采用 STM32 作为核心控制器，采用一个 LCD 显示屏显示竞赛题目要求测量的数据。在竞赛过程中，参赛选手从多个方向进行考虑设计，综合设计如下。

在保证精度的前提下，使用超声波传感器测量液位高度，使用压力传感器和 24 位差分放大 ADC（模数转换器）测量液体重量，使用电阻分压的原理设计一个导电率探头测量液体种类；设计一块稳压电源板，共有三路 3.3V 直流稳压输出，分别给高精度 ADC、超声波传感器、单片机和 LCD 显示屏供电，三个稳压芯片负责给三大模块供电，它们分别独立，互不干扰，滤波电路和 Y 型接地电路隔离了数字电路的噪声，保证了模拟电路 ADC 的稳定工作，使电路性能达到竞赛指标要求，可有效为后期程序编写和系统调试节省时间。

最终制作完成的简易多功能液体容器能识别液体类别，即纯净水、白糖水、盐水、牛奶、白醋，简易多功能液体容器的细节图如图 3-20 所示。

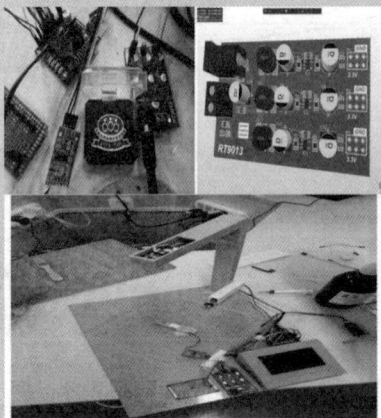

图 3-20 简易多功能液体容器

3.5 本章习题

一、简答题

1. 广东省职业院校技能大赛主要有哪些项目？
2. 全国蓝桥杯大赛面向哪些对象？有哪些赛项？

3．广东省"泰克高校杯"软件设计竞赛有哪些项目？

4．创新点子大赛的主要项目有哪些？

二、思考题

1．假如你要准备参加明年的广东省职业院校技能大赛，请结合具体竞赛要求，列出一个切实可行的备赛计划，时间为 6 个月。

2．根据创新点子大赛的要求，编写一份参赛文档。

第 4 章 "互联网+"背景下大学生的创新创业

本章重点

● 中国"互联网+"大学生创新创业大赛的发展历程
● 中国"互联网+"大学生创新创业大赛的评分标准

本章难点

● 中国"互联网+"大学生创新创业大赛的赛道设置
● 参赛项目立项的原则
● 创业计划书的概念和内容

本章简介

本章主要介绍"互联网+"背景下大学生创新创业的环境与现状、"互联网+"与高校创新创业的关系、如何准备中国"互联网+"大学生创新创业大赛等内容。

4.1 "互联网+"背景下大学生创新创业的现状

由第三方专业机构麦可思公司跟踪撰写的《2020 年中国大学生就业报告》(就业蓝皮书)于 2020 年 7 月 9 日正式发布。该报告的研究对象为毕业半年后(2019 届)、三年后(2016 届)和五年后(2014 届)的普通高校大学毕业生。该报告自 2009 年首度发布以来,至今已是第 12 次发布。该报告指出,2019 届本科毕业生自主创业比例为 1.6%,高职毕业生自主创业比例为 3.4%。随着毕业时间的延长,毕业生自主创业的比例持续上升,毕业三年内上升至 8.1%。数据显示,"教育业"是 2019 届大学生自主创业的最主要领域(本科:24.5%,高职:10.5%),集中在教育及职业培训、中小学教育,以及文学艺术、设计、体育等方面。大学生到"文化、体育和娱乐业"(本科:15.8%,高职:6.9%)、"零售业"(本科:8.6%,高职:11%)创业的比例也较高,从主要从事工作岗位来看,大学生到文体娱乐领域创业主要是做摄影师、进行自由写作等,做零售主要是从事销售、电子商务等方面的工作。

创业行业单一、专业融入程度低、缺乏高新技术创业的能力是目前"互联网+"背景下大学生创新创业的现状之一。"互联网+"背景下的高校创新创业教育,如果忽略了行业本身专业化的不断革新，只会让"互联网+"流于表面、失去意义，丧失创新创业专业化与互联网结合的价值。

此外，创业持久度较低也是目前"互联网+"背景下大学生创新创业存在的问题。在"互联网+"背景下，创业持久度代表了创业者生存与可持续发展的能力。大学生创业需要持续性，大数据反映出当前我国大学生的创业持久度不足，超过 50%的大学生创业者因各种原因而放弃创业。而要保持创业的激情、持久度，需要终身学习的强力支撑，高校创新创业教育不能只着眼于一时，只有形成持久的教育模式，才能不断地提升大学生的创业持久度，持续焕发创新创业的光辉，实现创新创业魅力常青。

4.2 "互联网+"与高校创新创业教育的关系

4.2.1 高校创新创业教育的现状

2014 年 9 月 30 日，在第八届夏季达沃斯论坛开幕式上，李克强总理在致辞中提出，要借改革创新的"东风"，推动中国经济科学发展，在 960 万平方公里的土地上掀起"大众创业""草根创业"的新浪潮，形成"万众创新""人人创新"的新态势。一时间掀起了一股创新创业的浪潮，时至今日，国家对于创新创业工作的重视程度进一步加大，在"互联网+"背景下，大学生创新创业的势头正盛。

"互联网+"代表一种新的经济形态，即充分发挥互联网在生产要素配置中的优化和集成作用，将互联网的创新成果深度融合于经济社会各领域之中，提升实体经济的创新力和生产力，形成更广泛的以互联网为基础设施和实现工具的经济发展新形态。通俗地说，"互联网+"就是将网络与各个传统行业进行碰撞、融合，产生出新的火花，带来更大的机遇和挑战。在"互联网+"背景下，通过创新创业教育，使大学生具备创新精神、创新意识、创新思维，并成为"创业人才"，是高校创新创业教育的主要任务。如今的创业者，在互联网领域，从一款智能手机应用开始，就可以打开创业之旅。"互联网+"背景下高校的创新创业教育，实际上是创新 2.0 背景下高校创新创业教育发展的新形态，是大数据背景下，"大众创业、万众创新"推动下高校创新创业教育的形态演进。互联网的融合发展具有广阔的前景和无限的潜力，"互联网+"背景下高校的创新创业教育已成为不可阻挡的时代潮流。

目前，许多高校已经意识到实践教学在人才培养中的重要作用，逐步对实践教学进行了一系列的改革并初具成效。但是，高校实践教学改革建设在取得一定成绩的同时，还存在一些问题与不足，与创新型人才的培养目标仍有较大的差距。

4.2.2 大学生创新实践能力的内涵

创新实践能力的形成和发展以实践活动为基础，创新实践能力是创新能力形成和发展的重要前提条件。创新的结果要通过实践活动在现实世界中体现出来。创新实践能力的内涵十分丰富，其构成要素包括基本生活能力、学习思考能力、动手操作能力、人际交往能力、职业活动实践能力等。对高校而言，应重视加强对大学生创新实践能力的培养。对于不同学科、不同专业的大学生而言，由于今后从事的职业不同，其必须具备的创新实践能力也不同。因此，高校必须根据不同学科、不同专业对创新实践能力的不同要求，根据不同大学生个体的创新实践能力差异，寻找不同的人才培养途径，构建不同的创新实践教学体系，选择不同的实践教学内容，采取不同的教学手段和方法。

4.2.3　实践教学活动的组成与特点

要使学生掌握实际技能，增强创新实践意识，提高应变能力和综合职业能力，实践是最直接、最有效的手段。在实践教学中，要注重实践教学体系的科学化、规范化，专业实践教学的总体设计一定要体现其专业方向和培养目标。特别要注意动手和创新实践能力的培养，以此为出发点设计实践教学的各环节。

不同学科、不同专业均有不同的创新实践能力要求，为此，应构建相应的实践教学体系。一般来说，高校实践教学体系由实验实训、综合设计、专业实习、社会实践、创新创业等部分组成，通过校内外不同的实践教学活动，使学生达到各专业要求的创新实践能力标准。

(1)实验实训。

实验教学以提高学生的实验动手能力为主线，以使学生掌握本专业基本的实验技能和方法，融会贯通科学知识，提高科学思维和创新思维为主要教学目标。实训教学是针对学生某项专门能力或综合技术应用能力进行的教学。通过实训，学生可掌握从事专业领域实际工作的基本操作技能，提高技术应用能力和解决实际问题的综合应用能力。

(2)综合设计。

综合设计主要由课程设计、毕业论文设计等环节构成，是高等学校专业教学计划中重要的组成部分。通过综合设计实践教学，学生能够系统地巩固所学的知识，把在课堂中所学的理论知识灵活地应用于实践，提高分析问题和解决实际问题的能力。特别是毕业论文设计环节，它在培养学生探求真理、强化专业知识、训练基本科研能力、提高综合实践能力与素质等方面，具有不可替代的作用，是教育与生产劳动和社会实践相结合的重要体现，是培养学生的创新能力、实践能力和创业精神的重要环节。

(3)专业实习。

专业实习的目的是使学生了解社会、接触社会，将自己所学的课堂知识与实践相结合。通过专业实习，学生可以增长知识，增强劳动观念和责任感，锻炼独立工作的能力。专业实习按照教学需要可分为教学型、生产型、认识型、强化型等多种形式。

(4)社会实践。

大学生创新精神和创新实践能力的培养，不仅需要理论教学和实验实训、专业实习等，还需要与社会服务、勤工俭学、学生社团、校园文化等密切结合。各种社会实践活动，能在专业、文化、艺术等方面培养学生的技能与才艺，也能提升学生的综合素质，让学生学会如何做人做事、如何学习，使学生全面深入地了解社会、了解专业，增强社会责任意识。

(5)创新创业。

高校主要通过开放实验、学生科研活动、创新创业大赛等活动实施创新创业教育。创新创业大赛是实现创新创业教育的有效载体，在推动教学改革和建设，促进教学与科研的结合，提高学生的学习积极性，培养学生的创新能力、协作精神和理论联系实际能力等诸多方面具有积极意义。

4.3 中国"互联网+"大学生创新创业大赛

中国"互联网+"大学生创新创业大赛由教育部与政府、各高校共同主办。大赛旨在深化高等教育综合改革，激发大学生的创造力，培养造就"大众创业、万众创新"的主力军；推动赛事成果转化，促进"互联网+"新业态形成，服务经济提质增效升级；以创新引领创业、创业带动就业，推动高校毕业生高质量创业就业。

大赛于 2015 年创办，大赛举办 6 年来，累计有约 1578 万名大学生、377 万个大学生团队参赛，大赛已成为深化创新创业教育改革的重要载体和平台，成为世界大学生实现创新创业梦想的全球盛会。在"双创"赛场上，全球大学生创客们用青春拥抱世界，用青春邂逅未来；用创业惊艳世界，用创新改变未来。

4.3.1 赛事回顾

截止到 2020 年 12 月，中国"互联网+"大学生创新创业大赛共举办了 6 届，下面对过往 6 届大赛进行简要回顾。

1. 第一届

本届大赛主题为"以'互联网+'成就梦想，创新创业开辟未来"，由吉林大学承办。参赛项目主要包括"互联网+"传统产业、"互联网+"新业态、"互联网+"公共服务和"互联网+"技术支撑平台四种类型。大赛采用校级初赛、省级复赛、全国总决赛三级赛制。在校级初赛、省级复赛的基础上，按照组委会配额，择优遴选项目进入全国总决赛。全国共产生 300 个团队入围全国总决赛，其中创意组 100 个团队，实践组 200 个团队。大赛共吸引了 57253 个团队报名参加，提交项目作品 36508 个，参与学生超过 20 万人，带动全国上百万大学生投入创新创业活动。

本届大赛的冠军项目是哈尔滨工程大学的项目"点触云安全系统"。

2. 第二届

本届大赛主题为"拥抱'互联网+'时代，共筑创新创业梦想"，由华中科技大学承办。大赛吸引了全国 2110 所高校参与，占全国普通高校总数的 81%，报名项目数近 12 万个，参与学生超过 55 万人。

本届大赛的冠军项目是西北工业大学的项目"翱翔系列微小卫星"。

3. 第三届

本届大赛主题为"搏击'互联网+'新时代，壮大创新创业主力军"，由西安电子科技大学承办。与往届大赛相比，本届大赛增加了参赛项目类型，鼓励师生共创。

本届大赛的冠军项目是浙江大学博士生、杭州光珀智能科技有限公司 CEO 兼创始人白云峰和他的团队研发的全新三维成像技术产品。

4. 第四届

本届大赛以"勇立时代潮头敢闯会创，扎根中国大地书写人生华章"为主题，由厦门大学承办。

本届大赛的冠军项目是北京理工大学的项目"中云智车——未来商用无人车行业定义者"。

5. 第五届

本届大赛主题为"敢为人先放飞青春梦，勇立潮头建功新时代"，由浙江大学承办，分设"高教、职教、国际、萌芽(中学生)"四大板块。本届大赛启动以来，共有来自 124 个国家和地区、4093 所高校的约 457 万名大学生、109 万个团队报名参赛。此外，本届大赛更深度地开展了"青年红色筑梦之旅"活动，约 100 万名大学生、22 万名教师、23.8 万个创新创业项目深入革命老区、贫困地区和城乡社区，对接农户 74.8 万余户、企业 24204 家，签订合作协议 1.68 万余项，产生经济效益约 64 亿元。

本届大赛的冠军项目是清华大学的项目"交叉双旋翼复合推力尾桨无人直升机"。

6. 第六届

本届大赛主题为"我敢闯、我会创"，由华南理工大学承办。本届大赛共有来自国内外 117 个国家和地区、4186 所高校的约 147 万个项目、631 万人参加，大赛呈现出"六个多"的特点：国内高校报名项目数创新高，人数多；国外高校积极参加大赛，名校多；创新创业教育实现全链条，类型多；"红旅"聚焦脱贫攻坚，实效多；各地赛场线上线下融合，亮点多；大赛突出创业带动就业，岗位多。

本届大赛的冠军项目是北京理工大学的项目"星网测通"。

4.3.2 高校参与中国"互联网+"创新创业大赛的意义

中国"互联网+"大学生创新创业大赛堪称缩小版的中国青年创业生态，它基本模拟了一个产品的整个生命流程，涵盖产品完整的生命周期，包括从产品的创意诞生、可行性评估、市场调查和需求分析、产品构架和孵化，到产品的商业化、推广、售后等一系列阶段化的流程。它不仅为参赛项目带来了极高的曝光度和知名度，还提供了商业化渠道和机会，帮助优秀的项目搭建融资渠道，对接投资者。一个优秀的项目，在这里可以完成种子轮融资。大赛优胜项目或者成熟的项目还可以在所在地区入驻创业孵化基地，获得支持，项目团队在这里可以获得性价比更高的办公环境和更广阔的资源、人脉。这样的实力和影响力，在国内甚至世界范围内的大学生赛事中也是首屈一指的。

无论是走向工作岗位，还是自主创业，大学生都缺乏相应的经验。参赛选手在备赛、参赛过程中不仅能够实践理论知识、提升专业技能，还能够查文献、找论文、做问卷、做数据分析、制作创业计划书与 PPT、进行演讲等，综合素质会得到极大的提高，而这些能力在职业生涯中是必不可少的。除此之外，参赛经验能成为大学生求职简历上除基本信息以外的一项经历，可作为突出的加分项，成为与其他竞争者差异化的一个有利条件。

4.4　如何准备中国"互联网+"大学生创新创业大赛

4.4.1　竞赛简介

下面以第六届大赛为例，对大赛进行介绍。

1．竞赛赛制

(1)大赛主要采用校级初赛、省级复赛、全国总决赛三级赛制(不含萌芽赛道)。校级初赛由各高校负责组织,省级复赛由各地负责组织,全国总决赛由各地按照大赛组委会确定的配额,择优遴选、推荐项目。大赛组委会将综合考虑各地报名团队数、参赛高校数和创新创业教育工作情况等因素分配全国总决赛名额。

(2)全国共产生 1600 个项目入围全国总决赛(港澳台地区参赛名额单列),其中高教主赛道 1000 个(中国大陆参赛项目 600 个、国际参赛项目 400 个,中国港澳台地区参赛项目数量另定)、"青年红色筑梦之旅"赛道 200 个、职教赛道 200 个、萌芽赛道 200 个。

(3)高教主赛道每所高校入选全国总决赛项目总数不超过 4 个,"青年红色筑梦之旅"赛道、职教赛道、萌芽赛道每所院校入选全国总决赛项目各不超过 2 个。

2．赛程安排

(1)参赛报名(6 月)。参赛团队可通过登录"全国大学生创业服务网"或微信公众号(名称为"全国大学生创业服务网"或"中国互联网+大学生创新创业大赛")进行报名。

(2)初赛复赛(6—9 月)。各地各校可登录"全国大学生创业服务网"进行大赛管理和信息查看。省级管理用户使用大赛组委会统一分配的账号进行登录,校级账号由各省级管理用户进行管理。初赛复赛的比赛环节、评审方式等由各高校、各地自行决定。

(4)全国总决赛(11 月)。大赛专家委员会对入围全国总决赛的项目进行网上评审,择优选拔项目进行现场比赛,决出金奖、银奖、铜奖。

3．奖项设置

大赛设金奖、银奖、铜奖和各类单项奖;另设高校集体奖、省市优秀组织奖和优秀创新创业导师。以第六届大赛为例,奖项设置如下。

高教主赛道:中国大陆参赛项目设金奖 50 个、银奖 100 个、铜奖 450 个,中国港澳台地区参赛项目设金奖 5 个、银奖 15 个、铜奖另定,国际参赛项目设金奖 40 个、银奖 60 个、铜奖 300 个。另设最佳带动就业奖、最佳创意奖、最具商业价值奖、最具人气奖各 1 个;设高校集体奖 20 个、省市优秀组织奖 10 个(与职教赛道合并计算)、优秀创新创业导师若干名。

"青年红色筑梦之旅"赛道:设金奖 15 个、银奖 45 个、铜奖 140 个。设乡村振兴奖、社区治理奖、逐梦小康奖等若干单项奖。设高校集体奖 20 个、省市优秀组织奖 8 个、优秀创新创业导师若干名。

职教赛道:设金奖 15 个、银奖 45 个、铜奖 140 个。设高校集体奖 20 个、省市优秀组织奖 10 个(与高教主赛道合并计算),优秀创新创业导师若干名。

萌芽赛道:设创新潜力奖 20 个和若干单项奖。

4.4.2　赛道设置及评分标准

1．高教主赛道评审规则

详见表 4-1、表 4-2。

表 4-1　高教主赛道创意组项目评审要点

评审要点	评审内容	分值
创新性	突出原始创新和技术突破的价值，不鼓励模仿。鼓励在商业模式、产品和服务、管理运营、市场营销、工艺流程、应用场景等方面寻求突破和创新。鼓励项目与高校科技成果转移、转化相结合，取得一定数量和质量的创新成果(专利、创新奖励、行业认可等)	40
团队情况	团队成员的教育和工作背景、创新思想、价值观念、分工协作和能力互补情况。项目拟成立公司的组织构架、股权结构与人员配置安排情况。创业顾问、潜在投资者及战略合作伙伴等外部资源的使用计划和有关情况	30
商业性	商业模式设计完整、可行，项目盈利能力推导过程合理。在商业机会识别与利用、竞争与合作、技术基础、产品或服务设计、资金及人员需求，现行法律法规限制等方面具有可行性。行业调查研究深入翔实，项目市场、技术等调查工作形成一手资料，强调田野调查和实际操作检验。项目目标市场容量及市场前景可观，未来对相关产业升级或颠覆的可能性，近期融资需求及资金使用规划合理	20
社会效益	项目发展战略和规模扩张策略的合理性和可行性，项目可能带动社会就业的能力	10

表 4-2　高教主赛道初创组、成长组、师生共创组项目评审要点

评审要点	评审内容	分值
商业性	商业模式设计完整、可行，产品或服务的成熟度及市场认可度高。考查已获外部投资情况。在经费绩效方面，重点考查项目存续时间、营业收入、企业利润、持续盈利能力、市场份额、客户(用户)、税收上缴、投入与产出比等情况。在成长性方面，重点考查项目目标市场容量大小及可扩展性，是否有合适的计划和可靠资源(人力资源、资金、技术等方面)支持其未来持续快速成长。在现金流及融资方面，关注维持企业正常运转的现金流情况，以及企业融资需求及资金使用规划是否合理	40
团队情况	考查团队成员的教育和工作背景、创新思想、价值观念、分工协作和能力互补情况，重点考查成员的投入程度，公司的组织构架、股权结构、人员配置及激励制度情况，项目对创业顾问、投资者及战略合作伙伴等外部资源的整合能力。师生共创组须特别关注师生分工协作、利益分配情况及合作关系稳定程度	30
创新性	鼓励具有原始创新或技术突破，取得一定数量和质量的创新成果(专利、创新奖励、行业认可等)。鼓励在商业模式、产品和服务、管理运营、市场营销、工艺流程、应用场景等方面寻求突破和创新。鼓励项目与高校科技成果转移、转化相结合，与区域经济发展、产业转型升级相结合	20
社会效益	项目发展战略和规模扩张策略的合理性和可行性。项目实际带动的直接就业人数。项目未来持续带动就业的能力	10

2. "青年红色筑梦之旅"赛道评审规则

详见表 4-3、表 4-4。

表 4-3　"青年红色筑梦之旅"赛道公益组项目评审要点

评审要点	评审内容	分值
公益性	项目以社会价值为导向，以解决社会问题为使命，不以盈利为目的。有可预见的公益成果，公益受众的覆盖面广。在公益服务领域有良好产品或服务模式	40
团队情况	团队成员的基本素质、业务能力、奉献意愿和价值观与项目需求相匹配。团队或公司组织架构与分工协作合理。团队权益结构或公司股权结构合理。团队具有一定的延续性或接替性	30
实效性	项目对精准扶贫、乡村振兴和社区治理等社会问题的贡献度。项目在农村组织和农民增收、地方产业结构优化方面的效果。项目在促进就业、教育、医疗、养老、环境保护与生态建设等方面的效果	20

评审要点	评审内容	分值
创新性	鼓励技术或服务创新、引入或运用新技术。鼓励高校科研成果转化。鼓励组织模式创新或进行资源整合	10
必要条件	参加由高校、省市或全国组织的"青年红色筑梦之旅"活动,符合公益性要求	

表 4-4 "青年红色筑梦之旅"赛道商业组项目评审要点

评审要点	评审内容	分值
项目团队	团队成员的基本素质、业务能力、奉献意愿和价值观与项目需求相匹配。团队或公司组织架构与分工协作合理。团队权益结构或公司股权结构合理	20
实效性	项目对精准扶贫、乡村振兴和社区治理等社会问题的贡献度。项目在农村组织和农民增收、地方产业结构优化方面的效果。项目在促进就业、教育、医疗、养老、环境保护与生态建设等方面的效果	20
创新性	鼓励技术或服务创新、引入或运用新技术。鼓励高校科研成果转化。鼓励在生产、服务、营销等业务模式要素上创新。鼓励组织模式创新或进行资源整合	20
可持续性	项目的持续生存能力。经济价值和社会价值适度融合。创新研发、生产销售、资源整合等的持续运营能力。项目模式可复制、可推广等	20
社会效益	项目发展战略和规模扩张策略的合理性和可行性。项目实际带动的直接就业人数。项目未来持续带动就业的能力	20
必要条件	参加由高校、省市或全国组织的"青年红色筑梦之旅"活动	

3. 职教赛道评审规则

详见表 4-5、表 4-6。

表 4-5 职教赛道创意组项目评审要点

评审要点	评审内容	分值
创新性	鼓励原始创意、创造。鼓励面向培养"大国工匠"与能工巧匠的创意与创新。项目体现产教融合模式创新、校企合作模式创新、工学一体模式创新。鼓励面向职业和岗位的创意及创新,侧重于加工工艺创新、实用技术创新、产品(技术)改良、应用性优化、民生类创意等	40
团队情况	团队成员的教育和工作背景、创新思想、价值观念、分工协作和能力互补情况。项目拟成立公司的组织构架、股权结构与人员配置安排情况。创业顾问、潜在投资者及战略合作伙伴等外部资源的使用计划和有关情况	30
商业性	商业模式设计完整、可行,项目盈利能力推导过程合理。在商业机会识别与利用、竞争与合作、技术基础、产品或服务设计、资金及人员需求,现行法律法限制等方面具有可行性。行业调查研究深入翔实,项目市场、技术等调查工作形成一手资料,强调田野调查和实际操作检验	20
社会效益	项目发展战略和规模扩张策略的合理性和可行性。项目可能带动社会就业的能力	10

表 4-6 职教赛道创业组项目评审要点

评审要点	评审内容	分值
商业性	商业模式设计完整、可行,产品或服务成熟度及认可度高。考查已获外部投资情况。在经费绩效方面,重点考查项目存续时间、营业收入、企业利润、持续盈利能力、市场份额、客户(用户)、税收上缴、投入与产出比等情况。在成长性方面,重点考查项目目标市场容量大小及可扩展性,是否有合规的计划和可靠资源(人力资源、资金、技术等方面)支持其未来持续快速成长。在现金流及融资方面,关注维持企业正常运转的现金流情况,以及企业融资需求及资金使用规划是否合理	40

续表

评审要点	评审内容	分值
团队情况	考查团队成员的教育和工作背景、创新思想、价值观念、分工协作和能力互补情况，重点考查成员的投入程度，公司的组织构架、股权结构与人员配置及激励制度情况。项目对创业顾问、潜在投资者及战略合作伙伴等外部资源的整合能力	30
创新性	鼓励原始创意、创造。鼓励面向培养"大国工匠"与能工巧匠的创意与创新；项目体现产教融合模式创新、校企合作模式创新、工学一体模式创新。鼓励面向就业和岗位的创意及创新，侧重于加工工艺创新、实用技术创新、产品(技术)改良、应用性优化、民生类创意等	20
社会效益	项目实际带动的直接就业人数。项目未来持续带动就业的能力	10

4．萌芽赛道评审规则

详见表4-7。

表4-7　萌芽赛道评审规则

评审要点	评审内容	分值
创新性	考查项目的想象力和创造力，就发现的问题和解决途径进行创意设计。创意设计过程符合客观规律。科技创意证据充分，有足够的科学研究参与度(调查、实验、制作、验证等)。文化创意逻辑清晰、完整，调研和分析数据充分	35
实践性	强调项目的可行性、应用性和完整性。具备可执行的策划或实践方案。具有可预见的价值，能够让未来的生活更美好	25
自主性	符合团队成员年龄段的知识机构和实施项目能力。项目选题、创意模式构建主要由学生提出和完成。团队成员能够准确表述项目内容及原理，真实可信。涉及科技成果和专利发明的，需提供授权证明材料	20
团队情况	考查团队成员的创新精神和创新意识，项目团队成员的教育背景、基本素质、价值观念、知识结构、擅长领域情况。团队构成和分工协作合理	20

4.4.3　参赛项目的选择与落地

1．大学生创新创业的九大来源

(1)学生自主发现。

项目案例

学校：湖北第二师范大学

项目名称："助光"——用光更高效

项目简介：为太阳能热水器安装反射装置，让其背面也能利用阳光，实现对温度的智能调控。

项目点评：随着高等教育改革的深入，学科交叉与融合越来越紧密，这在一定程度上促使学生对未知领域具有强烈的探索兴趣和创造欲望，形成创造性思维，为创新创业奠定良好的基础。

(2)科技成果转化。

项目案例

学校：华中科技大学

项目名称：高重频飞秒激光扫描淬火技术

项目简介：团队提出高重频飞秒激光扫描淬火技术，在不用拆卸钢轨的前提下，对钢轨表面进行二次甚至多次强化，使钢轨的全生命周期时长较以往提高 10 倍以上。

项目点评：2015 年，《中华人民共和国促进科技成果转化法》修订；2016 年，《国务院关于印发实施〈中华人民共和国促进科技成果转〉化法若干规定的通知》（国发〔2016〕16号）发布。在此背景下，越来越多的高校重视将科研项目转化为大学生创新创业项目，科技成果成了大学生高质量创新创业项目的重要来源。

(3)产教融合、协同创新。

项目案例

学校：山东商业职业技术学院

项目名称：**无水之鱼——海产品停食暂养和梯度降温技术**

项目简介：山东商业职业技术学院的学生及山东睿隆农业科技有限公司的职员宋佳琪团队通过对海产品停食暂养和梯度降温技术，再结合纯天然植物源休眠诱导剂，让鲜活的海产品休眠，然后向密闭容器内灌入不同比例混合气体，实现无水运输。

项目点评：产教融合为高校和企业之间搭建了一个资源共享的平台，学生通过企业提供的实践基地或实训场景等，在理论指导实践的过程中实现创新，而企业则将学生的创新成果产业化。所以，产教融合、协同创新的大学生双创项目，成为越来越多地方性院校在双创工作中重点关注的发力点。

(4)特色专业与优势学科结合。

项目案例

学校：西南石油大学

项目名称：**一毛钱就可解决手机爆炸——木质纤维锂离子电池隔膜**

项目简介：西南石油大学材料工程与科学学院学生钟雪鹏团队成功研制世界上第一张由天然木质纤维素制成的锂离子电池隔膜。产品高效安全，生产工艺简单，每张手机锂电池隔膜的生产成本只需要一毛钱。

项目点评：国家正加速推进一流大学和一流学科建设，以夯实科技创新基础。大学生的双创项目如何更具创造力？大学生项目团队要更好地与学校的特色专业及学科特色紧密结合，通过创新创业，反哺学校特色专业与学科建设。

(5)"互联网+"新技术。

项目案例

学校：江南大学

项目名称：**抓住"数字"时代的机遇**

项目简介：江南大学电子信息工程专业孙文博、动画专业庄继顺团队通过制作多部专业、完美的 VR(虚拟现实)电影，并将 VR 体验延伸到直播中，为客户带来了全新的沉浸式体验。

项目点评：当前，基于"互联网+"的技术创新与应用创新层出不穷，出现了很多与

VR、AI(人工智能)、物联网、大数据及云计算深入结合的双创项目。"互联网+"是人类在技术领域的巨大进步，将重新建构世界的连接方式，重新配置社会资源。在这个过程中，不断涌现的新技术将大大激发大学生的双创热情。

(6)"大手拉小手"。

📚 项目案例

学校：华南农业大学

项目名称：果蔬生长不用喂"农药"

项目简介：华南农业大学微生物学专业的刘永林团队在博士生导师蒋刚彪教授的指导下，推出用高新材料替代农药进行果蔬生产，彻底改变传统的防虫抗病方法，轻松培养无毒、绿色的放心果蔬，并带动产业升级。

项目点评：在"互联网+"背景下，教师对知识的掌握不再具有绝对优势。教师作为教学任务的具体承担者，逐渐向既掌握高等教育基本的教学规律，又在本专业领域具有较强专业应用能力的"双师型"教师转变，是保障高校人才培养质量的关键。师生联合创业的项目更强调教师和学生要成为学习的合作者。

(7)第三方电子商务平台。

📚 项目案例

学校：对外经济贸易大学

项目名称：餐饮在线直通"六膳门"

项目简介：对外经济贸易大学的哈楠团队以对外经济贸易大学为起点，建立6个外卖配送点，覆盖北京市朝阳区及海淀区8所高校，并在校园内组建物流众包团队。还将这一模式拓展延伸到了"白领"市场。

项目点评：目前，中国有诸多电子商务平台，可为大学生提供创新创业机会。利用第三方电子商务平台创新创业，创业门槛相对较低，可以发挥大学生熟悉互联网的优势，帮助线下传统企业电商进行运营。基于第三方电子商务平台的创新创业，更适合创办小微企业，成就更多"小而美"的企业，并能够较好地实现"通过创业带动就业"。

(8)政府公共服务采购与社会公益需求。

📚 项目案例

学校：浙江大学

项目名称：在空气里把手洗干净

项目简介：浙江大学能源工程学院李启章、陈璞阳团队成功研制出一台实用的"空气洗手装置"，还将推出重力驱动系列：使用者只需站上洗手台下方一个台阶上，即可压缩空气以洗手，整个过程不产生任何能耗。

项目点评：公益创业是指采用创新方法解决社会问题并创造社会价值(而非个人价值)，

而这正恰如其分地与当代大学生所追求的公益情怀，传递正能量的社会担当遥相呼应。大学生公益双创项目正呈现欣欣向荣之势。随着政府的简政放权，越来越多的政府职能将通过面向社会采购服务的方式进行，这就蕴含了巨大的双创机遇。

(9)发掘区域内的市场潜力。

📚 项目案例

学校：新疆大学

项目名称：用"语音"翻越千山万水

项目简介：新疆大学软件工程专业吾提库尔·艾尔团队通过语音识别、语音合成、自然语言理解、机器翻译及大数据技术，完成了能实现语音输入、语音翻译和语音搜索等功能的"语音+"项目。

项目点评：区域内的市场潜力创造了需求，并促进了投资和消费。其中，越来越火的跨境电商就是一个很好的缩影。具有语言与区域特色的高校则可以充分把握机会，为大学生在该领域的双创开辟渠道，搭建国际化平台。

2．立项的原则

(1)自审。

团队拥有哪些技能？团队成员或者成员身边有哪些资源可以利用？利用这些资源可以做哪些事？可以做到什么程度、什么规模？

先了解自身情况，尽量在擅长的领域选择项目主题。一方面，做出成绩的可能性较大；另一方面，在项目进程中可以比较灵活地调整项目方向。结合团队及周边资源的情况，可先给项目定一个比较清晰的方向，例如，做哪个行业、哪个市场的哪个产品？

(2)自问。

做能让自己开心、愉快的事情，往往能够激发人的潜能，获得意想不到的成绩。在选择项目主题时，可以根据自己的兴趣爱好展开联想。

(3)自省。

铭记初心，切勿在"互联网+"铺天盖地的宣传中迷失目标。如果大学生参赛的目的是实践知识、提升自己，那么可以结合自己的职业发展规划来选择项目。

(4)自查。

优先考虑满足更多立项原则的项目。

①新颖性原则：与众不同。

②可行性原则：技术上的可行性、市场上的可行性等。

③针对性原则：有特定、清晰的目标人群。

④时效性原则：聚焦当前的重要环境、社会和经济问题。

3．规范执行过程

选定项目后，接下来就要孵化项目，输出项目产品。无论是怎样的项目，大致都遵循组队立项、团队分工、明确需求、制定排期、落实项目、准备参赛资料的步骤，项目之间的主要区别在于"落实项目"这一步。

(1)组队立项。

组队和立项往往没有必要的先后顺序,若先有好的项目,可以基于项目需要来构建团队,选择成员;若先有志同道合的伙伴,也可以集思广益,选择项目主题。在立项之初,需要对各主体进行必要的调查分析,初步确定项目卖点、核心价值、应用场景、目标群体、市场前景、竞品及可能存在的项目风险等必要的信息,并以调查结果为依据,慎重立项。

(2)团队分工。

协作决定产出,分工决定协作,只有进行细致的分工,才有可能达成高效的配合。角色与职责是一个团队的灵魂,在项目初期,为团队搭建组织架构,创建必要的角色,明确角色职责,会达到事半功倍的效果。

(3)明确需求。

构建核心需求内容并形成文档。基于项目要解决的问题,盘点团队资源,当前团队所具有的资源有哪些可以服务于项目?罗列各种解决方案及各方案的优势与不足。明确需求后,基于需求进一步明确产品具体的使用场景、功能模块,并输出相关文档。这个过程可以帮助团队整理思绪,了解项目范围,对项目有更加完整条理的认知,还可以盘点团队资源,及时发现团队在人员和架构上的不足,以尽早做出优化和调整。

(4)制定排期。

制定排期是项目开展过程中必要的一环,它为更流畅、高效的团队协作提供指导,为团队协作提供更有力的约束。项目排期的意义在于每个人的严格配合,这就决定了排期的制定需要每个人的参与。在项目开始之初,它作为时刻表用于强调时间和责任的概念;排期体现项目分工与衔接,在帮助团队明确任务和进度的同时,通过里程碑和截止日期强调团队成员的个人责任和使命。项目排期能对任务进行细分和预估,可以作为摸底测试,评估每位成员的业务能力和工作效率,增进彼此之间的了解,为更高效的团队协作打下基础。

(5)落实项目。

不同项目有不同的落实方法,进行到这一环节需要项目负责人把控节奏,督促团队成员各司其职,配合排期,输出项目成果,在确保项目按期输出的前提下,尽可能以合理的节奏推进项目的孵化,尽可能为团队成员保留学习、实践、试错与成长的机会。

(6)准备参赛资料。

预留足够的时间,编撰、整合、优化参赛资料,并根据各赛道分组要求筹备相关的专利、资质、授权、订单、往期数据及融资等支撑材料。

4.4.4　准备参赛资料

1.创业计划书

(1)创业计划书的概念。

创业计划书,是公司或项目单位为了达到招商融资和其他发展目标,在前期对项目的调研、分析与整理有关资料的基础上,根据一定的格式和内容的具体要求而编辑、整理的一个向投资者全面展示公司和项目目前状况、未来发展潜力的书面材料。创业计划书以书面的形式全面描述公司所从事的业务，它详尽地介绍了一个公司的产品和服务、生产工艺、市场和客户、营销策略、人力资源、组织架构、对基础设施和供给的需求、融资需求，以及对资源和资金的利用情况等。

撰写创业计划书的直接目的是寻找战略合作伙伴或者风险投资资金，其内容应真实、科学地反映项目的投资价值。一般而言，项目规模越庞大，创业计划书的篇幅也就越长；如果公司的业务单一，那么创业计划书可以简洁一些。一份好的创业计划书的特点是：关注产品、敢于竞争、充分的市场调研、有力的资料说明、明确表明行动方针、展示优秀团队、良好的财务预算、出色的计划概要等。在申请融资时，无论申请对象是风险投资机构，还是其他任何投资或信贷来源，创业计划书都至关重要。因此，创业计划书应该做到内容完整、意愿真诚、基于事实、结构清晰、通俗易懂。

(2) 创业计划书的内容。

创业计划书应能反映创业者对项目的认识及取得成功的把握，它应突出创业者的核心竞争力，最大限度地反映出创业者如何创造自己的竞争优势，如何在市场中脱颖而出，如何争取较大的市场份额，如何发展和扩张等。种种"如何"构成创业计划书的说服力。若只有远景目标、期望，而忽略"如何"，创业计划书便成了"宣传口号"。

创业计划书包含的内容很多，但一般离不开以下内容：市场分析、比较优势、管理团队、财务预算、风险因素等。市场分析应由大入小，从宏观到微观，以数据为基础，深刻描述公司/项目在市场中的定位；比较优势应在非常清楚本身强弱情况及竞争对手战略的情况下进行分析；管理团队应从各成员的背景及经验分析其在公司/项目不同岗位中的作用；财务预算是最关键的，应对绝大部分的假设及其所导致的财务影响进行彻底的描述及分析；风险因素最能显示创业者是否真的明白自己的项目，风险因素多，不等于该项目不该做，关键是如何控制或规避风险。能将控制或规避风险的手段交代清楚，是成功的重要一步。当然，假设是不确定的，但有理据的假设加上严谨的逻辑思维及系统的演示方法，将大大地增强可信性。绝大部分人都有倾向成功的心态，只要道理明白、不浮夸，自然会让人相信的。

有关创业计划书的详细内容可阅读本书第 8 章。

2. 答辩 PPT

通常，我们以创业计划书为基础制作答辩 PPT。一般现场路演的时间在 5～8 分钟，为了避免时间不够，PPT 的页数应尽量控制在 10～20 页，这就要求 PPT 简洁明了、突出重点。在创业计划书已经完善的前提下，可以选择创业计划书的执行概要作为 PPT 的构架主线，选择重点信息做填充，丰富内容、佐证观点。一方面，执行概要本身就是对项目的高度总结；另一方面，执行概要的框架基本与创业计划书相同，沿用至 PPT 中，不容易造成逻辑混乱。

4.5 参赛案例：智慧农业监控平台

下面给出一个参赛案例，由于篇幅关系，这里只提供项目方案的文档框架，省略部分章节和大部分图片。

项目名称：基于人工智能和大数据的智慧农业监控平台

参赛选手：略

指导老师：略

提交日期：略

目　录

1　项目概述

本项目基于人工智能和大数据技术对农业生产进行自动化、精准化、智能化管理，大胆引入 LabVIEW 虚拟仪器进行数据监控，并结合部署在农作物产区内的智能传感器、图像采集器、远程控制器等物联网设备进行数据挖掘，将结果整合到大数据平台中，实现农业资源的整合、归纳和过滤及个性化搜索。LabVIEW 虚拟仪器用于对数据进行采集处理，引入云平台，通过物联网传感模块，对农作物的生长状态与生态环境进行实时监控。用户只需通过计算机或智能手机就可以轻松享受全部的技术服务，智慧农业监控平台提供给用户一整套智慧农业解决方案，提供科学高效的信息服务。平台的主要架构如图 4-1 所示。

农业物联网设备　　　　智能监控系统　　　　农业大数据平台

信息化农场管理　　　　农产品溯源系统　　　　智慧农业全套
解决方案

图 4-1　平台的主要架构

2　项目背景

我国农业面临人口、耕地、环境等问题的严峻挑战，依靠传统的手段和生产要素已经无法解决土地资源浪费、生态环境恶化等严峻问题。当前我国经济发展逐步进入新常态，急需转变农业发展方式，提高农业的绿色竞争力。智慧农业概念的提出与我国现代农业发展的迫切内在需求相吻合，"在计算机上把地种"既是历史机遇的要求，也是农业发展的必然。

3　市场需求

我们预计，智慧农业产品在未来 3 年左右会有爆发式的增长。原因在于，农村中的成年人越来越少，老人和小孩越来越多，形成"空心村"。随着人口老龄化的加剧，未来将出现家庭农场，最后还是要走企业化的路，用企业化的方法建设现代农业。用企业化方法进行农业生产时，对农业科技或者现代农业的要求非常高。只有大型产业才能实现智慧农业，例如，大田灌溉、大棚监控等都需要采用全自动的种植环境，然后进行循环、高效的农业生产。

4　优势与创新

随着传感器技术、远程监控系统、云计算等技术日趋成熟，并逐渐开始被应用于农业建设中，智慧农业的实施有了坚实的技术基础。LabVIEW 虚拟仪器是美国国家仪器公司研制开发的一款图形化编程软件，可以大大减少程序的开发时间。该软件集成了来自各种测量仪器和设备的硬件，提供直观的图形化编程方法，能简化自动化任务，并且内置信号处理、分析、数学和 PID 控制算法。本项目创新性地将 LabVIEW 虚拟仪器引入智慧农业。

5　总体方案确认

主机以 STM32F429IGT6 单片机作为主控芯片，从机以 STM32F103C8T6 单片机作为主控芯片，主机通过 NRF24L01 无线通信模块与从机进行通信。从机上的一些信号采集元件（如传感器）可通过 A/D 转换、串口通信、外部中断等功能采集各传感器的数值，由主控器件进行处理后，产生相应的控制信号，对设备进行相应的处理，同时传递给主机进行显示。系统架构如图 4-2 所示。

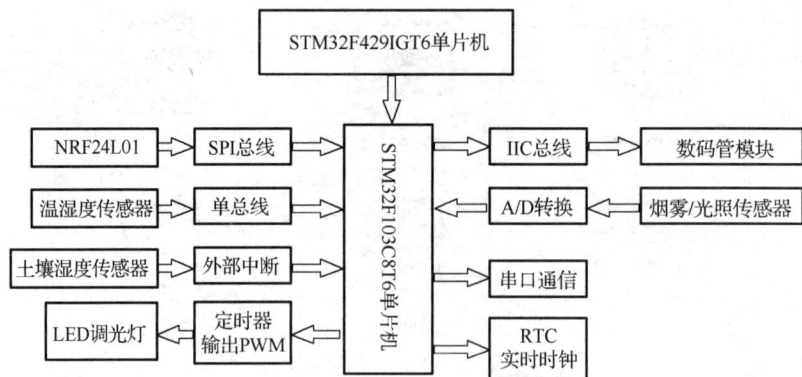

图 4-2　系统架构

6　功能设计

6.1　主界面

智慧农业系统通过 LabVIEW 作为上位机平台，对农业生产过程中的数据进行监控，包括温湿度监控、雨滴监控、波形监控、PLC 监控、风机监控等，系统主界面设计如图 4-3 所示。

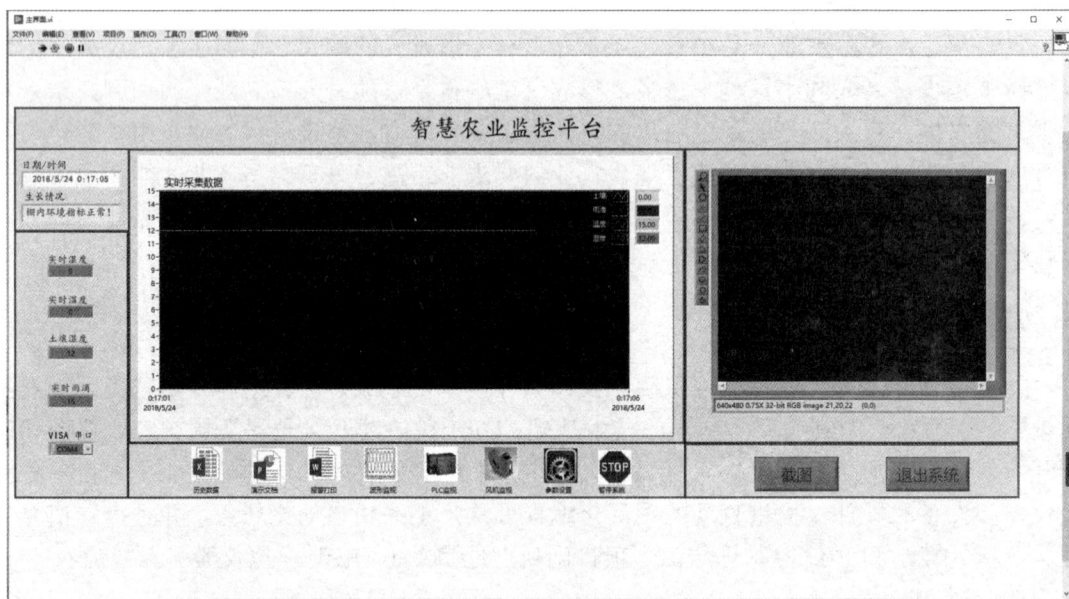

图 4-3　系统主界面设计

6.2　温湿度、雨滴监控

通过部署在农业生产现场的物联网设备，如采集器、传感器、高清摄像头、摄像机等，可以及时监控、采集生产现场的数据，并及时上传至 LabVIEW 上位机平台，最后上传到数据库中。用户通过计算机登录智慧农业监控平台即可查看园区的温湿度数据、土壤数据、设备状态等，具体包括实时温度、实时湿度、实时雨滴、土壤湿度等。

6.3 PC-PLC 监视

通过虚拟仪器技术使 PC 端与 PLC 端进行通信，实现对农业生产过程的数据监控及操作。

6.4 风机监控

风机是依靠输入的机械能增大气体压力并排送气体的机械，它是一种从动的流体机械。风机是对气体压缩和气体输送机械的简称，通常所说的风机包括通风机、鼓风机、风力发电机等。风机广泛用于工厂、矿井、隧道、冷却塔、车辆、船舶和建筑物的通风、排尘和冷却，锅炉和工业炉窑的通风和引风，空气调节设备和家用电器设备中的冷却和通风，谷物的烘干和选送，风洞风源和气垫船的充气和推进等领域。

6.5 安防报警系统

安防报警系统是智慧农业监控平台的重要组成部分。它是由火焰传感器、温湿度传感器、光电传感器等传感器，以及功能键、探测器及执行器组成的。报警功能包括烟雾报警、火焰报警等，由微机控制，可实现对火灾、干旱等意外事故的自动报警。

（1）烟雾报警。

本设计中，采用烟雾 MQ-2 气体传感器，该传感器是一款可检测多种可燃性气体的传感器。当传感器所处环境中存在可燃气体时，传感器的电导率随空气中可燃气体浓度的增大而增大。使用简单的电路即可将电导率的变化转换为与该气体浓度相对应的输出信号。MQ-2 气体传感器对液化气、丙烷、氢气的灵敏度高，对天然气和其他可燃蒸汽的检测也很理想。

烟雾传感器输出的模拟电压信号经过单片机 A/D 转换处理后，被转换为可燃气体浓度（0%~100%）；当环境中的可燃气体浓度超过设定值时，蜂鸣器自动打开，触发安全报警，并通过 SIM800A 模块发送短信给用户，告知用户农场情况。

（2）火焰报警。

火焰传感器是专门用来搜寻火源的传感器，可以检测火焰或者波长在 760~1100nm 范围内的光信号，对火焰最敏感，对普通光也有反应。火焰传感器利用红外线对火焰非常敏感的特点，使用特制的红外线接收管来检测火焰，可以把火焰的亮度转化为高低变化的电平信号，输入主控器件中；在本平台中，当单片机检测到火焰时，蜂鸣器同样会自动打开，触发安全报警，并通过 SIM800A 模块发送短信给用户，告知用户农场情况。

6.6 光照传感器

光照传感器是一种可以检测周围环境亮度和光强的传感器，常用于亮度检测、小车寻光等，其输出的模拟电压信号经过单片机 A/D 转换处理后变为光强度值；在本平台中，主要用于黑夜到来时门前灯的自动打开。

6.7 Wi-Fi 模块 ESP8266 介绍

ESP8266 是一款高集成度、低功耗、易用的 Wi-Fi 芯片。它具有三种工作模式：Station 模式、AP 模式和 AP 兼 Station 模式，不同的场合可以应用不同的模式。ESP8266 强大的芯片处理和存储能力，使其可以通过 GPIO 集成传感器及其他特定设备，实现在前期开发和运行中最少地占用系统资源。

7　硬件设计

7.1　STM32F103C8T6+STM32F429IGT6 核心板

STM32F103C8T6 是一款以 ARM 32 Cortex-M3 CPU 为内核的中等容量的微控制器。它拥有 2 个多达 16 个输入通道的 12 位 A/D 转换器、37 个可映像到 16 个外部中断的快速 I/O 接口、3 个通用定时器（TIM2、TIM3、TIM4）、1 个高级定时器（TIM1）、2 个 SPI 总线外设（SPI1、SPI2）、3 个串口通信外设（USART1、USART2、USART3）。

STM32F429IGT6 是一款以 ARM 32 Cortex-M4 CPU 为内核的大容量微控制器。该控制器以 ARM Cortex-M4 内核为核心，自带 LCD-TFT 控制器（最大支持 1024 像素×768 像素的双图层）、图形专用 Chrom-ART 加速器和 SDRAM 存储器接口；自带浮点运算单元（FPU），可以进行一些复杂的计算和控制；具有 225 DMIPS（Dhrystone MIPS）和 608 CoreMark（EEMBC Coremark 性能基准评测）的优异表现，具有 2MB Flash/256KB RAM、USB OTG HS/FS、Ethernet、17 个定时器、3 个 ADC（A/D 转换器或 D/A 转换器）、15 个通信接口和一个摄像头接口，主频高达 180MHz。

一般地，我们把能让单片机正常工作所需要的最小电路做成的电路板称为单片机的最小系统板或核心板；这种核心板一般包括单片机、电源、复位电路晶振电路、程序烧写调试电路等。

7.2　各功能电路设计

(1)5—3.3V 电源转换电路。

整个系统的电路电源是由 5V、2A 的开关电源提供的，对于一些供电电压在 3.3V 的模块，其供电电压必须经过电源转换电路被转换成 3.3V。其中，AMS1117-3.3 是一种输出电压为 3.3V、最大输出电流为 1A 的正向低压降稳压器，是整个电路的核心。

(2)NRF24L01 无线通信模块电路。

NRF24L01 无线通信模块是主机和从机通信的桥梁，其通信协议需要通过 SPI 总线外设功能来实现，在 STM32F103C8T6 中，PA5～PA7 接口的复用功能之一便是成为 SPI1 总线的 SCK、MOSI、MISO 接口。

(3)蜂鸣器驱动电路。

蜂鸣器驱动电路是利用三极管工作在截止状态下集电极和发射极不导通、集电极没有电流的特点设计的。

当基极对地电压为 0V，即 BEEP 输出低电平时，集电结反偏，发射结零偏，三极管工作在截止状态，CE 不导通，蜂鸣器不工作。

当基极对地电压为 3.3V，即 BEEP 输出高电平时，集电结正偏，发射结正偏，三极管工作在放大状态，集电极持续有电流流过，蜂鸣器工作。

(4)烟雾传感器电路。

烟雾传感器需要 5V 的供电电压，输出的模拟电压范围为 0～4V，STM32 系列单片机的 A/D 外设所能采集到的电压范围为 0～3.3V，为保证传感器的输出信号被正确采集，传感器模块输出的模拟电压需要经过降压处理才能接入 STM32 系列单片机的 A/D 转换通道。这部分电路使用两个 10kΩ 金属膜电阻进行对半分压处理，得到 0～2V 的模拟电压，接入

A/D 转换通道。

（5）LED 驱动电路。

在本平台中，需要进行灯光控制，LED 驱动电路的原理同蜂鸣器驱动电路一样，在信号输出高电平时，LED 灯亮。

8 软件设计

8.1 主界面的制作

对智慧农业监控平台的控制一般通过主界面的操作来实现，LabVIEW 程序开发环境类似于 C 语言和 BASIC 语言的开发环境，LabVIEW 使用图形化编辑语言 G 编写程序，产生的程序是框图的形式。LabVIEW 软件是平台的核心，是开发、测试或控制系统的理想选择。

8.2 NRF24L01 无线通信程序设计

NRF24L01 是由 NORDIC 生产的工作在 2.4～2.5GHz 的 ISM 频段的单片无线收发器芯片，其电流消耗极低，当工作在发射模式下，发射功率为 0dBm 时，电流消耗为 11.3mA；当工作在接收模式下时，电流消耗为 12.3mA。其输出功率频道选择和协议的设置可以通过 SPI 接口进行设置。

利用 NRF24L01 进行一对一单向通信时，将其中一个配置为发送模式，将另一个配置为接收模式，将进行通信的两个 NRF24L01 配置于相同频道下即可。利用 NRF24L01 进行一对一双向通信时，作为发送端的 NRF24L01 在接收数据前，要先发送一个转换信号，然后等待作为接收端的 NRF24L01 收到这个信号；当接收端的 NRF24L01 收到这个信号后，将其配置为发送模式，原来为发送端的 NRF24L01 会收到一个发送成功的信号，收到这个信号后，就可以被配置为接收模式了，这样发送、接收的角色就调换了，实现了双向通信。同样地，要将进行通信的两个 NRF24L01 配置于相同频道下。NRF24L01 一对多通信原理与一对一通信原理一样，不同的是通信频率。这里使用 3 个 NRF24L01 模块，分别连接主机、从机 1 和从机 2，它们两两之间都可以互相通信。先将主机的 NRF24L01 配置成和从机 1 的 NRF24L01 一样的频率，这样主机就能和从机 1 通信，再把主机的 NRF24L01 配置成和从机 2 的 NRF24L01 相同的频率，这样主机就能和从机 2 通信。当主机的 NRF24L01 发送 10 次数据后，就转为接收模式，接收从机传来的数据，接收到数据后，再转为发送模式，继续发送数据，如此一直循环，就可以实现主机和两个从机间的互相通信。

8.3 FreeRTOS 实时操作系统

在嵌入式领域中，嵌入式实时操作系统(RTOS)正得到越来越广泛的应用。采用嵌入式实时操作系统可以更合理、更有效地利用 CPU 的资源，简化应用软件的设计，缩短系统开发时间，更好地保证系统的实时性和可靠性。

FreeRTOS 是一个迷你的实时操作系统内核。作为一个轻量级的操作系统，其功能包括任务管理、时间管理、信号量、消息队列、内存管理、记录功能、软件定时器、协程等，可基本满足较小系统的需要。

由于 RTOS 需占用一定的系统资源,只有 μC/OS-II、embOS、Salvo、FreeRTOS 等少数实时操作系统能在小 RAM 单片机上运行。相对 μC/OS-II、embOS 等商业操作系统,FreeRTOS 操作系统是完全免费的操作系统,具有源码公开、可移植、调度策略灵活的特点,可以方便地移植到各种单片机上运行。

在本平台中,作为主机的 STM32F103C8T6 上运行了大量的程序,如果有些程序一直在等待一个超时事件,在传统无 RTOS 的情况下,要么在原地一直等待而不执行其他任务,要么使用复杂(相对 RTOS 提供的任务机制而言)的状态机机制。使用 FreeRTOS,可以很方便地将当前任务阻塞在该事件下,然后自动去执行别的任务,并且可以高效地利用 CPU。

9 项目成果

本团队设计出了一款智慧农业监控平台,该平台以云平台、ARM、LabVIEW 虚拟仪器为基础,主要涵盖智能传感器、图像采集器、远程控制器等物联网智能设备,实现对农业生产过程的精准化、自动化、智能化管理。LabVIEW 虚拟仪器的加入,使用户可以随时监测农作物环境的实时数据,并且对数据进行采集,以为农作物的培植问题提供数据支持。

9.1 利用大数据做出科学决策

利用 LabVIEW 的数据库结合云平台对数据进行深度挖掘,并根据用户种植农作物的种类、品种及所处的地理位置和环境变化信息,为用户提供个性化的农技指导,例如,在哪里种植?用什么类型的种子种植?以及预测最佳的种植时间等,以提高产量、降低成本。

9.2 利用人工智能进行自动化的监控管理与远程自动控制

基于农业复杂环境和主体行为交互的人机协同混合系统,面向农业不同领域的可重构与柔性组配智能软件技术体系,建立多元数据感知、内容理解、深度学习、演绎推理一体化技术。各类农业智能设备与传感器,为下一代智慧农业技术产品的研发、应用提供开放式支撑环境。

另外,用户可将自身的标准流程固化于"智慧农业监控平台"软件,软件将自动进行工作任务的生成、分配、跟踪及统计。用户通过使用各类传感设备,可对农作物的生长情况、温湿度等环境因素进行实时监测,还可对排风、光照强度等进行远程自动控制。

9.3 用户可以随时随地在计算机或手机端查看农场信息

本项目利用 ESP8266 模块通过 JCSON 协议与云平台通信,从而可以在手机连接网络的状态下,控制农场的温湿度、光照等。

10 团队建设

本项目团队拥有高素质的创业人员和技术顾问,涉及电子、物联网等领域,成员均具备相关领域的专业知识和运作经验,能够优势互补。学校聘请行业内的专家学者、企业中有突出贡献的专家工程师担任本团队的"顾问"或"学术带头人",充分发挥他们在教师队伍建设中"传、帮、带"的引领作用。

4.6 本章习题

一、名词解释

中国"互联网+"大学生创新创业大赛、"互联网+"。

二、简答题

1. 中国"互联网+"大学生创新创业大赛具体有什么要求？
2. 在"互联网+"背景下，大学生创新创业的现状如何？

三、实操题

1. 草拟一份参加中国"互联网+"大学生创新创业大赛的方案。
2. 根据草拟的参加中国"互联网+"大学生创新创业大赛的方案，制作一份PPT。
3. 创新型人才必须具有创新思维，请结合所学专业谈一谈你将来怎样培养和锻炼自己的创新思维，列举出锻炼的具体方法。

下篇 创业部分

第 5 章 创业意识培养和创业素质培养

本章重点

- 了解大学生当前就业形势
- 了解大学生创业环境
- 掌握大学生创业的基础知识

本章难点

- 大学生如何把握市场动态
- 如何判断自己是否适合创业
- 培养自己的创业精神

本章简介

本章主要分析当前大学生的就业形势和创业环境,讲解大学生应如何把握市场动态,并培养创业精神。本章同时通过案例分析,让大学生判断自己是否适合创业。

5.1 大学生当前就业形势

大学生当前的就业形势如何?大学生就业困难的原因有哪些?如何解决?下面我们对这些问题进行探讨。

5.1.1 大学生当前就业形势分析

近年来,中国高校毕业生数量逐年增多,大学生面临严峻的就业形势,大学生在毕业后能否顺利就业,已成为全社会普遍关注的热点问题。大学生就业难,既有社会原因、政策原因,也有大学生自身的原因。解决大学生就业难的问题事关大学生的切身利益,更关系到社会的和谐稳定,需要政府、企业、高校和大学生共同努力。数据显示,2010—2017年的高校毕业生人数按照 2%~5%的同比增长率逐年增长,累计毕业生人数约 5706 万人。2018 年,全国高校毕业生首次突破了 800 万人。2019 年,全国高校毕业生约 834 万人,2020年,全国高校毕业生约 874 万人,再创新高,就业工作面临复杂、严峻的形势。

企业用人的时候，首选的是相关专业的毕业生，其次是具有高潜力的毕业生，因为企业在发展期需要大量的人员补给，有些人是可以在工作过程中逐渐培养的，这也为一部分专业不对口的大学生解决了就业问题。针对高职高专的学生而言，弊端在于很多学生在学习专业知识的时候不够努力，所以，一些专业知识学得好的学生，一般都深受用人单位喜欢。现在高校培养的大学生都掌握了一定的理论知识，但缺乏实践，即便是对实践要求极高的技工类课程，很多高校因为种种原因也取消和减少了实践的环节，大量的理论课程让学生在专业方向上的收益是有限的，缺乏实践能力的大学生成了纸上谈兵的高手，这个客观情况，对现代大学生就业无疑也是一种冲击。

就业形势严峻的另一个原因是毕业生的就业观念并没有得到根本的转变，就业期望值较高，理想与现实存在较大差距。表现在毕业生对自己估计过高，眼高手低，这山望着那山高；对薪水、福利待遇要求过高，不顾自身的条件，导致用人单位不敢接收；片面追求大城市，不愿去一些小城市发展，导致就业选择受限；对单位要求过高，对一些小企业不感兴趣，致使高不成、低不就。

5.1.2　解决大学生就业困难的对策

(1) 大学生自身做出调整和努力。

其一，转变就业观念，树立新时期的就业观。大学生应从实际出发，抛弃"社会精英"的情结，树立大众化的就业观。大学生还应树立基层意识、事业意识和奋斗意识，到基层锻炼自己，逐步树立起"先就业、后择业、再创业"的职业选择策略，从现实出发，选择自己的求职道路。

其二，提高自身素质，掌握就业主动权。面对严峻的就业形势，毕业生个人的素质、能力、专长和团队精神将是主导毕业生择业的重要因素。优胜劣汰是市场竞争体制下的规律，大学生只有不断提高自身素质，掌握过硬的本领，才能在就业竞争中占据主动地位，谋取自己理想的职位。

其三，自主创业，依靠自身实力解决就业问题。大学生在一定的条件下，找准商机，发挥一技之长，走自主创业、自谋职业的道路，在解决自己就业问题的同时，也为社会提供新的就业渠道，缓解就业压力。

(2) 高校的改革。

其一，高校应根据市场需求，合理调整学科结构和专业设置，面向社会、面向市场办学。调整专业结构，使之与招生、毕业生的就业趋向相结合。

其二，加强毕业生的就业指导工作。高校毕业生就业部门及相应的管理人员应加强对大学生的就业指导，将就业指导工作贯穿于大学生的整个学习生涯，而不仅局限于临近毕业的学生。

其三，建立一个高素质、专业化的就业指导队伍。高校就业指导队伍的整体素质对于推动整个大学生就业工作起着关键作用。

其四，以就业为导向，加快高校的教育与教学改革。在学校内部调整自身教学内容和教学方法，改变过去重理论、轻实践，重知识、轻能力的培养模式，开设具有专业特点、实践性强的课程，使学生具备扎实的专业知识。

5.1.3 案例分析

当前，社会的各行各业都充满着激烈的竞争，而刚走出校园的大学生创业者，除有一腔热血之外，既没有充足的资金，又缺乏经验和人脉，因此，他们若想在残酷的竞争中生存下去甚至成功，就必须有所创新，依靠创新在市场上占据一席之地。

不久前，大学生创业者张健刚开了一家网上商城，虽然网购已经比较普遍，但是市场的大部分份额被京东、淘宝、当当等购物网站占据着，因此，想要挣钱已经没有那么简单了。张健刚自然也想到了这一点，他为了能够吸引客户，打出了"两小时送达"的广告语，果然，他开的网店在很短的时间内就创造出了不凡的业绩。善于发现潜在的商机，并且具备一定的创新能力，这对于大学生创业者来说是一个走向成功的法宝。

【思考与练习】

张健刚在激烈的竞争中，靠什么取得成功？

【拓展训练】

了解国家或地方政府对创新创业的扶持政策，并从中筛选出你可能用到的政策。

【评分标准】

查找到的政策越多，得分越高。

5.2 大学生创业环境

现代管理学之父彼得·德鲁克曾经说过："决定经济向前发展的并不是实力强的大企业，它们只决定媒体、报纸、电视的头条，真正在 GDP 中占百分比最大的还是那些名不见经传的创新的中小企业；真正推动社会进步的也不是少数几个明星式的 CEO，而是更多默默工作着的人，这些人也同样是名不见经传的人，甚至文化水平都不高，这些人中，有经理人、企业家，还有创业者。"

5.2.1 大学生创业环境分析

1. 创业环境的基本内涵

我国高校招生总体规模一直在不断扩大，给社会就业造成相当大的压力。小企业要减员增效，难以再大量接收大学毕业生，大中型企业则因结构调整和产业优化也难以提供充分有效的就业机会。在这样的社会大环境下，通过创业来解决大学生就业的问题无疑是一种可行且有效的办法。在创业之前需要对创业环境进行研究。

创业环境大致表现为以下几种形式。

(1)社会环境与自然环境。

它们作为开创活动的宏观背景，对创业活动产生着巨大的、不可抗拒的影响。创业者只能利用它们，但无法改变它们。

(2)外部环境和内部环境。

外部环境是创业者发展的保证。内部环境是创业者的家园，是创业活动的根基。

(3)融资环境与投资环境。

融资环境是创业者为了扩大创业实力的需要，聚集资金的社会条件。投资环境特指创业者资金投向的项目、行业及地区的情况。

(4)生产环境与消费环境。

生产环境是指创业者在将资金转化为产品的过程中所需要的各种要素。消费环境是指创业者将商品转化为货币的过程。

2．大学生创业的外部环境与内部环境

(1)大学生创业的外部环境。

一个国家或地区的市场开发程度，政府的国际地位、信誉和工作效率，金融市场的有效性，劳动力市场完善与否，法律制度健全与否，形成了初创企业的外部环境，外部环境对初创企业的生存和发展会产生重要的影响。具体来说，大学生创业的外部环境包括政治法律与政策环境、经济环境、社会文化环境、科技与教育环境，简称 PEST。PEST 不是孤立地发挥作用，而是在创业者周围形成合力影响。

大学生创业者在创业时对外部环境的评价应主要考虑以下因素：创业者对该地区的熟悉程度，创业者在该地区内有多大的影响力，拟创立的企业在该地区内会产生怎样的影响，创业者有无特别的人际关系来培养关键的地区关系，采取什么样的实际步骤来加强地区支持以使当地创业机会最大化，采取什么样的实际步骤来减少地区的反对以使当地问题最小化。

任何一个初创企业都必然归类为某个行业或某几个行业，因此，行业分析对初创企业十分重要。一般来说，初创企业的行业分析主要关注两个问题。一是行业内的竞争程度及变化趋势；二是行业所处的生命周期。美国学者迈克尔·波特的五种力量模型反映了初创企业的环境因素。他认为，现在市场竞争者、潜在的进入者、供应商、消费者和替代品生产者决定了一个初创企业的竞争力。

(2)大学生创业的内部环境。

"知彼知己，百战不殆。"其实比"知彼"更重要的是"知己"。因此，创业者在寻找和分析外部机遇时，时刻不能忘记自身的优势与劣势。只有将优势与外部的机遇有机地结合起来，才能创业成功。

内部环境是创业组织内部各种创业要素和资源的总称，如人员、资金、设施、技术、产品、生产、管理、运行等。内部环境是创业者的家园，是创业活动的根基。创业者要从创业团队、资金及其来源、产品竞争力、技术开发水平、生产工艺、市场渠道能力、货源等方面找出自身的优势和劣势。

3．大学生创业的优劣势

大学生创业的优势：对事物较有领悟力，有些东西一点即通；自主学习知识的能力强；接受新鲜事物快；思维普遍活跃，敢于实践；运用 IT 技术的能力强，能够在互联网上得到许多信息；自信心较足，对认准的事情有激情去做；年轻，精力旺盛；暂无家庭负担，其创业还很可能获得家庭的支持。

大学生创业的劣势：缺乏社会经验和职业经历，尤其缺乏人脉和商业网络；缺乏真正有商业前景的项目，许多创业点子经不起市场的考验；缺乏商业信用，在校大学生的信用档案与社会没有接轨，导致融资困难重重；喜欢"纸上谈兵"，创业设想大而空，市场预测普遍过于乐观；独立人格没有完全形成，缺乏对社会和个人的责任感；心理承受能力差，遇到挫折容易放弃。

在弄清了自身的优劣势后，要将其与外部环境的机遇与威胁放在一起进行综合性分析，典型的、常见的分析方法是 SWOT 分析法。

所谓 SWOT 分析法，即基于内外部竞争环境和竞争条件下的态势分析法，就是将与研究对象密切相关的各种主要内部优势、劣势和外部的机会、威胁等列举出来，并依照矩阵形式排列，然后用系统分析的思想，把各种因素相互匹配起来加以分析，从中得出一系列相应的结论，而结论通常带有一定的决策性。该方法将企业外部环境的机会(O)与威胁(T)，内部条件的优势(S)与劣势(W)分为纵横两个纬度，加以对照分析，既可以一目了然，又可以从内外部环境条件的相互联系中做出更深入的分析评价。

SWOT 分析法共有四部分，机会与威胁属于外因，优势和劣势主要属于内因。SWOT 分析法的模板如下。

优势	劣势
1.	1.
2.	2.
3.	3.
4.	4.
5.	5.
机会	威胁
1.	1.
2.	2.
3.	3.
4.	4.
5	5.

需要注意的是，在开始寻找机会与威胁、优势与劣势时，要尽可能多地去挖掘，找得越多越好。当你进行 SWOT 分析时，你可能已找出很多的机会与威胁、优势与劣势，这时要从每项中找出最重要的 3～5 个因素放在图表中进行综合分析，不能都罗列出来，因为那样就没有重点了，也无法做出有效的创业战略选择。

4．培养创业意识

高校应加强创新创业教育，为大学生创业奠定坚实的基础。创新创业教育是高等教育发展的内在要求和必然趋势，它是一种全新的教育理念，在传统教育的基础上更加注重培养学生的创业意识、创业精神、创业品质和创业能力。高校要肩负起为社会培养创新创业人才的使命，逐步建立并完善大学生创新创业教育体系。

（1）高校要结合当前大学生的思想状况和创业需要，进一步加强和改进大学生的思想教育工作，通过多种方式引导大学生树立正确的人生观、价值观和强烈的社会责任感，努力培养其吃苦耐劳、勇于面对挑战的精神，为创业奠定坚实的思想基础。

(2)高校的创新创业教育应建立在对教学内容和教育方式改革的基础上，注重创新和实践。要继续深化课程体系改革，加大创新创业教育课程及实验、实习和社会实践等教学环节在整个课程体系中的比重，建立健全相应的教育质量评价体系，将创新创业教育贯穿大学生培养的全过程。此外，高校要充分利用社会资源，加强与相关政府部门和企业界的联系，建立大学生创新创业教育实习基地。邀请社会上的一些创业成功人士到学校开设创业讲座，灌输创业理念，激发大学生的创业意识，拓宽大学生的创业知识面，增强大学生的创业自信心。

5.2.2　如何提高创业素质

所谓素质，通常是指人生存和发展的各种内在基础条件的总和。提高创业素质是一个漫长的过程，也是一个艰苦的过程，不可能一蹴而就，必须在学习中实践，在实践中完善。

应对政治、经济、文化等不断变化的复杂社会环境的挑战，在书本中学到的知识远远不够，在实践中增长的才干也未必能保持终身的优势。因此，必须树立终身学习的观点，不断地更新知识结构，不断地尝试各种创业、守业的方式，不断地提高自身素质。要克服一定要具备了完整的创业素质才开始创业的狭隘观念，要将自身素质的提高与寻求他人的支持有机地结合起来，协作竞争，合作取胜，共同发展。

大学生面临着一个创业的好时代，这个时代有更多的机会让人们去选择自己的命运，去改变自己的命运。当机遇来临的时候，要注意从社会的需要中发现机遇，并围绕这种需要进行创造，以最快、最有效的方式满足社会的需要。要通过踏实的工作来驾驭机遇，通过诚实的劳动去获取成功。要在洞察和分析时代环境中创造机遇，并在进与退、得与失、成与败之中进行选择与整合，以便在新的需求即将出现的时候，或者市场的规则即将改变的时候，抓住时机率先进入，以此获得先机及丰厚的回报。

要善用地域环境。无论是处于好的地域环境，还是处于差的地域环境，都可以利用地域的特点和有利之处进行创业。在一些发达的城市中，创业氛围浓厚，对创业的支持、包容度大，许多大学生创业者就是利用了这种"地利"，充分发挥自己的才干，获得了事业的成功。但是，地域环境差的地方也有"地利"，"穷乡僻壤"有时也会变成创业的肥沃土壤。地域环境的"地利"，有的比较明显，有的则比较隐蔽。对于明显的"地利"，要敢于利用、善于利用；对不明显的"地利"，也要去挖掘、使用。

要善于经营，构筑物质环境。在现代社会创业，必须以经营为手段，最大限度地利用现有的物质资源，进行有效的管理与使用，只有这样，创业才能得以健康发展。

要充分利用国家政策法规。要善于经营自己的"知本资源"，懂得"知本"作价和股权比例等具体问题的操作程序，了解其中的规则，以知识优势和技术成果去获取经营产权。

要善于利用金融支持体系的支持。随着高科技创业的兴起，境外风险投资商开始在国内投资，国内风险投资基金或公司也开始为大学生创业注入资本，民间投资、风险投资将更开放，创业的资本环境会更加完善。

综上所述，大学生创业离不开良好的环境支持。我国大学生创业的发展历史较短，还存在诸多不利的环境因素，制约大学生创业的健康发展，急需采取措施加以改善。由于大学生创业环境涉及多方面因素，因此完善大学生创业环境必将是一项长期、复杂的系统工程，需要政府、高校和社会等主体的共同参与和协同配合，积极构建良好的大学生创业环境建设体系。

5.2.3　案例分析

《中国青年报》一则标题为"吴少武：属于我的巅峰还未到来"的报道介绍了华南理工大学的吴少武毕业后做物流公司老板及其创业的过程，属于典型的大学生成功创业案例，这则新闻在有意向创业的大学生之间产生了巨大的反响。

为什么像吴少武那样的大学生创业者在走出"象牙塔"后能够迅速开创自己的事业呢？大学生在校的第一要务就是努力学习，之后才有资格去做其他事情，那么对于有意向创业的大学生来说，应该如何分配学习之外的时间呢？从那些成功创业者的身上，我们找到了一些共同点，例如，他们都喜欢有选择地去做一些兼职或者去参加一些含金量高的竞赛。事实上，那些丰富的活动经历，使他们掌握了娴熟的沟通技巧，培养了他们的团队合作精神，同时也在一定程度上使他们具备了商业头脑。

吴少武在大一、大二时做了很多创业的尝试：兼职代理、复印广告，虽然没有挣太多的钱，但积累了不少经验。后来，当拉开毕业季的帷幕时，凭借着之前的工作经历，吴少武迅速找到了商机——行李托运，然后立即展开行动，经过艰辛的付出，他和他的团队最终收到了近10万元的运费，这为他的创业赢得了第一桶金。同时，因为吴少武在这次活动中的出色表现，他还受到了广州某速递服务公司总经理的信任，他资助吴少武开办了自己的物流公司。

对于在校大学生来说，能够利用的创业资源可谓是少之又少，因此如果遇到创业交流论坛，就一定要积极参加，因为这类活动不仅会让你了解到一些有关创业的有效信息、学习身边的典范，还提供了一个让你结识成功创业者的机会，他们不仅会分享创业经验，还有可能为你提供实习甚至是创业资助。

【思考与练习】

吴少武成功的秘诀是什么？

5.3　大学生创业基础知识

走创业之路不失为发展自我、完善自我的新途径，想要创业，首先要掌握创业的基础知识。

5.3.1　创业者需要具备的能力和素质

1. 创业基础知识

创业，狭义上是指具有创业能力的人创立新的企业，广义上还包括就业后，在已有的工作岗位上努力工作、不断创新，使原有的事业更加壮大。

自主创业成为大学毕业生新的择业途径，并受到了各界的充分肯定。虽然我们并不主张每个大学生都走自主创业之路，但不能否认，在知识经济时代，自主创业无疑具有广阔的发展前景。自主创业除了要求大学生必须具有一定的专业知识，还要求大学生必须具有合理的知识结构、良好的心理素质和创新能力。创业者尤其要对企业的设立及运营过程等管理相关的专业知识有基本的了解。这类专业知识对于创业者来说是十分重要的。当选定自己创业的发展方向时，首先要掌握这方面的专业知识，并在发展中不断为自己"充电"。

创业者还需要对以下专业知识有一定的了解：市场调查、市场分析、市场定位和企业规划知识；资金的筹措方式和使用，以及投资、理财知识；企业场地的选择和安排布置方面的知识；设备器材的选择与购置方面的知识；企业规划与员工数量、员工的层次要求，以及员工招聘的一般常识；办理各种证件的知识；经济法规知识；商品的摆放、储运知识；生产、质量与人员管理知识；广告宣传与公关知识及企业形象知识。当然，上述专业知识并非要求创业者一下子全部掌握，创业者可以边学边用，如找一些书籍进行学习，或者向一些有经验的人请教。

2．对创业者的素质要求

(1)具有良好的文化素质与鲜明的个性特征。

文化素质是一个看不见但能感觉到的素质，是创业者在知识社会中长久保持成功所必须具备的素质。文化素质是可以通过多读书、勤思考逐渐培养起来的。一个人的文化素质一般集中体现在思想道德、专业知识和思维方式上。

其中，思想道德素质是创业者文化素质中最重要的方面，是青年人创业成功的必备条件。现代社会创业的特点是"相互依存"，完全依靠个人的力量是难以成功的，只有通过真诚的合作才能得到真正的利益。创业者要重视自己的思想道德素质，以优质的产品、真诚的服务来赢得客户的青睐，要考虑自己所创立的企业是否能给众多的人带来更多的幸福和便利。创业者辛勤劳动的成果只有在实现社会价值时才能实现自身价值。

(2)好胜心。

好胜心是指对自己非常有信心，而且与别人竞争时追求成功的个性。人都渴望得到别人的承认与尊重。好胜心并不意味着欺负弱者，而意味着要证明自己的独立性。

真正的成功者追求胜利，但并不到处招摇，用自己的成功去攻击别人、嘲笑别人。特别需要注意的是，创业者一定要有宽大的胸怀，要欣赏具有好胜心的人才。不能因为自己求强好胜，就极力与那些同样具有好胜心的人争斗，或者有意压制为自己工作的人才，唯恐他们过于强大。创业者不仅要鼓励自己追求成功与胜利，更要激励自己的员工去追求成功与胜利，为他们创造展现才能、赢得荣誉的舞台。只有自己的员工都积极追求成功，创业者的事业才能兴旺发达。

(3)求异性。

创业者要具有极强的求异性，求异性是积极进取、蓬勃向上、富有生命力的源泉。创业者在创业之初，一切都处于全新状态，会花费大量心力试图创建一种公司经营运作的模式，这对于公司的健康成长是非常有必要的。在求稳的同时，创业者千万不要忘了求异。万物都在变化，尤其在商界，事物变化得越来越快。商业经营的是人们的品味，创造的是人们的生活方式。但是多数人的个性是喜新厌旧的，人们不会因为一个产品质量好就长期使用，人们会因为新产品的出现而放弃旧的产品。创业者在创业伊始要紧紧把握人们喜新厌旧的心理，在消除人们疑惑的同时大力宣传产品的时代感，使之能迅速满足人们求异的感觉。

（4）主观能动性。

有人形象地将商场比作战场，将商业竞争比作商战。对于创业者而言，自己所从事的事业可能是任何人都没有干过的事业，其他人的建议或经验只能作为参考，创业者要勇于在创业过程中主动出击，发挥主观能动性。因为只有发挥主观能动性，才能激发人的潜力，才能发现并抓住稍纵即逝的良机，从而踏上成功之路。在商业竞争中，各方都有自己的优缺点，企业都要善于发挥自身的优势。

（5）坚韧性。

创业的道路上既有成功，也有失败，面对失败，创业者要充分发挥坚韧不拔的品性，凭借顽强的毅力去承受失败的打击。更为重要的是，在受到重大打击之后，创业者绝对不能丧失前进的信心和勇气，要在认真总结经验教训的基础上再次奋勇而起。要知道，每个人都不是十全十美的，每件事都不是一蹴而就的，特别是在公司的初创阶段，创业者不要因为自己做错了事，就否认自己的能力，也不要因为别人的嘲笑而放弃自己的想法，要在自己失败的经历中仔细分析、总结经验教训，找到成功的方法。

（6）具有敏锐的政治观察力。

创业者的眼睛不能只盯着市场，还要紧紧地盯住政策。目光长远的创业者最有可能成功，他们根据自己的政策信息，提前为创业做好决策，一旦形势转变，已经做好创业决策的人就能立即行动，迅速出击。创业者的敏锐的政治观察力体现在以下两方面。

①关注政府行为。从政府行为中找到有用的信息，确定投资方向。这一点并不是每个人都能做到的，因为大多数创业者缺乏战略性的眼光。

②透过政治表象，看到事物本质，抓住政治信息，提前做出决策。没有丰富的社会经验和深邃的洞察能力，是不可能有效捕捉到政治信息的。

（7）具有把握市场特点的能力。

世界经济的发展表明，每个时代性、行业性的机会出现时，必然会造就一大批大企业家。一个人如果能看到并抓住这种大的时代性、行业性的机会，再加上自身的努力经营，往往会成为卓越的成功者。但是，抓住大的市场机遇是不容易的，这与机遇本身的特点有关。

市场机遇具有渗透性。它无处不在、无时不有，广泛渗透于政治、经济、文化、卫生、体育等领域，这就要求创业者"无孔不入，无缝不钻"。

市场机遇具有很深的隐蔽性。它不易被一般人发现，只有成功的创业者才能透过纷杂的表象发现本质，透过偶然看到必然，甚至穿过假象和危机寻找到机会。

市场机遇具有不可逆转的即时性。它稍纵即逝，可谓"机不可失，时不再来"，然而终究逃不出成功创业者敏锐的目光，最先发现、最先下手的人往往先得益。

市场机遇的三个特点让很多人感到它是一种很难把握的怪东西，以至于有人感叹"项目难做""机会难找"。那么，人们不禁要问："大企业家们是怎样成功把握商机，捕捉机遇，运筹帷幄，决胜千里的呢？"

案例故事

杨明平的超级课堂

杨明平，无届网络科技有限公司 CEO，超级课堂的创始人，参与组建并投资了移动医疗小盒科技、智慧交通"萝卜平衡车"、移动广告平台"酷客美地"、美术社交平台"画友"、移动藏家交易平台"藏趣"。他擅长现代企业管理和融资，专注产品研发，打造真正优质的科技产品。他是一位典型的大学生创业者，并且是一位连续创业者。杨明平毕业于中欧国际工商学院。2005 年，上大三的他接手了学校边上的一家川菜馆，最终这家餐馆发展为占地 400 多平方米、一年有 200 多万元营业额的火锅店，大学的创业经历为他赢得了第一桶金。而后杨明平决定朝着更大的方向发展，进入在线教育领域，创建超级课堂(Super Class)。超级课堂成立于 2010 年 10 月，由杨明平创立的超级课堂将线下教育搬到线上，为中小学生提供"好莱坞大片"式的网络互动学习课程。

开火锅店是误打误撞，那么创办超级课堂则是杨明平团队深思熟虑的结果。这也是他从传统线下走向线上，进入科技领域的一大转折。

"我们一直以来的想法，就是用超级课堂的大片式教育去代替老师的 PPT 教育。""不论是导演、文案、后期制作、视觉、动画、合成、音效，还是教研团队，我们的阵容强大，当时也雄心勃勃。为的就是要保护学生的好奇心与求知欲。"超级课堂的目标是将在线教育规模化，通过两个途径来实现，一个是互联网，另一个是内容。一年的时间，超级课堂有了一万多个付费用户，销售收入达两三千万元。

如今杨明平创办无届网络科技有限公司，专注于移动教育的应用产品开发和运营。旗下有两大产品线。产品之一是物理大师，专注于 K12 中小学教学资料片的开发和运营，目前已经开发了近 180 个教学资料片，涵盖初中物理所有的教学知识点。产品以生动、有趣、形象的方式辅助中小学课堂教学的前五分钟。"我们团队由最好的艺术家、教育专家、心理学专家，以及移动技术专家构成，旨在帮助教师提升课堂效率，有更多时间参与学生互动。在做好物理科目之后，再进行水平扩张，提供化学、数学、政治、地理、历史等其他科目的垂直应用。"产品之二是老师无忧，提升教师批改作业和试卷的效率，把纸质作业电子化，并构建大数据题库系统，形成能提升教师效率、黏度极高的产品。在此基础上，构建教师社交、家校沟通的平台。

杨明平的梦想是带领团队给现行的教育带来质的变革。无论是投资还是创业，他都希望能在该领域里面做到创新，做到细分市场的第一名。

【思考与练习】

(1)案例中杨明平对市场的观察力和判断力如何？这些与他的成功有关吗？

(2)作为大学生的你，如果给你一次创业的机会，你想创业的项目有哪些？为什么？

5.3.2　如何把握市场动态

作为创业者，难能可贵的地方在于他能发现其他人看不到的机会，并采取行动来把握创业机会，实现创业价值。那么，作为想要创业的大学生，除了应具备一定的知识和素质，对于把握市场动态，又要具备哪些能力呢？

1. 目光敏锐，盯住大机遇的蛛丝马迹

首先，要善于发现热门领域，凡是眼光独到的企业家对市场行情的"冷"和"热"往往都有独到的见解，因而可以出乎意料地"突然成功"。实际上，"冷"和"热"只是暂时的、相对的，随着大环境的变化，两者可以互相转化。其次，优秀的企业家的高明之处在于能够把小机遇变成大机遇，把大机遇变成超大机遇。他们不随波逐流，目光独到，另辟蹊径，早早采取行动。

2. 把握宏观大局

很难设想，一个视听封闭的人能先人一步，抓好机遇。敏锐的企业家都是能把握大局的人，他必须对竞争形势、消费者需求等关键信息了如指掌，以此为出发点，制定当前的经营策略和将来的发展战略。市场信息千头万绪，如果抓不准，就掌握不了主要的、关键的信息；即使掌握了关键的信息，但抓得慢、决策滞后，也不会带来大效益。

3. 善于抓住"区域差"和"时间差"

商场是时间性、区域性极强的"战场"，从区域上讲，中国地域广阔，东西之间、南北之间、沿海与内地之间存在一定的区域差异，这是"区域差"；即使在同一区域，不同的时间段内也有不同的市场行情，这就是"时间差"。对创业者而言，"区域差"和"时间差"是要努力去抓住的机会。

4. 把机遇升华为现实生产力

许多人在机遇问题上持"知难行易"的观点，认为只要认识到机遇，就能赚钱。其实不然，成功的企业家之所以与众不同，并不在于他们掌握了多少理论，也不在于他们发现了机遇，主要是他们具备把机遇转化为现实生产力的"无中生有"的能力。

案例故事

李毅的餐馆

李毅是某师范学院 2006 届生物科学专业本科毕业生，毕业后在学校大门斜对面开了一家餐馆。

李毅说，整个餐馆只有两名员工，李毅和李毅的堂姐。目前餐馆很多方面都需要人手，但由于资金困难，自己只好"一手包办"。在他的餐馆里，记者看到李毅的堂姐正在认真地清洗碗筷，打扫卫生，十分勤恳。

记者还从李毅的口中了解到，毕业后，他曾在中学教书，工作两个月后，找不到激情，加上工资也不高，于是辞职开餐馆，自己做起老板来。目前，李毅每天的工作就是采购、管理账目等一系列的工作，奔跑在每个工作环节中，忙碌着一件件大大小小的事情。虽然十分辛苦，但他依然坚信，付出就有收获。

李毅的餐馆打扫得整洁干净，餐桌和凳子摆得十分整齐。对于开餐馆一事，李毅告诉记者，他于 2006 年 6 月毕业后，觉得就业竞争激烈，就想到了自主创业。据他介绍，他的餐馆租的是一间民房，共三层，经营面积为 300 多平方米，每月租金 2200 元，开业前期准备工作，包括装修、购买餐桌、餐具和凳子等物品，花了 6000 多元，加上其他的一些费用，

共用了 1 万多元。从目前的经营情况来看，餐馆一般周五到周日爆满，平时前来消费的客户不是很多，支出略大于收入，因此目前餐馆面临着许多困难。对此，李毅告诉记者，创业之初总是伴随着困难的，关键要端正自己的心态，要具有迎难而上的精神，大学生完全可以做好每一件事，工作并没有贵贱之分。

李毅告诉记者，他选择自主创业有三大理由。

一、大学生自主创业本身就是一条出路。在今后的社会中，自主创业的人会越来越多，甚至会成为就业的主流，成为大学生毕业后就业的首选。

二、选择自主创业，一方面做起来会更有激情，更投入，从而更容易获得成功，这种成功是属于自己的；另一方面，就算失败，也是自己造成的，不会去怪别人，不会感到遗憾。

三、大学生自主创业使自己有一个空间来发挥才能，实现自我价值，得到社会的认可。

李毅说，通过自主创业，他深刻认识到大学生在学习知识的同时，应积极地思考问题，更加关注科技发展和社会需求，寻找知识的转化点。任何创业都应建立在知识积累的基础上，不可急功近利。大学生创业是具有很强的专业性、技术性、风险性和复杂性的实践过程，创业要素的配置是多方面的，除了创意，还有资金、市场等。

【思考与练习】

(1) 李毅在餐饮行业中，有哪些优势？

(2) 在选择创业项目的过程中，为什么李毅选择餐饮业，与什么因素有关？

(3) 创业过程中，有很多人成功了，是不是每个人都适合创业呢？

5.3.3　如何判断创业者是否适合创业

创业的道路是艰辛的，是否每个人都适合创业呢？如何判断呢？

1. 看专业是否适合

大学生自主创业除了要有项目头脑，还要有资金、专业技术、创业背景，懂得市场运作等。但是有些专业的学生或许会更适合自主创业，如美术、设计类专业的学生。由于专业的特殊性，他们的工作本来就是一种创作行为。例如，广东技术师范学院的艺术设计系把"项目设计"融入教学，从而带动学生自主创业。近年来，其专业毕业生一次就业率都保持在 98% 以上，其中有近 80% 的毕业生实现了自主创业。除美术、设计类专业的学生外，理工科专业和经济类专业的学生进行自主创业的数量较多。文科学生中也有少量自主创业的例子，如自主做撰稿人、策划人、职业写手，甚至作家。文科学生的自主创业更偏向自由职业一类，从这个角度上说，创业所需要的诸如资金、经验、市场等条件反而不会太苛刻，学生也较容易在刚出校门的"一穷二白"中站稳脚跟。

2. 综合考虑社会经验和实践能力

自己尝试办设计工作室的师范学院某大二学生认为："创业前的社会经历十分重要。"他这样评价自己："我绝对不是最顶尖的学生，就算是在我们系里，也有不少人比我强。我之所以比他们更敢走出第一步，主要是因为朋友多、经验多、懂一点儿法律知识。创业不是有专业能力就可以做的，社会阅历、人际关系、客户关系、法律常识同样重要"。创业是一个整合的过程，创业者需要充分考虑各方面的因素，如果没有经验的积累，没有社会的支持，大学生创业实际上"独木难支"。相对于其他背景的创业者而言，大学生最大的劣势就是社会经验的严重缺乏，所以学校应当正确引导学生创业，把创业知识纳入学校的教育内容中。现在的高等教育更侧重于培养学生的知识和技能，而在自主创新、自由创业方面的培养较为薄弱。既然现在国家鼓励毕业生自主创业，那么学校是不是可以适当地在平常的教学中向学生渗透一些市场动态、融资、法律等知识，让学生慢慢树立起创业的意识与信心呢？

3. 切忌好高骛远

大学生自主创业容易产生好高骛远的心理，例如，把创业目标定位在需要一大笔启动资金或高难度的大型项目上，这都会给创业带来巨大的风险和压力。所以，大学生刚开始时可以选择一些低成本、低风险的小项目去创业。

> **案例故事**
>
> #### 研究生面馆创业
>
> 成都市一所高校食品科学系的 6 名研究生声称自筹资金 20 万元，在成都著名景观琴台故径边上开起了"六味面馆"。
>
> **壮志雄心：5 年内开 20 家连锁店**
>
> 第一家店还未开张，6 名研究生已经把目光放到了 5 年之后，一说到今后的打算，他们 6 个人异口同声地说："当然是开分店啦！今年先把第一家店搞好，积累经验，再谈发展。我们准备 5 年内在成都开 20 家连锁店。"
>
> **情伤钱损：无人管理，草草收场**
>
> 但是由于面馆长时间处于无人管理和经营欠佳的状况，投资者已准备将其公开转让。这家当初在成都号称"第一研究生面馆"的餐馆仅仅经营了 4 个多月，就不得不草草收场。
>
> **内中滋味：研究生面馆关门**
>
> 原本想以"研究生"之名来制造广告轰动效应，但事情的发展出人预料。"研究生面馆"开业不久，6 名研究生遇到了学校、学业、家庭等方面的压力，无力经营面馆。

【思考与练习】

(1)这些大学生有学历、有能力，为什么会失败呢？

(2)他们认为他们自己的目光长远，有什么不对？

5.4 创 业 精 神

5.4.1 创业精神的作用

关于创业成功的电影不少，如《社交网络》《中国合伙人》《史蒂夫·乔布斯》等。作为创业者，一要有精准的市场洞察力，二要有持之以恒的勇气和决心，三要有一定的管理能力。

初创企业在现代经济中发挥越来越重要的作用,并成为就业和经济增长的一大推动力。创业精神对初创企业来说,具有指导性的意义,为了有效地降低企业的创新风险、创业风险,对创业精神的研究势在必行。

创造力是创业精神的核心,只有依靠企业内部的创造力才能使企业在激烈的市场竞争中脱颖而出。但研究发现,中国有相当多的企业在全面认识创业精神的重要性时面临着严峻的挑战,虽然创业精神可以存在于差别很大的不同环境之中,从新兴的小型企业到大型的跨国公司,都具备各自不同的创业精神,但是创业精神往往还拥有一些共同的要素,它使人们能够以全新的方法进行思考和工作,具有创业精神的企业能够发现其他企业注意不到的机遇。企业要想具有创业精神,其经营管理要在三方面进行改变。

首先,必须使企业易于接受创新,乐于将变化视为机会而不是威胁,需要制定各项政策并进行实践,以营造具有创业精神的公司氛围。

其次,必须对企业的创新业绩进行系统衡量,与此同时,还要有改善经营的内在动力。

最后,要有关于组织结构、人员配备与管理、鼓励和奖励的具体运作措施。

总之,企业要将创新行为引入到组织中,并关注拓展组织的能力领域,驱动知识的创造,并由此驱动企业的胜任力。这些新知识将成为企业维持和改善竞争优势的基础,通过提升创业精神,引发更高水平的创业行为,从而改善企业的绩效和市场表现。

📚 案例故事

鲁冠球的故事

鲁冠球是本土成长起来的中国企业家的代表,他没有受过正规教育,也没有管理经验,完全依赖近半个世纪的波折之路,修炼出极有价值的商业哲学体系。这位当年的修理匠,通过并购掌控 19 家海外公司,在巩固在汽车零部件领域世界一流企业地位的同时,还进入农业、矿产、新能源、金融等十大产业。

1969 年 7 月,他带领 6 名农民,集资 4000 元,创办宁围公社农机厂。1990 年 1 月,他成为中国乡镇企业家协会副会长。1985 年,他被《半月谈》评为全国十大新闻人物。1994 年,集团核心企业万向钱潮股份公司上市。2013 年,他登上中国富豪榜,以 235 亿元位列第 14 名。在"2015 胡润百富榜"中,鲁冠球及其家族以 650 亿元时隔九年重回前十,位列第 10 名。2016 年 10 月 13 日,"2016 胡润百富榜"发布,鲁冠球以 550 亿元位列第 18 名。2018 年 10 月,他被推荐为改革开放 40 年百名杰出民营企业家。2018 年 12 月 18 日,他被授予"改革先锋"称号,并获评乡镇企业改革发展的先行者。

【思考与练习】

这则故事给我们带来什么启发?

5.4.2　成功企业家离不开创业精神

创办企业总会遇到各种各样的困难,也会遇到挫折,在困难和挫折面前,创业者绝不能退缩,也不能怨天尤人,而应当知难而进、迎难而上,以坚韧不拔和百折不挠的毅力艰苦奋斗，度过创业道路上一个又一个难关、迈过创业道路上一道又一道坎，从而使企业发展壮大。

鲁冠球的创业精神，就是始终在创业道路上勇往直前。创业会成功，但创业不应当终结。前一次创业的成功，为后一次创业营造了新的平台、打下了坚实的基础，如果乘势而上，企业就会获得更大的发展。如果停滞不前，就会被竞争对手超越，在竞争中处于劣势，还有可能被淘汰出局。因此，在创业的道路上，只有新的起点，而没有终点，只有勇往直前，开拓进取，企业才能获得生存权，才能不断发展。

创业精神是企业家素质中非常宝贵的组成部分。所有的企业经营者，尤其是初创企业的经营者，要学习鲁冠球"奋斗十年添个零"的创业精神，用这种精神激励自己、鞭策自己、不畏艰难、不怕吃苦，在创业道路上艰苦奋斗，勇往直前，实现创业目标。

5.5 本章习题

一、名词解释

创业素质、创业精神。

二、简答题

1. 当前大学生的就业形势如何？
2. 导致大学生就业困难的原因有哪些？
3. 解决就业困难的对策有哪些？
4. 从个人的角度思考，按照目前的就业形势，你应该持有怎样的就业观？
5. 创业者需要具备的能力和素质有哪些？

第6章 创业技能学习——创业策划

本章重点

- 掌握创业构想的产生方法
- 能够运用市场调查认证创业构想
- 了解商业模式的概念
- 熟悉商业模式的设计思路和方法

本章难点

- 能分析不同企业的商业模式，能设计出创新的商业模式

本章简介

本章从创业策划的角度进行论述，介绍如何产生与研讨创业构想，以及商业模式的设计与创新，并结合具体案例进行分析。

> 天才从来都不是在现行的游戏规则下翻些花样，而是重新发明一种新的游戏规则。
>
> ——艾尔文·雅各布

创业一直都是勇敢者的游戏，但是我们细数那些创业成功者，便不难发现，创业是一场有准备的"仗"。只要做好充分的创业准备，精心构想，运筹帷幄，就能决胜千里。想一下，在创业前应做好哪些创业准备？创业者如何形成有创造性的创业构想？

6.1　产生与研讨创业构想

创业是一项系统工程，在创业前，大学生应认真进行创业构想，因为周密的创业构想可以避免盲从、追风，以及由此造成的失败和损失。如果你的创业构想没有创造性、不合理，那么无论投入多少时间和金钱，创业注定会失败。如何产生有创造性的创业构想呢？

6.1.1　产生创业构想

1. 创业构想的含义

创业构想是对打算创办企业的基本业务所做的描述，即销售什么产品或服务、目标客

户是谁、如何销售产品或服务、满足客户的哪些需求。其中,满足客户需求是创业构想的核心。企业的产品或服务都应围绕客户需求来研发,例如,7-11 便利店原来着眼的竞争对手是美国的郊区超市,其创业者在观察中发现这些超市有规模过大反而购物不便的特点,于是对怎样才能让客户更容易买到生活必需品进行了探讨,在此基础上形成了开一家商品新鲜、齐全的小商店的想法,这就是 7-11 便利店的来历。可以说 7-11 便利店的出现,是一个能够满足客户需求,将创业构想变为现实的好例证。

2. 创业构想的产生方法

创业构想是运用创造性的思考方法,通过类比、分解和实验产生的。

在产生创业构想的最初阶段,首先进行的是类比。类比是指通过比较不同产品或服务的优缺点,从中发现问题,提出想法。然后进行分解,即对想法进行划分,将其具体化。在分解阶段,使用较多的方式是提出假设,例如,关于便利店这一概念,可以设想主要的客户是学生,那么就可以对它进行"把店开在有学生公寓的车站旁边更好"之类的分解。最后,进行实验。实际上,是否存在需求、是否可以确保进货途径等问题,需要一个个地去论证。一般来说,在调查之后收集数据的做法比较常见,但根据情况也可以对想法加以修正,同时可用其他假设再去试试看。

6.1.2 研讨创业构想

1. 创业构想认证

有了初步的创业构想之后,接下来,就要对其进行谨慎认证。认证时常用的方法是市场调查。考虑一下,在你事业刚开始的时候,有多少资源可以使用?走完第一步以后,下一步应该怎么办?有没有希望扩大用户群?扩大用户群的方法是什么?竞争对手的实力如何?自己的强项是什么?都要一个个地认真加以考虑。

2. 预测成功的期望值

创业者要结合市场、行业前景、产品、自身优劣势、消费者需求等方面预测创业成功的概率和企业未来的盈利能力,以确定是否需要进一步实施创业构想。

一般情况下,创业构想难以在开始时就完全正确,常常要在实践中加以修正,有些问题不通过实践是弄不明白的,所以"摸着石头过河"几乎是一个必需的过程。

6.1.3 拓展训练

1. 探索活动

产生创业构想。

2. 活动目的

想出具有创意的创业构想。

3. 活动背景

王梅是电子商务专业的学生,她的好朋友李萌即将过生日,王梅想送给她一份特别的礼物。她到学校附近的礼品店看了一下，品种很多，让人眼花缭乱，但都大同小异，不能体现送礼者的特殊心意，原因很简单，批量生产的礼物，失去了其特殊的纪念意义。王梅希望礼品店里出售具有个性与独特意义的礼物，渴望在送礼物的同时把自己的新意和心意体现出来。

4．活动内容

如果你要创办一个礼品店，你会产生什么创业构想？请利用类比、分解方法想出尽可能多的创业构想。然后，运用实验方法，筛选出最具创意、最符合客户需求的创业构想。

5．活动检测

活动结束后，教师可根据表 6-1 所示的评分标准对学生进行评分。

表 6-1　活动评分标准

评价项目	评分标准	满分	实际得分	备注
准备工作	积极参与活动 所选的项目具有创意	10 20		
市场调研	分工明确 设计的调研内容涵盖需求分析的各项内容 按要求完成调研工作	10 20 20		
创业构想	具有创意、符合客户需求	20		
	总分			

6.2　商业模式的设计与创新

要想持续地实现价值增长，必须经常创新企业的商业模式设计。

——亚德里安·斯莱沃斯基

企业竞争始于商业模式，有了好的商业模式，创业成功就有了一半的保证。近几十年来，越来越多的企业通过商业模式创新获得了显著的成功，如苹果、IBM、亚马逊等，这些企业站在"金字塔"的顶端，让人不经意间就能感受其"耀眼的光芒"。我们不禁会思考：为什么这些企业最终获得了成功？而其他企业商业模式创新失败的根源又在哪里呢？

6.2.1　商业模式的概念

1．商业模式

商业模式是企业探求所经营业务的利润来源、生成过程和产出方式的系统方法，是围绕企业如何盈利这个核心来配置企业资源和组织企业所有内外部活动的行为过程。

例如，如家连锁酒店给差旅客户提供的价值就是"够用而不多余的住宿条件和卫生条件，且比星级酒店便宜"，然后其一切活动就都围绕这个价值展开，选择去掉一切多余的装修、设备、物品，提倡客户自助式服务等。又如，京东商城提供给年轻人的价值就是"提供有品质、价格比实体店便宜的产品，且能方便、快捷地结算、送货和退货"，其一切的商业活动也就围绕这个价值展开——构建网站、监督供货商产品质量、监督快递服务质量等。

📚 **案例故事**

麦当劳的商业模式

提起麦当劳，大家都知道，但是，你知道它的商业模式吗？也许，很多人都会说，麦当劳肯定是通过卖汉堡等快餐赚钱的，如果你单单这样想，那就错了。

其实，麦当劳不仅是个快餐商，还是一个地地道道的房地产商，其旗下的地产数量已经足以让麦当劳成为世界房地产巨头。

麦当劳一直沿用"朝两个截然不同的方向赚钱"的经营办法。除通过特许加盟收取约占销售额 4%的特许权收益外，还通过房地产运作得到相当于销售额 10%的租金。租金收益高于特许收益，这就是麦当劳长期以来选择以超过任何人想象的速度开新店来追求利润的原因。

在美国的万家麦当劳店铺中，60%店铺的所有权是属于麦当劳的，40%的店铺是由总公司向土地所有者租来的，麦当劳租店铺时定死租金，不允许所有者在租约内加上"逐年定期涨价"条款，但在将店铺出租给加盟者时，其把所有的保险费、税费加了进去，并根据物价上涨情况，向加盟者逐年收取更多的租金。

当加盟店的营业额达到一定水准后，加盟店还要交纳一定的费用给麦当劳，这称为"增值租金"。麦当劳不仅由此赚到了 40%的利润，而且还通过房地产来控制加盟者完全依附于总部。在麦当劳的收入中，有 1/4 来自直营店，有 3/4 来自加盟店，而总收入的 90%来自房租。

这就是麦当劳的盈利模式，我们从麦当劳的盈利模式中可以发现，一个企业要盈利，不一定要用企业的主导产品，而可以从其他产品中获得利润。这种"主导产品+辅助产品"的组合，就需要企业在制定战略规划时，先做好它的设计。而盈利模式只是商业模式中的一个要素，与盈利模式一样，商业模式也需要经过企业详细而周密的战略设计才能成为好的商业模式。凡是成功的企业，都是在一个有效的商业模式下运营的。

2．商业模式的必要条件

第一，商业模式必须是一个整体，有一定的结构，而不仅仅包含某个单一的组成要素。

第二，商业模式的组成要素之间必须有内在联系，这个内在联系把各组成要素有机地关联起来，使它们相互支持，共同作用，形成一个良性循环。

6.2.2 商业模式设计

1．商业模式的设计思路

设计商业模式时首先应考虑企业的战略，然后结合内外部环境、市场、资源、产品或服务、价值等因素，整合资源和匹配价值。具体来说，商业模式的设计思路包括价值定位、价值创造和价值实现。

（1）价值定位。

一个企业要想在市场中占有一席之地，首先必须明确自身定位。定位就是企业应该做什么，它决定了企业应该提供具有什么特征的产品和服务来满足客户需求，实现客户价值。

（2）价值创造。

价值创造是指价值是如何被创造出来的，即价值的来源是什么。商业模式的价值创造主要在于便捷性、成本低廉、新颖性、用户黏性、锁定性、创新性。众多电子商务企业如亚马逊能脱颖而出，正是凭借网络销售的方便快捷和成本低廉。

（3）价值实现。

价值实现是指企业创造的价值被市场认可并接受，完成从要素投入到要素产出的转化。在价值实现这一活动中，涉及最多的就是盈利模式，即企业自身如何获得利润。

2．商业模式的设计方法

设计商业模式时需要考虑企业的价值主张是什么、企业的客户是谁、企业的直接营销对象和潜在营销对象是谁、企业如何盈利、企业如何用合适的成本来把价值传递给客户、企业如何构建利益相关者的价值网络、企业如何进行产品和服务的定价、企业如何最大限度地提高收入、企业能否为客户创造最大价值、客户为什么选择本企业的产品或服务而不是其他企业的、如何与客户进行沟通、企业有哪些特殊资源和能力可以增强商业模式的竞争力、企业如何实现商业模式的可持续盈利等。

设计商业模式应该按照以下步骤进行。

第一步，确定业务范围并寻求产品或服务在市场中的最佳定位。对企业业务范围的定义是成功进行价值定位的最重要一步，首先得清楚"业务是什么"。

第二步，分析和把握客户需求以锁定目标客户。锁定目标客户意味着企业必须考虑如何对客户进行细分。通常可以根据地点、心理和行为等因素对客户进行细分。在客户细分的过程中，分析和把握客户需求是最重要、最关键的。如国内知名连锁酒店如家快捷酒店的目标客户是对价格敏感的商务人士和自助游的游客。

第三步，构建企业独特的业务系统，提高对手模仿的难度。业务系统反映的是企业与其内外部各种利益相关者之间的交易关系。首先，需要确定企业与不同利益相关者之间的关系。构建业务系统时所需做的就是针对不同的利益相关者，确定关系的种类及相应的交易内容和方法。然后，再根据企业的资源能力分配利益相关者的角色，确定与企业相关的价值链活动，即明确客户、供应商和其他合作伙伴所扮演的角色。

第四步，发掘企业的关键资源以形成核心竞争优势。关键资源包括金融资源、人力资源、信息资源、客户关系和公司网络等。关键资源是企业有别于竞争对手，并得以持续发展的背后支撑力量，有助于形成和打造企业的核心竞争力。

第五步，构建独特的盈利模式。盈利模式，简单来说就是企业赚钱的渠道或者方法。各种客户怎样支付、支付多少，所获得的利润在企业、客户、供应商、合作伙伴之间如何分配，是确认企业盈利模式时所要回答的问题。如电视台是通过广告费而不是向观众收费来盈利的。

第六步，提高企业价值（即投资价值）以获得资本市场的号召力。企业价值是商业模式的落脚点，评判商业模式优劣的最终标准就是企业价值的高低。企业价值由其成长空间、成长能力、成长效率和成长速度决定。好的商业模式可以做到事半功倍，即投入产出效率高、效果好，包括投资少、运营成本低、收入的持续增长能力强等特点。

6.2.3 商业模式创新

1. 商业模式创新的概念

商业模式创新实质上是一种高层次的企业创新行为，它与传统意义上的产品创新、技术创新、制度创新和经营创新有很大的不同。商业模式创新的途径是对企业可利用资源的组合方式进行优化，表现为企业为改善其价值创造和价值获取能力而进行的价值链的优化和重组。

提示

在这里，我们要强调的是，商业模式是一个"系统"，而不仅仅是产品或技术中的某一个"点"。如果说中国企业以前习惯了依靠产品创新和技术创新来制胜市场，那么商业模式创新要求的则不仅是产品和技术的创新，还是企业整个商业系统的创新。

2. 商业模式创新的方法

商业模式创新有五大基本方法。

(1)价值活动。

①价值链的重新定位：专注于价值链上的某些活动(通常是高利润活动)，将其余活动外包出去，从而实现商业模式创新。一般认为，将非核心环节的业务外包给其他企业，有利于降低经营的不确定性风险和生产成本，提高产品或服务质量，有利于发挥各价值模块的核心优势。

案例故事

"耐克"成功的奥秘

耐克公司是美国著名的运动服饰公司，其是 1964 年由美国俄勒冈大学的长跑运动员费尔和他的教练波曼一起创办的，两人的初始投资金额是每人 300 美元，委托日本的一家鞋厂按波曼的设计试制了 300 双运动鞋。最初，运动鞋被储存在费尔父亲家的地下室里，每逢比赛，由费尔和波曼带到田径场上去推销。

1972 年奥运会的田径预赛在美国俄勒冈举行，费尔和波曼说服部分马拉松运动员穿耐克运动鞋参赛。结果有 4 名运动员进入预赛前 7 名，费尔和波曼趁机大做广告，耐克运动鞋从此声名大振，不断发展壮大。耐克公司 1994 年的销售额达 38 亿美元，产品销往 81 个国家。但特别值得注意的是，从耐克公司的最初发迹到以后的成长发展，其本身并不制造运动鞋，其 97%以上的运动鞋采用由发展中国家承包生产，然后返销到发达国家的形式，其 2/3 的运动鞋是在韩国生产的。耐克壮大的秘密不在生产环节，而在其对产品设计和广告营销环节的控制。这用"价值链"的原理很容易解释，因为在运动鞋行业，生产环节的经济效益有限，生产工艺成熟，而研究开发和广告推销环节固定成本高，产品的广告边际成本低，经济规模效应高，是应关键控制的战略环节。耐克运动鞋在市场上主要靠其"设计"和"高端"吸引客户，耐克公司不惜重金聘请迈克尔·乔丹等顶级明星在美国电视节目收视率最高的黄金时间段做广告，成功地塑造了耐克运动鞋的形象。耐克公司这种"抓设计、抓营销、外包生产制造"的价值链战略是其成功的奥秘所在。

②价值链重组：价值链重组是指企业通过对产业价值链进行创造性的重要排列组合，进而实现商业模式创新。其关键思想是围绕客户需求确定重要部分，并以之为中心，再组合调整非重要部分来适应这个中心。

③构造独特的价值活动体系：构造独特的价值活动体系是指企业通过构建和整合多个价值优势，形成独有的价值活动体系，从而实现商业模式创新。

案例故事

美国西南航空公司独特的价值活动体系

美国西南航空公司不是"廉价航空公司"的鼻祖，而是第一家成功盈利的"廉价航空公司"。自它之后，"廉价航空公司"控制了全球 1/3 的航空市场，模仿其商业模式的公司遍及全球。美国西南航空公司的商业模式如下。

(1)采取短程、点对点的飞行方式，简化了航线结构，消除了行李转运的时间和烦琐的程序。

(2)采用单一机型，节约了设备采购、维护保养、人员编制和员工培训方面的开支，同时提高了资源调度的灵活性。

(3)让飞机快速周转(短程飞行尤为重要)，坚持弹性工作制，来加长飞机的空中飞行时间。

(4)在二线机场或航班不是很繁忙的机场着陆(让飞机周转得更快)。

与其他老牌航空公司相比，美国西南航空公司的商业模式可将成本降低 40%～50%，再加上高运载能力等因素，其票价可降低 60%，很多航线的客运量可增加两倍甚至三倍。这样一来，乘客就可以享受更优惠的票价。

【思考与练习】

与竞争对手相比，美国西南航空的商业模式创新体现在哪里？

(2)价值曲线。

这种商业模式创新方法聚焦于企业所提供的客户价值。对提供服务而非实体产品的企业来说，此方法尤为重要。企业通过创造独特的价值曲线实现服务创新，在为客户提供非凡的价值感受的同时获得自身的成功。例如，太阳马戏团的节目中没有动物，但其节目融合戏剧、表演多元、舞美华丽，重新定义了马戏团节目的艺术形态，成为世界上具影响力的马戏团之一。

(3)价值网络。

①重构供应链结构：这种创新方法能围绕客户需求，简化供应链环节，改善企业与供应链上各成员之间的关系，建立关键环节的联盟合作关系，提高其他环节的灵活应变性。

②形成以客户价值为中心的价值网络：例如，苹果公司开创了一个全新的商业模式——将硬件、软件和服务融为一体。向下掌控用户，向上掌控第三方开发商和个人开发者，并与信用卡公司合作，打造一个整体的商业生态系统。"终端+应用"的商业模式让体验成为客户购买的一部分原因，苹果公司从中获取了很大的市场份额和利润。

(4)资源能力。

①围绕新资源：新资源为公司创造新的客户价值提供了潜力，商业模式的意义在于将新资源的潜力释放出来。

②利用现有资源：一些企业可以围绕自身独特的技能、优势，挖掘现有资源，建立新的商业模式，以实现利润增长。例如，必胜客开发的必胜客宅急送业务就是这方面的典型案例，该业务整合了消费者的外卖需求，在满足客户需求的同时，必胜客也实现了营业收入的增加。

(5)盈利模式。

企业的盈利模式通常有很多种，可以通过直接出售产品盈利，也可以通过出售服务盈利，还可以通过资本市场盈利。如肯德基除销售汉堡、炸鸡、可乐、薯条等西式快餐外，还推出了米饭等中式快餐。

6.2.4 探索活动：中国企业的商业模式分析

1. 活动目的

能准确分析不同企业的商业模式，并从中获得启发。

2. 背景资料

竞争是商业活动中永恒的话题：20 年前比产品，谁有好的产品，谁就能成功；10 年前比渠道和品牌，谁的品牌影响大，谁的渠道广，谁就能成功；那么今天的企业比的是什么？

我们看到，这是一个 4P(产品、价格、渠道、沟通)激烈竞争的时代，是一个产品同质化、广告同质化、品牌同质化、促销同质化、渠道同质化、执行同质化的时代，企业已经很难从 4P 中的某一项中脱颖而出，企业的竞争已经超越了营销这一层级，蔓延至更高层面的商业活动系统中。

3. 活动内容

(1)请对下列企业的商业模式进行分析(见表 6-2)。

表 6-2 中国企业及其商业模式

企业名称	商业模式
京东商城	网上购物
途牛网	在线旅游服务
前程无忧网	人才招聘网站
淘宝商城	网上购物
聚美优品	网上购物(化妆品)
唯品会	做特卖的网站
呷哺呷哺	火锅店

(2)写出这些企业的商业模式对你的启发。

(3)活动结束后，教师可根据表 6-3 进行评分。

表 6-3 活动评分表

评分标准	满分	实际得分	备注
能准确理解商业模式的含义	20		
能准确分析各企业的商业模式	20		
能找出各企业商业模式的差异	20		
能从活动中获得启发	20		
其他	20		
总分	100		

6.3 本章习题

一、名词解释

创业构想、商业模式。

二、简答题

1. 根据书中案例"麦当劳的商业模式",列出麦当劳的商业模式。
2. 请根据你的创业构想,列出你的商业模式。

三、实操题

根据你的创业构想,进行相关的创业分析。

第 7 章　创业者及创业团队管理

本章重点

- 了解创业者应具备的创业素质
- 了解创业团队的概念、组成要素

本章难点

- 能了解自己具备哪些创业素质，能发现自身素质的不足
- 掌握组建优秀团队的要点，能分析创业团队成功要素

本章简介

本章从创业者和组建创业团队的角度介绍如何进行创业者及创业团队的管理，并结合具体案例进行分析。

　　创业对于大多数人而言是一件颇具诱惑力的事，同时也是一件极具挑战的事。一个人要想获得创业成功，一定要具备基本的创业素质，拥有优秀的创业团队。思考一下，创业者应具备哪些素质？组建创业团队时应注意什么？

7.1　创业者素质

　　创业者是创业的核心，也是创业成功的关键因素，美国的卡耐基曾说过："如今，即使拿走我的全部资产，但只要把这五十多个有素质、有能力的事业伙伴给我留下，三年之后，我还会成为亿万富翁。"创业需要具备创业素质的优秀人才，这样才能够给企业带来向心力和凝聚力，才能带领企业突破困难，走向成功。

7.1.1　创业者应具备的素质

1．心理素质

（1）独立自主。

创业者要独立自主。独立自主主要体现在以下三方面。

①自主抉择，即在选择人生道路、创业目标时，有自己的见解和主张。

②自主行为，即在行动上很少受他人影响和支配，能按自己的主张进行决策。

③行为独创，即能够开拓创新，不因循守旧，不步人后尘。

（2）敢于冒险。

机会与风险共存。只要从事创业活动，就必然有风险伴随。创业就意味着冒险，只有冒险才可能把握稍纵即逝的市场机遇。但是，冒险不意味着冒进。冒进是指不顾具体条件和实际情形而冒昧进行。如果有一个东西，你经过努力，有可能得到，且这个东西值得你去得到，那么你可以冒险去尝试，否则，你的行为就属于冒进。无知的冒进只会使事情变得更糟，使你的行为变得毫无意义。

（3）顽强执着、信念坚定。

创业者需要有百折不挠、坚持不懈的毅力和意志。无论是面对成功，还是面对失败，都能做到坚持、不放弃。对于一个创业团队来说，顽强执着的精神就是团队成功的锐利武器。创业者的执着可以引导创业团队凝聚在一起，奋勇向前。

信念坚定是创业者对自身所从事的活动或事业深信不疑的性格特征。这是创业者获得创业成功的必备要素。在创业过程中，往往会遇到很多困难，如果创业者缺乏坚定的信念，遇到挫折就怀疑自己决策的正确性，那么一定不能顺利地进行创业。

2．道德素质

（1）诚信。

诚信就是"诚实无欺，信守诺言，言行相符，表里如一"。诚信不仅是为人处世的基本准则，在创业过程中，更是第一道德品质，是创业者的"金质名片"，也是参与各种商业活动的最佳竞争利器。

案例故事

李嘉诚：诚信是创业成功的"王牌"

有时看似一件很吃亏的事，往往会变成非常有利的事，建立个人和企业的良好信誉，是资产负债表中见不到但价值无限的资产。

大家都知道，李嘉诚真正发迹靠的不是塑胶玩具，当李嘉诚靠塑料花这个单品"红"遍香港后，他一直想把市场扩大到欧美等西方发达国家去。有一天，一位加拿大外商带着订单找到了李嘉诚，在最终签约前，对方提出了两个条件：一是需要有一家实力强大的公司做担保，二是要实地考察李嘉诚的工厂。看似两个很常规的条件，对于羽翼未丰的李嘉诚来说，却像两颗定时炸弹，随时都可能把这个订单炸得无影无踪。

李嘉诚回去后，磨破嘴皮也没有任何一家有实力的公司愿意为他的小公司做担保。这让李嘉诚有些心灰意冷，再看看自己简陋的厂房和陈旧的设备，要过实地考察这一关几乎不可能。此时，有人给他出主意："我们可以先花点钱，租用一间大工厂，反正那个外商也看不出来。"李嘉诚坚决反对："即使订单泡汤，也绝不能糊弄别人。你要相信世界上每个人都精明，要令人信服并喜欢和你交往，那才是最重要的。"

第二天，李嘉诚硬着头皮把加拿大外商请到了工厂里，如实向外商介绍自己工厂的情况。令他倍感意外的是，外商刚走出车间，就要求与他签订合约。李嘉诚面有难色地说：

"对不起，先生，我的工厂太小，没有任何一家有实力的本地公司愿意为我做担保。"外商笑着说："你的诚信，就是最好的担保。"李嘉诚继续说："非常感谢您对我的信任，可是，这个订单对我来说实在太大了，我的这个小工厂的生产能力无法满足您的需要，现在我手里的资金有限，还无法继续扩大生产规模。"外商坚定地说："我可以预付一笔订金，你扩大生产规模需要多少钱?"

可见，有时"诚信真的可以当钱用"。

(2) 责任心。

责任心是指一个人具有的对自己、家庭、组织及社会等主动担负责任的意识，是创业成功的基础。一个人具有责任心，就会在日常生活中表现出成熟的举动和行为，如尊老爱幼、爱岗敬业、尽职尽责等。当我们创业的时候，需要对企业员工担负责任，也需要对社会担负责任。

(3) 守法律己。

守法律己是指创业者要严格依据法律法规创办和经营企业，不从事违法活动，不搞与法律相对抗的行为。要严以律己，做遵纪守法的创业者，这样，企业才能得到持久发展。

(4) 勤劳节俭。

"勤能补拙""勤劳致富""成由节俭败由奢"等至理名言，都是我们人生和创业成功的不二法宝。要想创业，就必须具有"勤劳节俭"的优秀素质，将勤劳节俭的素质用于企业经营，降低经营成本，提高经营效率。

3. 专业素质

(1) 专业能力。

创业者在工作中不需要面面俱到，但是熟练的专业知识、精湛的专业能力是保证自己在业内游刃有余的必备条件，这一点尤其对从零开始的创业者来说更加重要。

(2) 社交能力。

创业需要创业者依靠其拥有的人脉资源，要靠创业者构建其人际网络或社会网络的能力。创业者如果不能在最短时间内建立自己广泛的人际网络，那么他的创业过程会非常艰难。创业者在从事创业活动时，免不了要进行各种社会交往，社交能力对处理好生产与经营工作，加强与投资人、客户、合作伙伴的沟通联系，扩大企业影响，减少负面效应，提高经济效益都有着不可估量的作用。

(3) 管理能力。

企业的成功离不开成功的企业经营管理。管理能力是指对人员、资金的管理能力，它涉及人员的选择、使用、组合和优化，也涉及资金聚集、核算、分配、使用、流动。管理能力是一种较高层次的综合能力，是运筹性能力。创业者管理能力的形成要从学会经营、学会管理、学会用人、学会理财几方面去努力。

(4) 创新能力。

创新能力与创业能力密不可分。创新是知识经济的主旋律，是企业化解外界风险和取得竞争优势的有效途径，是一种综合能力，与知识、技能、经验、心态等有着密切的关系。

案例故事

必趣网通过创新走向成功

张果，必趣网创始人。2012 年底休学创办必趣网，2013 年 6 月 23 日，CCTV-1 和 CCTV-新闻频道《朝闻天下》栏目开机播出了必趣网的专题纪录片《出彩人生：中国梦 我的梦 用梦想致敬青春》。

中国的电影产业蓬勃发展，票房增长速度逐渐加快，但预告片市场往往被人忽视。中国的预告片市场的潜力很大。从目前的国内现状来说，屈指可数几家专业化的预告片公司，从风格、类型和市场定位来说，明显是不够的。以中国电影市场的增长速度，以及中国电影行业的发展现状来说，已有的预告片公司，以及未来潜在的竞争者，都还有足够的机会和空间来获得发展。

"好的预告片是成功的一半"，它是观众最先接触的媒介。用户对预告片有多大的兴趣？来自第三方咨询公司艺恩的数据显示，电影预告片是促使观众购票观影的首要动因，中高收入观众中有 67.9%的人最终会因为预告片而去影院观影。

必趣网，一个分享预告片的网站，观众可通过点赞、评论和分享等行为来表达对电影的前期态度。必趣网对用户的行为了如指掌，通过是否看完、是否中途退出、是否暂停可以分析出预告片的受欢迎度，通过手机的分辨率和品牌，可以分析出观众的购买力。通过这些数据的沉淀，必趣网逐渐积累了用户。总而言之，必趣网的经营思路就是更好地服务于电影的映前营销，最大可能地挖出票房的增长潜力。

而张果和他的小伙伴们就是看准了中国电影发展的这股迅猛势头，将必趣网的发展目标锁定为首席预告片分享平台，致力于成为影视娱乐行业最优秀的大数据公司，以预告片为流量入口搭建一个影视社区，结合线上和线下的活动刺激用户消费，最终形成一个围绕影视娱乐的生态系统。

7.1.2　探索活动：自知之明活动

1. 活动目的

一个成功的创业者要具备很强的心理素质、道德素质和专业素质。你是否具备这样的素质？下面我们通过这个活动，使你对自己的素质有一个基本的了解。

2. 活动内容

(1)填写自测表。

表 7-1～表 7-11 是创业者素质测评表。各表中的 A 栏和 B 栏均有 5 项表述，每项表述的分值为 2 分，如果 A 栏里的表述更符合你的情况，则 A 栏得 2 分，B 栏不得分；如果 B 栏里的表述更符合你的情况，则 B 栏得 2 分，A 栏不得分。最后，在每个测评表 A 栏和 B 栏的"总计"后填写该栏的总得分。

表 7-1　独立自主测评

A	B
我不惧怕问题。因为问题是生活的组成部分，我会想办法解决一个问题	我发现解决问题很难。我害怕这些问题，或者干脆不想它们

续表

A	B
我不会等待事情的发生，而会努力促使事情发生	我喜欢随波逐流并等待好事降临
我总是尝试做一些与众不同的事情	我只喜欢做我擅长做的事情
我在行动上很少受他人影响和支配，能按自己主张进行决策，并贯彻到底	我在行动上会受他人影响，觉得他人的意见好，就会按照他人的想法去做
当我遇到困难时，我会尽全力去克服困难	当我遇到困难时，我会试图忘掉它们，或等待其自行消失
总计	总计

表 7-2 敢于冒险测评

A	B
我坚信，要在生活中前进必须冒险	我不喜欢冒险，即便有机会得到很大的回报
我认为风险中也蕴含机会	如果可以选择，我愿意以最稳妥的方式做事
我只有在权衡了利弊之后才会冒险	如果我喜欢一个想法，我会不计利弊地去冒险
即使投资于自己企业的资金亏掉了，我也愿意接受这样的现实	投资于自己企业的资金可能会亏掉，我难以接受这样的现实
不论做任何事，就算我对这件事有足够的控制权，我也不会总是期待能完全控制局面	我喜欢完全控制自己所做的事情
总计	总计

表 7-3 顽强执着、信念坚定测评

A	B
即使面对极大的困难，我也不会轻言放弃	如果存在很多困难，真的不值得为某些事去奋斗
我不会为挫折和失败沮丧太久	挫败和失败对我的影响很大
我相信自己有能力扭转局势	一个人的能力有限，运气起很大的作用
如果有人对我说不，我会泰然处之，并会尽最大的努力改变他们的看法	如果有人对我说不，我会感觉很糟并会放弃这件事
在危急情况下我能保持冷静并找出最佳的应对方法	当危机升级时我会感到慌乱和紧张
总计	总计

表 7-4 诚信测评

A	B
我言行相符，我所做的就是我心里所想的	我所想的和我表现出来的行为往往不相符
我在路上拾到钱包会主动归还给失主	我在路上捡到钱包后据为己有
我乘坐公共汽车或地铁时从不逃票	我常常为逃票而沾沾自喜
我对别人承诺的事情一定要做到	我会经常因为某些原因而未能履行对他人的承诺
我认真完成老师布置的每一次作业	我觉得作业完成得差不多就行，没必要追求精益求精
总计	总计

表 7-5 责任心测评

A	B
在公交车上，我见到老人会主动让座	在公交车上，我见到老人上车，视而不见
外出时，我找不到垃圾桶，会把垃圾带回家	外出时，我找不到垃圾桶，会随便找个隐蔽的地方将垃圾扔掉
我节省开销，尽力为父母、为家庭减轻负担	我只要是自己喜欢的就会购买，从不考虑自身的经济实力
我经常帮助有困难的同学和朋友	我很少帮助有困难的同学和朋友
我发奋学习专业知识，学习各种技能	学习不是首要的，我经常和同学逛街、上网、唱歌
总计	总计

表 7-6 守法律己测评

A	B
我有令必行，敢于担当	我做事找借口，推卸责任
我在生活学习中严格要求自己	我认为差不多就行，从不严格要求自己
我严格遵守校纪校规	我经常违反校纪校规
我熟悉法律，依法办事	我不了解法律，触犯法律自己却不知情
我能控制自己的情绪、行为和习惯	我不能控制自己的情绪、行为和习惯
总计	总计

表 7-7 勤劳节俭测评

A	B
我花钱有计划，合理分配每月的生活费	我每月的生活费都不够花
我爱惜粮食、不挑食、不剩饭	我经常将吃不完的饭菜扔掉
我出门关灯、关水	我出门后经常忘记关灯、关水
我会节省开销	我只要是自己喜欢的就会购买
我不与别人比吃穿	别人有的，我也要有
总计	总计

表 7-8 专业能力测评

A	B
我热爱自己所学的专业	我对自己所学的专业毫无兴趣
我努力学习专业知识，学习各种技能	学习不是首要的事，我经常和同学逛街、上网、唱歌
除学习课本知识，我还经常参与课外实践	我很少参与课外实践
我一次性通过各科考试，没有"挂科"的现象	我偶尔会有"挂科"的现象
我非常精通自己所学的专业	我对专业知识一知半解
总计	总计

表 7-9 社交能力测评

A	B
我与别人沟通得很好	我与别人沟通有困难
我很喜欢当众演讲	我为自己的演讲水平不佳而苦恼
我喜欢结交朋友，参加社交活动	我朋友很少，很少参加社交活动
我愿意做会议主持人	我一想到做主持人就发怵
我喜欢在宴会上致祝酒词	我不喜欢在宴会上致祝酒词
总计	总计

表 7-10　管理能力测评

A	B
我喜欢做大型活动的组织者	我不擅长大型活动的组织
我做事情有计划，无论何时何地，都能有目的行动	我做事情没有计划，想到什么就做什么
一旦需要做出决定，我就能尽快地做出决定	我尽可能长地推迟做决定的时间
我能经常思考对策，扫除实现目标的障碍	我很少进行思考、总结
我能严格约束自己的行动	我不能严格约束自己的行动
总计	总计

表 7-11　创新能力测评

A	B
我擅长讲笑话，说趣事	我不擅长讲笑话，说趣事
我有想法，喜欢尝试新事物	我从来不做那些自寻烦恼的事
我遇到问题能从多方面探索它的可能性，而不是拘泥于一条死路	我认为按部就班、循序渐进才是解决问题的方法
我不拘泥于一成不变的生活	我喜欢传统的、稳定的生活方式
我总是想办法说服别人接受自己的观点	我喜欢接受别人的观点，而不是说服他人接受自己的观点
总计	总计

　　将每项素质的总得分分别填入表 7-12 中的 A 栏和 B 栏相对应的单元格里，如果某项素质的 A 栏得分为 6～10 分，说明你在这方面的能力和素质较强，则在该项素质对应的"强"列下画"√"，如果某项素质的 A 栏得分为 0～4 分，说明你在这方面的能力和素质不太强，则在该项素质对应的"不太强"列下画"√"，如果某项素质的 B 栏得分为 0～4 分，说明你在这方面的能力和素质有点弱，则在该项素质对应的"有点弱"列下画"√"。如果某项素质的 B 栏得分为 6～10 分，说明你在这方面的能力和素质较弱，则在该项素质对应的"弱"列下画"√"。

　　A 栏得分越高，说明你在组织和经营企业方面越很可能取得成功。

表 7-12　创业素质评价表

素质	A	强(6～10)	不太强(0～4)	B	有点弱(0～4)	弱(6～10)
独立自主						
敢于冒险						
顽强执着、信念坚定						
诚信						
责任心						
守法律己						
勤劳节俭						
专业能力						
社交能力						
管理能力						
创新能力						

(2)填写他测表。

自我测试后，请你的同学或朋友利用上面的表格再对你进行一次评价，比较两次评价的结果，这样能够更客观、准确地评价你的创业素质。

(3)编写报告。

写一份《我所具备的创业素质》报告，约 800 字。其中，针对不具备的创业素质，要写出具体的改进措施。

3．活动检测

活动结束后，教师可根据表 7-13 的内容为学生进行打分。如表 7-13 所示。

表 7-13　探索活动评价表

评分标准	满分	实际得分	备注
能客观准确地描述自己	20		
能针对自身问题提出有效的解决方案	20		
报告撰写认真、符合要求	20		
能积极参与活动	20		
其他	20		
总分	100		

7.2　创业者素质的提升

7.2.1　提升心理素质

1．独立自主

(1)独立自主的培养。

独立自主的人首先是自信的人。有了信心，就有了前进的勇气与力量，就有了奋斗的动力。从而能克服重重困难，战胜失败与挫折，最终取得成功。提升自信心的方法有以下几种。

①发现自己的优点。经常想想自己的长处，回忆自己做过的、引以为豪的事或成功的事，这是树立自信心比较有效的一种方式。因为个人自信心都是在成功实践的基础上，经过他人肯定和自我确认，逐渐树立起来的。

②掌握一项技能。拥有一技之长的人，任何时候都不容易露怯。因为他在任何时候都知道自己有拿手本领，就算这项本领现在不能用，但至少他也有自学的能力。通过自学掌握一项技能，不仅锻炼了自己的学习能力，还能让自己在面对不了解的事物时，充满自信地说上一句："我现在不会，但我的自学能力不错，只要我努力，一定能学会！"

③长期积累知识。自信心源于知识的积累，一个学识丰富的人，即使性格内向、少言寡语，很少和身边的人接触，他也不会认为自己被他人轻视。当然，积累知识是一个长期的过程，就如同自信心不是一朝一夕能够培养出来的一样。不断地提高自己的学识，总有一天，你会无比自信。

④做足事前功夫。做事没有自信心，是因为对事情不了解，害怕出错，害怕失败。如果充分了解要做的事，了解它的每个步骤，了解出现问题时相应的处理方法，那么，你还有什么可害怕的？俗话说，"笨鸟先飞"，害怕出错，就做足事前功夫，深入细致地调查要做的事，详细询问"过来人"的经验，有不懂的地方立刻请教他人。

⑤敢于表现自己。自卑的人喜欢把自己"藏"在人群中，恨不得希望所有人都不要注意自己。如果想要让所有人都注意你，在公共活动场合，应尽量坐到前排；在讨论问题的时候，应尽量发表自己的观点；应尽量报名参加一些集体活动，不论是郊游还是探险，都要给他人留下这样一个印象：也许我做得不好，但是我敢于尝试，我在不断进步。

(2)独立自主的训练。

仔细回想一下从小到大让你感到自豪和有成就感的事情，然后写出来，写得越多越好。按照你的自豪程度对这些事情进行排序，把你觉得最自豪的事情排在前面，然后逐个分析一下这些事情，问自己以下几个问题：

①在这件事里，我做了什么？

②在这件事里，我发现了什么？

③做完这个练习，我对自身的能力有何发现？

举行演讲比赛，演讲内容不限，演讲时间为 5 分钟。个人演讲完后，同学可根据演讲内容进行提问，最后由老师和同学共同选出最优秀的演讲者。通过这个比赛，能让参赛者克服胆怯的心理，提高学生的表达能力、应变能力，增强学生的自信心。比赛结束后，老师可根据以下要点对学生进行评分：

①积极参与活动(20 分)；

②表达能力强(20 分)；

③应变能力强(20 分)；

④表情自然、不拘谨(20 分)；

⑤语言表达流畅(20 分)。

2. 敢于冒险

增大胆量的方法主要有以下几种。

(1)多实践、多行动。就是敢于做自己想做的事，在实践和行动中磨炼自己，培养自己临危不惧、泰然自若地应付各种突发事件的能力。

(2)做自己害怕的事。在道德和法律允许的范围内，在保证生命安全的前提下，做自己害怕的事，做完之后，你会发现很多事情原来没有想象中那么困难。

(3)多和有胆量的人接触，跟随有胆量的人，自己也将自然而然地变得有胆量，这是人生的自然规律。向有胆量的人学习，学习他们敢于冒险的精神和大胆行事的方式是增大胆量的有效途径。

3. 顽强执着、信念坚定

坚强、有毅力是成功的基础，增强个人毅力的几种方法如下。

(1)做事情要有始有终，不能因为困难而放弃。

(2)加强体育锻炼。积极参加体育锻炼不仅可以增强体质，还可以增强心理承受能力，例如，坚持每天跑步或进行其他身体锻炼活动，因为身体是革命的"本钱"，增强毅力必须以健康的身体为基础。

7.2.2　提升道德素质

1．诚信

培养个人诚信的几种方法如下。

(1)认识诚信的重要性。诚信是各行各业生存的根本，坑蒙拐骗、以假乱真，以次充好不能够长久经营。消费者可能上当受骗一次两次，但不可能永远受骗。

(2)要以诚待人。努力做到言行一致，表里如一，做老实人，说老实话，办老实事。

(3)以信立业。在做事上要"言必行、行必果"，当履行承诺的条件发生变化时，不管有多大的困难，都要想方设法、按质按量地履行承诺。

2．责任心

培养责任心需要我们从身边的小事做起。例如，对青年学生来说，立志创业，发奋学习科学知识，学习各种技能，增强创业本领，就是对自己负责的表现。节省开销，尽力为父母、为家庭减轻负担，增强对家庭的责任感，就是对家庭负责的表现。力所能及地帮助有困难的同学和朋友，不乱扔脏物，遵守公共秩序，保持环境卫生，建设优美的校园和社会环境，就是对社会负责的表现。

在日常生活、学习及工作中，不懒惰、不怕艰难困苦、敢于承担各种责任，才算是有责任心的人。

3．守法律己

守法意识可通过学习法律知识来培养。学习法律知识的途径有很多，可从书本上学习，也可从社会实践中学习，还可从现实生活中的新闻媒体中学习，广泛吸收各种法律知识，并将其转化为自己的知识。

3．勤劳节俭

勤劳节俭的习惯可通过以下几种方法来培养。

(1)树立崇尚节俭的意识，从自我做起，从身边的小事做起。

(2)花钱要有计划。每年和每个月都做一个预算，在年底和月底看一下花的钱和当初的预算是否吻合。另外，遇到想买的东西时，先问一下自己，是否真的有必要买。这笔钱是否在计划内，久而久之，你花钱就越来越有计划了。

(3)不要攀比。不要与别人争吃穿，要爱惜粮食，不挑食、不剩饭，不向家长提出过度的物质要求，不随便扔衣物、用具。

(4)注重细节，要及时切断计算机电源，出门要关灯等。

7.2.3　提升专业素质

1．专业能力

现实社会中，任何人的成功都是在某个领域或某个行业上取得的成功。没有专业特长的人，要想创业成功，是有很大困难的。所以，我们要提高自己的专业能力。

提高专业能力需要做到以下几点：

(1)喜爱自己选择的专业，意识到专业学习的重要性，并努力学好专业知识，为创业打好理论基础。

(2)多参与实践活动，在实践中不断提高专业技能。

(3)多看一些与专业相关的书籍，以开拓自己的思维。

2．社交能力

提高社交能力的方法有以下几种。

(1)找出社交的困惑。在现实生活中，我们每个人在与别人的交往中都可能遇到一些困惑。因此，正确找出自身困惑来源于哪些方面，有助于"对症下药"，解决自身存在的问题。

(2)建立正确的心态。在与人交往的过程中，遇到他人与你有不一样的想法时，要用包容的心态去面对；遇到比自己能力强的同学、朋友，不要自卑，要学习他人的优点，同时正常发挥自己的特点及能力；不要因为与对方"不投缘"就拒绝与人交往。

(3)掌握社交心理和社交技巧。多读一些有关待人接物方面的书籍，掌握人际交往技巧。

学校可通过组织以下活动，提高学生的社交能力。

(1)记住他人。

了解并记住他人是社交中的一项基本技能。在第一次见面后，就能记住他人的名字及爱好等，是对他人的尊重，在第二次见面时，若能直接叫出对方的名字，会让对方对你产生好感。

活动步骤如下。

①分小组，10人一组。

②小组成员围成一个圈。任意一个同学说出自己的姓名及爱好，第二个同学轮流介绍，但是要说出第一个同学的名字及爱好，然后说出自己的名字及爱好，如："××喜欢××、××。我是××，我喜欢××、××。"第三个同学要分别说出前两个同学的名字及爱好，然后介绍自己，最后进行介绍的同学要将前面所有同学的名字和爱好复述一遍。

活动结束后，老师可根据以下要点对学生进行评分。

①积极参与活动(25分)。

②表达能力强(25分)。

③能准确说出其他同学的爱好(25分)。

④语言表达流畅(25分)。

(2)欣赏、赞美他人。

人不是完美的，只有学会欣赏别人的优点，才会在人际交往中受欢迎。

活动步骤如下。

①分小组。

②先请一个人站在前面或中间，大家轮流赞美他。

③由一个人将大家的赞美写在他事先准备好的本子上，并签上每个人的名字。

④评出优秀小组。

活动结束后，老师可根据以下要点对学生进行评分。

①积极参与活动(30 分)。

②表达能力强(30 分)。

③能恰当地说出他人的优点(40 分)。

3．管理能力

提高管理能力需要做到以下几点。

(1)学会掌控自己的时间。首先判断自己的时间都用到了哪里,连续记录一个月,然后进行分析:哪些事情根本不必做,哪些事情可以由别人做而不用亲力亲为,哪些事情可以通过改进方法提高工作效率。最后,放弃不必做的事情,用有限的时间来处理重要的事情。

(2)学会用人所长。真正优秀的管理者会首先考查一个人最擅长做什么事,再根据他的长处来安排工作。

(3)学会要事优先。即集中精力先处理重要的事情。

(4)善于做出有效的决策。

例如,在学校中,大学生可以考虑通过以下方式提高自己的管理能力。

(1)组织同寝室的朋友进行一次座谈,制定出本寝室的规章制度。

(2)向校、院或系学生会提出倡议,组织一次学习、就业或创业研讨会,并聘请有关人士做指导、报告。

(3)参加班、院、校学生干部的竞聘,如果成功担任了学生干部,就要利用职权,热心为同学服务,争取各种锻炼机会,每个月至少为同学们组织一次集体活动。如果没有担任学生干部,也可以向班长或团支书提议,或向全班同学发出号召、倡议,组织大家进行一次春游、会餐等。

4．创新能力

创新能力是创业的核心。学生要通过保持个性发展和好奇心、求知欲,勇于突破前人、突破书本、突破难题,自觉培养创新精神,训练创新思维,提高创新能力。

学校可通过组织以下活动,提高学生的创新能力。

(1)将全班学生分成若干小组,每组 4～6 人。

(2)每个小组从以下题目中选择一道题目,进行讨论。

①在美国的一个城市里,地铁里的灯泡经常被偷。窃贼常常拧下灯泡,从而导致安全问题,接手此事的工程师不能改变灯泡的位置,也没有足够的预算,但他提出了一个非常好的解决方案。请问,他提出的是什么方案呢?

②在一个小镇里有 4 家鞋店,它们销售同系列、同型号的鞋子,然而,其中 1 家鞋店丢失的鞋子是其他 3 家平均丢失鞋子数量的 3 倍,为什么会出现这种情况?如何解决这个问题呢?

③一个人以一打 5 美元的价格购进椰子,然后以一打 3 美元的价格售出,凭借这种做法他成了百万富翁。这到底是怎么回事?

(3)训练结束后,老师可根据以下要点对学生进行评分。

①积极参与讨论(20 分)。

②能够提出足够多的答案(20 分)。

③提出的答案具有合理性(20 分)。

④能够大胆表达自己的想法(20 分)。

⑤语言表达流畅(20 分)。

【思考与练习】

推荐读者观看电影《中国合伙人》，该影片主要讲述了从 20 世纪 80 年代至今，三个年轻人从学生年代相遇、相识，拥有同样的梦想，一直到一起打拼事业，共同创办英语培训学校的创业励志故事。他们在创业过程中曾不被人看好，也遇到过很多困难，但是，在经历了很多磨难后最终获得了成功。该电影向人们展示，只要有梦想、有信仰，就一定能取得成功，看完电影后，请思考以下问题：

(1)电影中，成东青、孟晓骏、王阳为什么能创业成功？

(2)他们三个人分别具有哪些创业者的素质？

(3)说说创业者的素质对创业成功的重要作用。

7.3　创业团队的组建与管理

通用电气公司前 CEO 杰克·韦尔认为，指出谁是团队里最差的成员并不残忍，真正残忍的是对成员存在的问题视而不见，文过饰非，一味充当好人。而马云则说："创业要找最合适的人，不一定要找最成功的人。"本节将介绍创业团队的概念、组成要素，组建优秀创业团队的要点，创业团队的管理等。

企业的创建者可以是一个人，也可以是团队，通常是一些有着共同愿景和价值观的人，怀着对梦想的渴望走到一起，形成了最初的创业团队。他们通过对资源和生产要素的重新组合来开发自己的产品或服务，满足市场的某种需求。在进行下面的学习之前，请读者思考以下问题：

(1)为什么投资者特别重视创业团队建设？

(2)组建创业团队只是为了找到志同道合的人吗？

(3)组建创业团队应注意什么？

7.3.1　创业团队的概念、组成要素

团队就是合理利用每个成员的知识和技能协同工作，以解决问题、达到共同目标的共同体。而创业团队就是由少数技能互补的创业者组成的，为了实现共同的创业目标而努力的共同体。

创业团队需具备五个重要的组成要素：目标(Purpose)、人(People)、定位(Place)、权力(Power)和计划(Plan)，简称 5P。

1. 目标

创业团队应该有一个既定的共同目标，为团队成员导航。没有目标，创业团队就没有存在的价值，目标在初创企业的管理中以创业愿景、战略等形式体现。

2. 人

人是构成创业团队的最核心力量。三个及三个以上的人就形成了一个群体，当群体有

了共同的奋斗目标时，就形成了团队。

目标是通过人来实现的，所以人的选择是创业团队中非常重要的一部分。在一个团队中需要有人出主意、有人定计划、有人实施、有人协调不同的人一起工作、有人监督团队完成工作的进展、有人评价创业团队最终的贡献，不同的人通过分工，共同完成创业团队的目标。

3．定位

创业团队的定位包含以下两方面内容。

(1)创业团队在企业中处于什么位置？由谁选择和决定团队成员？创业团队最终应对谁负责？创业团队需采取什么方式激励下属？

(2)成员在创业团队中扮演什么角色？是制订计划，还是具体实施或评估？

4．权力

创业团队中领导者的权力大小及团队的发展阶段和创业企业所在行业相关。一般来说，创业团队越成熟，领导者所拥有的权力就越小；在创业团队发展的初期，领导者所拥有的权力相对较大。

5．计划

创业团队的计划包含以下两方面内容。

(1)由于目标的最终实现需要一系列具体的行动方案，因此可以把计划理解成达到目标的具体工作程序。

(2)只有在有计划的操作下，创业团队才会一步步地贴近目标，从而最终实现目标。

7.3.2 组建优秀创业团队的要点

由于组建创业团队的基石在于创业愿景、战略，因此创业者需要提出一个能够凝聚人心的创业愿景。一般而言，要组建一个优秀的创业团队，应特别注意以下几点。

1．彼此了解

创业团队的所有成员都应该相互非常熟悉，知根知底。在创业团队中，团队成员都应非常清醒地认识到自身的优劣势，同时应清楚其他成员的长处和短处。这样可以很好地避免团队成员之间因为相互不熟悉而造成的矛盾、纠纷，从而提高团队的向心力和凝聚力。

2．相互信任

信任是解决分歧、达成一致的有效途径。创业团队中的成员不仅要志同道合，还要彼此信任。创业时，在创业团队的成员之间，要把最基本的责、权、利说明白，尤其在股权、利益分配方面(包括增资、扩股、融资、撤资、退出等)。这样，在企业发展壮大后，创业团队才不会因利益、股权等分歧产生矛盾，甚至解散。

3．理念一致、目标相同

所有创业团队成员都必须认同大家共同确定的创业目标、企业管理制度、企业发展战略、企业经营理念、企业文化等，都必须保持对企业长期经营的信心。

4. 取长补短、相得益彰

建立优势互补的创业团队是保持创业团队稳定的关键。要使创业团队发挥最大的能量，在创建团队时不仅要考虑成员之间的关系，还要考虑成员之间的互补性，如彼此在性格、经验、专长、技术等方面的互补性，以达到团队的平衡。

一般来说，一个优秀的创业团队必须包括以下几种人。

一个很好的"领袖"。此人必须高瞻远瞩，能够为企业制定明确的战略、战术；必须有很好的人品，处事公正，能够服众，能够团结整个团队；必须具有很好的协调能力，能够及时化解团队成员的矛盾。

一个很好的"管家"。此人主要负责企业的日常运营及各项规章制度的制定。由于企业日常事务非常琐碎，因此，此人必须心思缜密，工作细致。

一个很好的"财务总管"。资金是企业的生命线，因此，创业团队中最好有一个好的"财务总管"，能合理地安排企业收支，帮助企业融资。

一个很好的"营销总监"，我们经常说，产品是基础，营销是"龙头"。如果营销做得不好，产品就很难"发光发热"。

此外，如果初创企业是个技术类企业，可能还需要一个很好的"技术专家"，帮助企业不断地将技术或产品推陈出新，使企业始终站在行业的前沿。

7.3.3 创业团队的管理

创业团队管理的重点是在维持团队稳定的前提下发挥团队的多样性优势。有效的团队管理能使各个本来分散的个体和具有不同能力、不同个性的人，组成一个有共同目标、相互协调的整体。团队管理就是要使团队具有不断进步、不断革新的精神，使每个人的能力不断提高，达到"1+1>2"的效果。

创业团队的管理，主要从以下几方面进行。

1. 打造团队精神

团队精神是团队成员的精神支柱。和谐向上的团队精神能充分调动团队成员的团队意识，使其相互理解和支持，为实现团队的目标而奋斗。

(1)培养团队成员的敬业精神。

要做到敬业，就要具有"三心"，即耐心、恒心和决心。任何事情都不是一蹴而就的，不可只凭一时的热情、三分钟的热度来做，也不能在情绪低落时就马马虎虎、应付了事，特别在创业初期，要勇敢地面对并解决困难，而不是一遇到困难就退缩。

(2)建设学习型团队。

每个成员的学习过程，每次团队的讨论过程，都是团队成员思想不断交流、智慧火花不断碰撞的过程。如果团队中每个成员都能把自己掌握的新知识、新技术、新思想与其他团队成员分享，那么集体的智慧势必大增，团队的学习力就会大于个人的学习力，从而达到整体大于部分之和的效果。

(3)建设竞争型团队。

竞争型团队中的成员必须具有竞争意识，敢于正视自己，敢于面对强大的竞争对手。竞争型团队中的成员要不断提高自身的水平，有效完成团队任务。在建立内部竞争机制时，要注意成员之间的竞争关系是建立在理性的基础上的，而不是斗争。协作是团队的核心，要用竞争来激活团队的气氛，激发团队成员的竞争意识。要以发展来吸引人，以事业来凝聚人，以工作来培养人，以业绩来考核人，让团队中的每个成员都能以积极的心态工作，实现自我和超越自我，最大限度地发挥团队威力。

(4)塑造团队文化。

高效的团队注重团队文化的塑造，尤其是共同价值观的塑造。团队文化是由团队价值观、团队使命、团队愿景和团队氛围等因素综合在一起而形成的，塑造团队文化的关键就是在团队形成与发展的过程中确立团队价值观、团队使命和团队愿景，并以此为基础逐渐形成相应的团队氛围。

2. 设置创业团队的组织结构

在设置创业团队的组织结构时，必须以团队的战略任务和经营目标为依据，具体要注意以下几点。

(1)权责分明。

团队的任何一项工作都离不开团队成员的配合，只有团队协作，才能更顺利地完成管理工作。对于初创的创业团队来说，人员分工一般比较"粗"，很多事情不分彼此，一起决策、共同实施。但一定要注意落实责任，做到权责分明，避免出错或者失误后出现互相推诿的现象，造成团队成员之间的矛盾。

(2)分工适当。

分工不是越细越好的，分工过细会导致工作环节增加，往往引起工作流程加长，会削弱分工带来的好处。解决相互推诿现象的关键是整个团队或成员要在团队精神的指导下相互协调，分工合作，以完成总体目标。

(3)适时联动。

适时联动是为了完成特定任务，例如，成立打破部门分工、跨越部门职能的专门工作小组，小组成员具有双重身份，既要向本部门主管汇报工作，又要向跨部门小组的组长汇报工作。这种模式适用于已经具有一定规模的创业企业。创业团队初期由于没有专门的跨部门功能小组，各成员各司其职，在企业规模不是很大的情况下，运行状况还比较好。但是随着企业规模的不断扩大，尤其在一些比较重大的项目上，一旦缺乏全盘的统筹和协调，就会造成企业运转困难。因此，成立一个专门负责新项目或一些重大项目的组织协调工作的机构就显得尤为重要。

例如，当有新项目时，组织各职能部门的成员成立一个跨部门功能小组，小组成员在向本部门主管汇报的同时，还向小组组长汇报该项目的工作进展状况，直到项目完成、小组解散。这样，跨部门功能小组在组长的协调下，就能充分发挥团队精神，提高工作效率。

3. 优化创业团队的运作机制

(1)做好决策权限分配。

创业团队内部要妥善处理各种权利和利益关系，确定谁适合于从事何种关键任务和谁对关键人物承担什么责任。在治理层面，主要解决剩余索取权和剩余控制权的问题。同时，还必须建立进入机制和退出机制，约定以后团队成员退出的条件，以及股权转让、增股等问题。

> **提示**
>
> 剩余索取权是财产权中的一项重要权利，是一项索取剩余(总收益减去合约报酬)的权利，也就是对资本剩余的索取权。简单地说，就是对利润的索取权，即与经营者分享利润的权利。
>
> 剩余控制权是相对于合同收益权而言的，是指对扣除了所有固定的合同支出(如原材料成本、固定工资、利息等)的企业收入的要求权，简单地说，就是对纯利润的控制权，如使用、支配、处置等权利。

而在管理层面，做好决策权限分配最基本的原则有三条：一是平等原则，即制度面前人人平等；二是服从原则，即下级服从上级，行动要听指挥；三是秩序原则，即不能随意越级指导，也不能随意越级请示。大学生创业团队内部的管理界限没有那么明显，但一定要把决策权限厘清，做到有权有责。

(2)制定员工激励办法。

创业团队需要妥善处理内部的利益关系。大学生创业的资金筹措本来就是难题，分配就更应合理谨慎。团队的管理者要认真研究和设计整个团队的报酬体系，使之具有吸引力，并且使报酬水平不受贡献水平的变化和人员增加的限制，即能够保证按贡献付酬和不因人员增加而降低报酬水平。

(3)建立业绩评估体系。

业绩评估必定要与个人的能力、团队的发展结合起来。传统的业绩评估体系和业绩管理体系只关注个人绩效如何，而不去考虑个人绩效与团队绩效的结合。造成这种状况的原因多种多样，包括评估不及时、各方意见不能真实反映实际情况、评估含糊不清、易掺入情感因素、忽略了被评估人的绩效给他人带来的影响等。成功的业绩管理应不再限于只注重个人的绩效，应更加注重团队整体表现。

7.3.4 拓展训练

1. 小组讨论

(1)以历史文学名著《西游记》中的唐僧师徒为例，阐述创业过程中领导者的重要性及领导者的魅力所在，目的是使创业者明白自己身上肩负的责任。

(2)相比魏国和吴国，三国时期的蜀国可以说是依靠"创业团队"建立的，刘备、关羽、张飞在《三国演义》中被打上了强烈的"个人标签"，"蜀国"这个团队到底是成功的还是失败的呢？请就该问题展开讨论。

评分标准：观点新颖(25分)、分析透彻(25分)、逻辑清晰(25分)、语言流畅(25分)。

2. 能力训练

(1)如果你是领导者，你将如何组建一个优秀的创业团队？请对以下问题进行说明。

①企业的类型、经营范围和消费群。

②对团队中各成员的工作和职责进行描述。

③团队中的每个成员在创业过程中应如何做到相互配合。

评分标准：岗位设置合理(30分)、职责明确(30分)、员工之间能相互配合(40分)

(2)假设你自己创办了一个小公司，雇了 4 名员工(2 名全职、2 名兼职)。你的这些员工都很可靠，但是有 1 名全职员工虽然工作做得不错，但经常迟到，还总请假。这种情况影响了其他员工，并且影响了整个公司的士气和管理。根据上述问题，找出解决方法。

评分标准：找出的解决方法越多、越具可行性，得分就越高。

案例故事

三个大学生的艰辛创业路

在青岛市城阳区有这样三个人，他们怀揣着梦想在大学相遇，同样作为好友走上"创业路"，主要做装修设计。

三个大学生组团走上"创业路"

许振、闫志伟和刘福是青岛理工大学琴岛学院的学生，全是"90后"。其中刘福在土木工程系主修工程管理，是他们的创业发起人，在公司主要负责工地；许振和闫志伟在艺术系主修室内设计，他们不仅是同班同学，还是室友，主要负责设计。

2012 年春天，怀揣创业梦想的刘福找到了艺术系成绩优异的许振和闫志伟，希望他们能和自己一起创业，发挥专业所长。许振笑着说，"当时我们三个人就是在我的宿舍商量的，当时就想着，他是个挺值得相信的人，做事也很周到，不管成不成功，一起试试吧！"就这样，他们三个人成了合伙人，又从财务等专业寻找到了一起创业的同学，组成了自己的装修工作室。

"骑自行车""零装备"就敢跑客户

创业初期肯定是艰苦的，尤其是对几个毫无社会经验的大学生来说。那时候，他们着实办了很多现在想来挺"傻"的事儿。"松树庄社区回迁，我们到处打听哪天交钥匙，到了那天，我们几个蹬着自行车就跑去谈客户了。跟人谈的时候，人家觉得我们是大学生不可信，根本不给我们机会，反正当时挺狼狈的。"闫志伟说。

许振说："刚创业的时候，为了省钱，很多苦力活都是自己干。其实我主要负责设计，但有时候工地上忙不开，就过去帮忙，经常会搬建材，每个人手上都有老茧。一张 2.4m×1.2m 的木板，搬上一层楼能省一块钱，瓷砖也是，搬上一层楼能省一块钱。当时我就想，搬上五层楼就能省五块钱，够吃一顿饭了！有时候想想自己怎么那么'抠'，还挺嫌弃自己的。"

同时跑 20 多个工地，一年时间，三个人全瘦了

创业的前两个月，他们每天起早贪黑出去跑，但是一个客户都没有谈成。后来，他们集中力量在黄家营社区拿下了一个工地，把工程干出来后，一下子得到了大家的认可。刘福回忆，"那是最让人兴奋的一段时间，每天都有客户来找我们装修，最终那个单元的所有房子都是我们装修的。"

就这样，他们一下子接了 20 多个工地。每天早上 6 点到工地，晚上 10 点回宿舍，回宿舍以后还要设计图纸、算价格，每天忙得只能吃上一顿饭。许振说："那时候虽然每天都很累，但心里感觉很踏实。就这样忙忙碌碌地奋斗了一年，每个人都瘦了，我和闫志伟瘦了十几斤，刘福瘦了二十多斤。"

"我们还在路上，想开大公司。"

现在，他们三个人已经成为学校里的创业明星。谈及自己的理想，他们三个人肯定地告诉记者，他们的目标在更远的路上。闫志伟说："最近看了《中国合伙人》，觉得很多东西很有共鸣，但创业的经历体会下来，现实比电影里要更残酷。这一年来，我们赚过钱，也赔过钱，吃过苦，也走过弯路，现在公司虽然发展起来了，但还属于小公司，缺乏人才，没有完善的管理制度，面临着发展的瓶颈。"

刘福说："最近连续五天，我们晚上都聚在一起开会，想未来的发展方向。我们想把公司做出规模，也曾开玩笑，等我们把公司做成国内最好的生态装饰大品牌，谁是华北区总裁，谁是华南区总裁。近期公司也会扩大增资，接下来做更大的工程项目。"现在他们希望能给更多的人把家装修得"像家"，也希望为在校的学弟学妹做点事，将来公司会作为学校艺术系的实习基地，帮助更多有创业梦想的同学。

【案例点评】

一个成功的创业案例背后往往有一个成功的创业团队，而且创业团队在整个创业过程中发挥着至关重要的作用。本案例中，团队成员有着共同的目标，为了这个共同目标，他们各司其职、相互协调、踏实肯干，进而在创业团队中发挥最大效用，这是值得我们在日常工作和学习中借鉴的。

案例故事

三个大学生拍毕业照赚钱，两个月入账约 40 万元

大学毕业只有一次，而千篇一律的毕业照，无法满足现在追求个性的大学生的需求。当你看到网络上一张张充满创意的毕业照时，却有三个小伙子为了这精彩的瞬间付出了两个多月的努力，而且也收获了巨大的回报。安庆市某学校学生杨某、姚某和宋某在毕业之际利用创意毕业照这一商机，仅用了两个月时间就赚了约 40 万元。

4 月是高校毕业生集中返校进行论文答辩和拍摄毕业照的时间。从这一时间开始，杨某每天早上都被电话叫醒——毕业班的同学纷纷找他咨询和联系拍照事宜。召集摄影团队之后，从早上七点半开始，按照流程单上的班级逐个拍摄毕业照，摆造型、想创意，每天几乎从日出拍到日落，晚上还得分类整理拍摄的服装及照片，整理完后，已到了半夜。然后，整个团队还要商量第二天的工作安排，直到凌晨才能睡觉。"这一段时间，整个人感觉像打了鸡血一样在工作。"杨某说。

毕业季开始后，他们所在学校的 100 多个毕业班级中，有 73 个班级找到杨某团队拍毕业照。他们三个人不仅仅提供服装，还负责将照片制作成相册，同时还将其中一些照片制作成纪念品，最后还承担班级毕业聚会的拍摄任务。"我们提供一条龙服务，忙完一个班级，已经累得不行了。"姚某说。最忙的时候他们一天拍了 20 个班级的毕业照，他们向每个学生收费 120 元，不到两个月，他们三个人已经收入 30 多万元。不仅如此，他们还到其他学校去拍摄毕业照，又赚了 10 多万元。

"虽然那段时间异常辛苦，但这也是我人生的第一桶金。"杨某说。随着毕业季逐渐过去，他们拍毕业照的项目也会迎来淡季。他们还给毕业十年后回到母校的思政专业的校友提供过服务，他们也从中受到启发，想到了校友服务这个新业务，把业务范围从"在校时"

拓展到了"毕业时"和"毕业后"，去做校友们的回校"接待员"，给校友安排"衣食住行游购娱"一条龙服务。

【案例点评】

创业是极具挑战的一项活动，创业的过程是艰苦的。如果创业者没有共同的目标，很容易半途而废。本案例中，三个大学生为了共同的目标，牺牲了个人的休息时间，常常工作到凌晨，他们努力工作，同甘共苦，挣得了人生的第一桶金。

案例故事

资金不够一起凑，三个"90"后上演长春版"中国合伙人"

在电影《中国合伙人》中，三个青年因为拥有同样的梦想而一起打拼事业，共同创办英语培训学校，最后功成名就，实现梦想。在长春，有三个"90后"，他们也上演着"中国合伙人"式的故事，他们合伙开了一家科技公司，目前正在研发一种智能激光清雪设备，还梦想有一天公司能上市。他们是：

郑某，女，1991 年生；

小宿，男，1993 年生；

刘某，男，1991 年生。

据介绍，郑某有过在世界 500 强企业工作的经历，而另外两个人则有过海外留学经历。郑某与小宿是多年的好朋友，而小宿和刘某则是同学，在创业前他们常聚在一起。

三个人中，郑某的性格最爽朗，"跟他们俩接触，我的思想转变挺大的。"郑某坦言，她以前做事情，总是先考虑赚钱，对于物质的东西更在意一些。但小宿和刘某聊的都是"回馈社会""改变世界"这些话题，渐渐地，这些话题也让她激情澎湃。2014 年，他们成立了一家科技公司，创业之初，他们有着共同的想法：把国外较为先进的技术带回来，再创新成真正有意义和价值的产品。他们研发的第一个产品是车载健康枕。资金是创业过程中遇到的最大难题。三个人倾囊而出，凑了近 40 万元，作为公司的启动资金。2014 年年末，当第一批产品投入生产之前，资金链断了。三个人再凑钱，他们想的是：产品生产出来之后，两三个月资金就能回笼。

但由于对市场了解不够，健康枕生产出来之后，销量与他们想象的差得很远，价格也达不到预期。产品销不出去，资金全押在里面，项目陷入困境。"我们三个人真想坐在地上哭啊！"郑某说。冷静了之后，三个人又重新上路。"从没动摇过，我们在一起聊的是总结经验，研究怎么把东西卖出去。"郑某说。

公司刚成立时，股东只有郑某和小宿，刘某只是来帮忙的。"哥们儿式"合伙，"仇人式"散伙，是许多企业最常见的聚散模式，也是三个人最担心的事情。"项目没做成，朋友还掰了，这是我们最不愿意看到的结果。"郑某说。

目前，他们正在研发激光清雪设备，刘某在北京开展业务，小宿是技术负责人，他介绍了目前研发的智能激光清雪新技术，小宿说，长春这两年冬天雪很大，机械除雪对路面会造成破坏，而且融雪剂对路面及树木也有伤害。他们研发的智能激光清雪设备，激光束离地 50cm 即可清雪。它的优势是：第一，能耗小，只相当于一个电吹风的能耗；第二，不需要任何融雪剂，对路面不造成任何破坏；第三，能解决机械清雪解决不了的问题，可以清除冰雪混合物；第四，还可以清除电线杆上的纸质小广告及外墙上的涂鸦等。目前这项技术已经通过认证，样机很快就会做出来。

创立半年后，公司进入创业园，这时他们才发现之前走了不少的弯路。"我们刚开始的时候，只知道埋头苦干，没有去看政府的政策，后来才知道这样越做越错。"郑某说，创业的困难无非就是三点，资金、人才和市场，他们经历了许多创业者都经历的错事——不懂市场。"只知道自己有技术，但不去考虑后果，没有经验。"郑某说，进驻创业园之后，享受到了较低的房租价格，后来干脆申请了房租减免。另外，政府有关部门还会帮助他们申请一些创业贷款，以及为他们提供一些业务指导，这些都是之前他们不了解的。

【案例点评】

本案例中，三个合伙人遇到挫折后能够很快调整心态，重新振作，感情一直很好；他们敢于冒险，敢于引进新技术；最后，他们学会了善用政策，跟着政策走。这些都是值得借鉴的创业经验。

7.4 本章习题

一、名词解释

创业者、创业者的素质、创业团队。

二、简答题

1. 如何提升创业者的素质？
2. 组建优秀创业团队的要点有哪些？

三、实操题

1. 针对本章列出的三个创业案例，列出创业团队管理成功的要素。
2. 作为大学生的你，如果想创业，请按个人实际情况，思考如何组建你的创业团队并进行管理，请列出你的创业团队培训和管理计划。

第8章 创业计划书

本章重点

- 了解创业计划书的概念和作用
- 了解创业计划书的基本内容

本章难点

- 掌握创业计划书的撰写方法并能够撰写创业计划书。

本章简介

本章主要介绍创业计划书的概念和作用，对创业计划书的基本内容进行逐一讲解，指导读者完成创业计划书的撰写。

没有一个计划模型而贸然创业是十分危险的。

——田溯宁

8.1 创业计划书概述

创业计划书是指创业者就某一具有市场前景的新产品或服务向投资者游说，以取得风险投资的商业可行性报告。是创业者叩响投资者大门的"敲门砖"，一份优秀的创业计划书往往会使创业者达到事半功倍的效果。

对于众多创业者来说，创业计划书是进行融资的必备文件，近年来，创业融资的程序日益规范，作为投资公司进行项目审批的正式文件之一，创业计划书已经成为越来越多创业者的"必修课程"。

请读者思考以下几个问题：

(1)创业计划书的概念是什么？

(2)创业计划书有什么用？

(3)如果具有创新创业精神，具备一定的能力和素质，可以不写创业计划书吗？

8.1.1 创业计划书的概念

创业计划书，是公司或项目单位为了达到招商融资和其他发展目标，在前期对项目的调研、分析与整理有关资料的基础上，根据一定的格式和内容的具体要求而编辑、整理的一个向投资者全面展示公司和项目目前状况、未来发展潜力的书面材料。

8.1.2 创业计划书的作用

创业计划书至少具有以下三方面作用。

1. 帮助创业者进行自我评价，理清思路

在创业融资之前，创业计划书首先是给创业者自己看的。创业者应该以认真的态度对自己所有的、已知的市场情况和初步的竞争策略做详尽的分析，并提出一个初步的行动计划，通过创业计划书使自己做到"心中有数"。另外，创业计划书还是创业资金准备和风险分析的必要手段，能让创业者做到防患于未然。对初创企业来说，创业计划书的作用尤为重要，一个酝酿中的项目，往往很模糊，通过撰写创业计划书，再逐条推敲，创业者就能对这一项目有更加清晰的认识。它可以更好地帮助创业者分析目标客户、规划市场范畴、形成定价策略、对竞争性的环境做出界定，使创业者发现自身颇具竞争力的优势，或创业计划书本身所蕴藏的新机遇及不足。只要将创业计划书"付诸纸上"，就能提高创业者管理企业的能力。

2. 帮助创业者凝聚人心，有效管理

一份完美的创业计划书可以增强创业者的自信，使创业者感到可以控制企业的发展，对企业经营更有把握。因为创业计划书提供了企业全部的现状和未来发展的方向，也为企业提供了良好的效益评价体系和管理监控指标，使得创业者在创业实践中有章可循。

创业计划书通过描绘初创企业的发展前景和成长潜力，使合作伙伴和员工对企业及自身的未来充满信心；通过明确要从事什么项目和活动，使合作伙伴和员工了解他们将要充当什么角色、完成什么工作，以及是否能胜任这些工作。因此，创业计划书对于创业者吸引所需要的合作伙伴、凝聚人心来说，具有重要作用。

3. 帮助创业者对外宣传，获得融资

创业计划书作为一份全方位的项目计划，它对即将展开的创业项目进行了详尽的可行性分析，也用于向风险投资商、银行、客户和供应商宣传拟建的企业及其经营方式，包括企业的产品与服务、营销、市场及人员、制度、管理等方面，在一定程度上也是拟建企业对外进行宣传的文件。

一份高质量且内容丰富的创业计划书，将会使投资者更快、更有效地了解投资项目，将会使投资者对项目充满信心，并投资参与项目，使创业者最终获得融资。创业计划书是争取项目融资的"敲门砖"。投资者每天会接收到很多创业计划书，创业计划书的质量和专业性就成了是否投资的关键点。创业者在争取获得投资之初，首先应该将创业计划书的撰写列为头等大事。

8.1.3 创业计划书的必要性

可以不写创业计划书吗？我们来看下面这个案例。

案例故事

某高校的张某有一个很好的创业想法，现在是互联网时代，而且他自己学的是计算机专业，又发现学校里没有洗鞋店。学校中的很多大学生都喜欢穿品牌的运动鞋，如果鞋子脏了，简单用水洗，容易把鞋子洗坏，而平时穿得时间又长，鞋子脏了是难免的，如果能花二十多块钱干洗一双品牌运动鞋，而且洗得又干净，大部分大学生还是愿意的。

他想利用自己的专业做一个网上接单的平台，然后请其他学生做兼职，进行运动鞋的干洗。但是由于采购机器的费用比较高，需要找有足够资金的老板来洽谈此事，刚好他知道学校食堂的老板是一个资金充足的人，如果和他谈，成功率应该很高，于是，张某就自信满满地去找食堂老板洽谈此事，在洽谈过程中，张某觉得自己讲得非常好，思路也清晰，想法也新颖，肯定会得到老板的认可，当老板听完后，说："把你的创业计划书给我看看。"此时，张某很尴尬，他根本不知道创业计划书是什么，也从来没写过，因此而错失了一次难得的洽谈机会。

【思考与练习】

张某失败的原因是什么？

【拓展训练】

如果你想创业，需要写一份创业计划书，你知道怎么写吗？

案例故事

完善的创业计划书让他获得了风险投资

王杰毕业后，经过多年研究，利用太阳能取得了一项重大突破。如果这项技术在实际生活中得到应用，前景会非常广阔。于是，王杰辞掉了原来的工作准备创业，注册公司后，所有资金全部用尽，他已经无力再招聘员工，准备实验材料了，于是他想到了风险投资，希望通过引入合作伙伴来解决资金困境。为此，他多次与一些风险投资机构或者个人投资者洽谈，虽然王杰反复强调他的技术多么先进、应用前景光明，并保证投资他的公司将会获得很大的回报，但总难以让对方相信，而且对于投资者询问的重要数据，他也没有办法提供，如市场需求量具体是多少，一年可以产生多大的回报率等。

后来，一位做咨询管理的朋友提醒王杰，由于他的技术很少有人懂，而且没有创业计划书，所以没有人相信他。于是，在向相关专家咨询又查阅大量资料后，王杰开始从公司的经营宗旨、战略目标出发，对公司的技术、产品、市场销售、资金需求、财务指标、投资收益、投资者退出等方面进行分析和论证，在这个过程中，他还通过市场调研获取了很多资料。一个多月后，他拿出了一份创业计划书初稿。在经过几位专家的指点后，他又对创业计划书进行了修改，凭着这份创业计划书，他很快与一家投资公司达成了投资协议，得到了资金支持，员工招聘问题也迎刃而解。如今，他的公司经营得红红火火。谈到经验，他总结说："创业计划书不仅是一篇文章，其撰写的过程就是不断理清创业思路的过程，只有创业者自己的思路清楚了，才能让投资者和员工相信你。"

8.2 创业计划书的基本结构

在进行介绍之前，请读者思考以下两个问题。

(1) 创业计划书包括哪几部分内容？

(2) 如何才能撰写出一份高质量的创业计划书？

一份完整的创业计划书由封面、目录、正文、附录四部分组成。

封面也称标题页，可以放企业 Logo 或产品彩图，但需留出足够的版面排列以下内容：企业名称、创业者姓名、日期、通信地址、邮政编码、电话/手机、电子邮件等。目录是正文的索引，需要按照正文章节顺序逐一排列每章、每节，以及各章节对应的页码。初步写完创业计划书后，要注意确认目录页码与内容的一致性。正文是创业计划书的主要内容。附录是对正文部分的补充，受篇幅限制，不宜在正文部分过多描述的，不能在一个层面详细展示的，或参考资料、数据等内容，一般放在附录部分，以供参考。创业计划书的附录一般包括以下内容：企业营业执照、审计报告、相关数据统计、财务报表、新产品鉴定书、商业信函、合同、相关荣誉证书等。

创业计划书的封面模板如下：

企 业 名 称 ________________________________

创业者姓名 ________________________________

日　　　期 ________________________________

通 信 地 址 ________________________________

邮 政 编 码 ________________________________

电 话 / 手 机 ________________________________

电 子 邮 件 ________________________________

封面上的每项内容都要求创业者完整、准确地写明。

创业计划书的目录示例如图 8-1 所示。每项内容都需要在正文中详细展开描述。

目　录

一、企业概况……2
二、创业者的个人情况……2
三、市场评估……3
四、市场营销计划……5
五、企业组织结构……6
六、财务规划……8
七、风险分析……10

图 8-1　创业计划书的目录示例

下面针对目录中的每项内容，具体介绍正文的撰写方式。

8.2.1 企业概况

企业概况如同自我介绍，会涉及企业的基本概况（名称、组织形式、注册地址、联系方式等），主要从创业者的个人或客观的理由谈及为什么要选择这个创业项目，以及所选择项目的经营范围是什么，要详细谈及所经营的产品或服务、目标及潜在客户群体、发展前景或目标、企业宗旨或经营理念等，目的是让投资者认识该企业。发展前景或目标是企业要达到的效果，是企业发展的动力，在创业计划书中是亮点所在，因此必须下功夫写好。

企业概况的模板如下。

企业概述（创业项目选择理由、经营范围、产品或服务、目标及潜在客户群体、发展前景或目标、企业宗旨或经营理念等）：

_____

_____

_____

_____

_____

_____

_____

📚 拓展阅读

企业概况的关键问题

鉴于企业概况在创业计划书中的重要地位，其一定要简明生动、精练贴切，不用面面俱到。可以试想一下，如果投资者在企业概况中没有发现闪光点，创业计划书就有可能是一叠废纸，扮演不了帮助创业者融资的角色；而企业概况部分应提纲挈领，能吸引人继续读下去，同时让创业者有希望成功融资。一般来说，写企业概况时可考虑以下关键问题。

第一组问题：

你的创意由来和存在的理由是什么？

你的理念是什么？

你能准确客观地描述你的目标市场吗？

你能给你的目标客户带来什么价值？他们为什么接受？

你预计市场占有份额和增长率会是多少？

你最大的竞争者是谁？你需要多少投资？

第二组问题：

你的核心能力是什么？

你有专利吗？如何保护它？

第三组问题：

你的团队能胜任这项工作吗？为什么？

你将如何分工？

你有行动时间安排表吗？

8.2.2　创业者的个人情况

创业者的个人情况部分主要描述创业者以往的相关工作经验、教育背景和相关学习经验，在阐述时，要写出创业者在所选择的创业项目方面具有什么优势。

创业者的个人情况的模板如下。

以往的相关工作经验(包括时间)：

教育背景和相关学习经验(包括时间)：

8.2.3 市场评估

市场评估分为三方面。第一方面详细阐述创业者所选择的创业项目的目标及潜在客户群体，第二方面对所选择的创业项目做详细的市场分析，第三方面对所选择创业项目未来的发展趋势和前景进行分析和预估。市场分析在整份创业计划书中起着举足轻重的作用。

市场评估的模板如下。

目标及潜在客户群体：

市场分析：

未来的发展趋势和前景：

下面，重点介绍市场分析部分的内容，主要包括目标市场分析、行业分析、竞争对手分析等。

(1)目标市场分析。

目标市场由著名的市场营销学者麦卡锡提出。他认为，应当按消费者的特征把整个潜在市场分成若干部分，根据产品本身的特性选定其中部分消费者作为一个特定的群体，把这一群体称为目标市场。

例如，对手机消费群体的分析如下：手机更新换代异常频繁，但手机又有诸多消费群体，高端人士青睐外观精巧、质量上乘、功能先进的手机，商务人士喜欢具备多样化的商务功能的手机，学生追求时尚型手机，而有些人则将结实耐用的手机作为首选。

对目标市场的分析，应从以下几个方面入手：

①你的细分市场是什么？

②你所拥有的市场有多大？

③你的市场份额是多少？

④你的目标客户群是哪些或哪类人？

⑤你的五年生产计划、收入和利润是多少？

⑥你的营销策略是什么？

详细的目标市场分析能够促进投资者判断企业目标的合理程度及他们承担风险的大小。在对目标市场的分析中，创业者需要阐明这样的观点：企业处在一个足够大、发展前景非常广阔的市场中，并有足够的能力应对来自各方面的竞争。

(2)行业分析。

行业是企业要进入的市场。在创业计划书中，创业者要分析所入行业的市场全貌及关键性的影响因素。行业分析需要从以下几方面来进行。

①该行业现状：处于萌芽期还是成熟期？发展到了何种程度？总销售额是多少？总收益如何？

②该行业的发展趋势：未来趋势如何？

③该行业的影响因素：国家的政策导向、社会文化环境、竞争者的现状、行业壁垒等。

④该行业市场上的所有经济主体概况：在进行行业分析时，应该对所选行业的基本特点、竞争状况及未来趋势有准确的把握，这些是建立在对所选行业充分了解的基础之上的。创业者只有做到这一点，才能了解行业发展规律，认清行业发展方向，确立企业发展目标。

(3)竞争对手分析。

竞争对手是这样一类企业：它们在市场上和你的企业提供着相同或类似的产品和服务，并且在配置和使用市场资源过程中具有一定的竞争性。如何打败竞争对手，如何在竞争中胜出是每个企业家都需要考虑的问题。

进行竞争对手分析时，应该从以下几方面入手：

①你的竞争对手有哪些？你的主要竞争对手有哪些？你最大的竞争对手是谁？

②你的竞争对手的优势在哪里?有什么新动向?

③竞争中你具备哪些优势和劣势?优势如何发扬,劣势如何消除?

④你能否承受竞争所带来的压力?

⑤你将采取什么策略战胜竞争对手?

8.2.4　市场营销计划

在创业计划书中,市场营销计划的撰写也很重要。对于处于不同发展阶段的企业来说,其营销计划是不同的。对于初创企业来说,由于产品和企业的知名度低,很难进入其他企业已经稳定的销售渠道中去。因此,企业不得不暂时采取高成本、低效益的营销战略,如上门推销、大打商品广告、向批发商和零售商让利,或交给任何愿意经销的企业销售等;而对已经处在稳定发展中的企业来说,一方面可以利用原来的销售渠道,另一方面也可以开发新的销售渠道以适应企业的发展。

(1)产品或服务:主要描述创业项目的主要产品或服务分别有哪些,它们的特征分别有哪些。产品或服务模板如表 8-1 所示。

表 8-1　产品或服务模板

产品或服务	主要特征

(2)价格:通过做市场分析,了解创业项目的主要产品或服务的价格与竞争对手的价格差异,从而合理算出产品的成本价和销售价。如果产品或服务需要搞活动或打折,也需要预算出成本,对于产品有赊账的情况,也需要记录,会对创业的流动资金有影响。价格模板如表 8-2 所示。

表 8-2　价格模板

产品或服务	成本价	销售价	竞争对手的价格
折扣销售			
赊账销售			

(3)地址。

①选址细节:这里主要描述创业者所选择的地区及选择位置的面积和租金,不同的

地区经济发展水平不同，消费水平也不同，所以这也是成本的一部分。地址模板如表 8-3 所示。

表 8-3　地址模板

地址	面积（平方米）	租金（元）

②创业者对项目的选址进行原因分析，模板如下。

选择该地址的主要原因：

_____

_____

_____

③销售方式（选择一项并打■）：

将把产品或服务销售或提供给：□最终消费者　　□零售商　　□批发商

④创业者对所选择的产品或服务的销售方式进行分析，对不同的产品或服务，将根据产品或服务自身的情况选择最合适的销售方式，模板如下。

选择该销售方式的原因：

_____

_____

_____

⑤创业者对所选择的促销方式进行分析，包括各促销方式的成本预测，促销方式模板如表 8-4 所示。

表 8-4　促销方式模板

人员推销		成本预测	
广告		成本预测	
公共关系		成本预测	
营业推广		成本预测	

拓展阅读

市场营销计划中的关键问题

第一组问题：

你的产品出厂价格是多少？

你希望最终的销售价格是多少？

你能控制最终价格吗？

定价的依据是什么？

在你的定价中，你的销售额是多少？利润是多少？

你的定价是合理的吗？为什么？

你的定价和市场营销计划是一致的吗?

如何应对市场价格混乱?

第二组问题:

目标客户中,哪些客户是最容易挖掘的?

你有多少条渠道?各渠道的优劣情况如何?

在哪里可以买到你的产品?

你会通过哪些分销渠道来分别接近各类目标客户?

你如何让你的目标客户注意到你的产品?

你如何与你的目标客户进行沟通?

你有能很好地聆听客户心声的渠道吗?

你如何争取第一批客户?

你如何在竞争对手之前迅速占领市场?

你如何控制渠道?

你如何管理一线推销员?

你有广告计划吗?

第三组问题:

一线推销员是如何体现企业形象的?

广告和企业理念是一致的吗?

产品设计反映了客户价值吗?

8.2.5 企业组织结构

企业组织结构描述的模板如下。

企业将登记注册成(选择一项并打■):

☐个体工商户　　　　　　　　☐有限责任公司

☐个人独资企业　　　　　　　☐其他

☐合伙企业

拟定的企业名称:＿＿＿＿＿＿＿＿＿＿＿＿＿＿＿＿＿＿＿＿＿＿＿＿

企业组织结构图:

员工工作描述(包括工作岗位说明、部门管理规范等,可另附页):

＿＿＿＿＿＿＿＿＿＿＿＿＿＿＿＿＿＿＿＿＿＿＿＿＿＿＿＿＿＿＿＿＿

＿＿＿＿＿＿＿＿＿＿＿＿＿＿＿＿＿＿＿＿＿＿＿＿＿＿＿＿＿＿＿＿＿

＿＿＿＿＿＿＿＿＿＿＿＿＿＿＿＿＿＿＿＿＿＿＿＿＿＿＿＿＿＿＿＿＿

＿＿＿＿＿＿＿＿＿＿＿＿＿＿＿＿＿＿＿＿＿＿＿＿＿＿＿＿＿＿＿＿＿

职务　　　　　　　　　　　　　　　　　　　　月薪

业主或经理

_____　　　　_____

员工

_____　　　　_____

_____　　　　_____

_____　　　　_____

企业获得的营业执照、许可证：

类型　　　　　　　　　　　　　　　　　　　　预计费用

_____　　　　_____

_____　　　　_____

企业的法律责任(保险、员工的薪酬、纳税)：

种类　　　　　　　　　　　　　　　　　　　　预计费用

_____　　　　_____

_____　　　　_____

_____　　　　_____

合伙(合作)人模板如表 8-5 所示。

表 8-5　合伙人模板

合伙人				
出资方式				
出资数额与期限				
利润分配和亏损分摊				
经营分工、权限和责任				
合伙人个人应负的责任				
协议变更和终止				
其他条款				

8.2.6　财务规划

提示

　　财务规划需要用到财会方面的专业知识，要做到规划精细、账款明晰，最好由这方面的专业人员来撰写。专业人员能够避免财务报表漏洞百出，也能增强投资者的信任感。因此，创业团队中有熟悉财务的成员是非常必要的。

1. 固定资产

(1)工具和设备。

根据预测的销售量，假设达到100%的生产能力，描述企业需要购买的设备及相关供应商的信息，描述的模板如表8-6、表8-7所示。

表 8-6　设备模板

名称	数量	单价	总费用(元)

表 8-7　供应商模板

供应商名称	地址	电话或传真

(2)交通工具。

根据营销活动的需要，描述拟购置的交通工具及相关供应商的信息，描述的模板如表8-8、表8-9所示。

表 8-8　交通工具模板

名称	数量	单价	总费用(元)

表 8-9　供应商模板

供应商名称	地址	电话或传真

(3)办公家具和设备。

描述办公室需要的办公家具和设备及相关供应商的信息，描述的模板如表8-10、表8-11所示。

表 8-10　办公家具和设备模板

名称	数量	单价	总费用(元)

表 8-11 供应商模板

供应商名称	地址	电话或传真

(4)固定资产和折旧概要。

描述已有固定资产和固定资产的年折旧金额，描述的模板如表 8-12 所示。

表 8-12 固定资产和折旧模板

项目	价值	年折旧(元)
工具和设备		
交通工具		
办公家具和设备		
店铺		
厂房		
土地		
合计		

(5)其他经营费用(不包括折旧费和贷款利息)。

描述其他经营费用情况，描述的模板如表 8-13 所示。

表 8-13 其他经营费用模板

项目	费用(元)	备注
合计		

2．流动资金(月)

(1)原材料和包装费用。

描述原材料和包装费用情况及相关的供应商信息，描述的模板如表 8-14、表 8-15 所示。

表 8-14 原材料和包装费用模板

项目	数量	单价	总费用(元)

表 8-15　供应商模板

供应商名称	地址	电话或传真

(2)其他经营费用(不包括折旧费和贷款利息)。

描述其他经营费用情况,描述的模板如表 8-16 所示。

表 8-16　其他经营费用模板

项目	费用(元)	备注
合计		

3．销售收入预测(12 个月)

描述 12 个月内的销售收入预测情况,描述的模板如表 8-17 所示。

表 8-17　销售收入预测模板(单位:元)

产品或服务	内容	1月	2月	3月	4月	5月	6月	7月	8月	9月	10月	11月	12月	合计
(1)	销售数量													
	平均单价													
	月销售额													
(2)	销售数量													
	平均单价													
	月销售额													
(3)	销售数量													
	平均单价													
	月销售额													
(4)	销售数量													
	平均单价													
	月销售额													
(5)	销售数量													
	平均单价													
	月销售额													

续表

产品或服务	内容	1月	2月	3月	4月	5月	6月	7月	8月	9月	10月	11月	12月	合计
(6)	销售数量													
	平均单价													
	月销售额													
合计	销售总量													
	销售总收入													

4．销售和成本计划

描述销售和成本计划，以 1～5 月为例，描述的模板如表 8-18 所示。

表 8-18　销售和成本计划模板（单位：元）

项目	成本	1月	2月	3月	4月	5月	合计
销售	含流转税销售收入						
	增值税						
	销售净收入						
	原材料(1)						
	原材料(2)						
	原材料(3)						
	业主工资						
	员工工资						
	租金						
	营销费用						
	公用事业费						
	维修费						
	折旧费						
	贷款利息						
	保险费						
	登记注册费						
	总成本						
	利润						
	企业所得税						
	个人所得税						
	其他						
	净收入(税后)						

5．现金流量计划

描述现金流量计划，以 1～5 月为例，描述的模板如表 8-19 所示。

表 8-19 现金流量计划模板(单位:元)

项目	内容	1月	2月	3月	4月	5月	合计
现金流	月初现金						
	现金销售收入						
	赊销收入						
	贷款						
	其他现金流入						
	可支配现金(A)						
	现金采购支出(1)						
	现金采购支出(2)						
	现金采购支出(3)						
	赊购支出						
	业主工资						
	员工工资						
	租金						
	营销费用						
	公用事业费						
	维修费						
	贷款利息						
	偿还贷款本金						
	保险金						
	登记注册费						
	设备						
	其他(列出项目)						
	税金						
	现金总支出(B)						
	月底现金(A-B)						

8.2.7 风险分析

没有风险分析的创业计划书是不完整的,因为创业本身就带有一定的冒险性,创业过程中的风险也通常会让人始料不及。风险分析不仅能减轻投资者的疑虑,让他们对企业有全方位的了解,更能体现创业团队对市场的洞察力和解决问题的能力。在这一部分,创业者可以从以下几个方面进行阐述。

(1)市场风险。市场风险包括生产中可能遇到的问题、销售者未知的因素、竞争中难以预料的方面、客户的不同需求与反馈等。

(2)技术风险。技术风险主要包括技术研发中的困难,如技术力量不够强大、研发不到位、员工经验不足、研发资金短缺等。

(3)资金风险。创业者需要阐明可能出现的资金周转不畅和资金断流等问题,也要讲明企业遭遇清算的后果及遭遇清算后有无偿还资金的能力。

(4)管理风险。创业者要实事求是,不能刻意隐瞒管理方面的缺点和漏洞,而要如实反映情况，如人手不足、经验欠缺、资源匮乏等。

(5)其他风险。企业面临的其他风险有很多，如政策的不确定性、经营中的突发状况、财务上的不确定因素等。

创业者的任务是，在对市场、技术、资金、管理等方面的风险进行分析之后，将这些风险及相应的解决方案用清晰的文字在创业计划书中反映出来。风险并不可怕，可怕的是没有应对风险的能力与对策。主动识别和讨论风险会极大地增加企业的信誉，使投资者更有信心。

风险分析的模板如下。

市场风险：＿＿＿＿＿＿＿＿＿＿＿＿＿＿＿＿＿＿＿＿＿＿＿＿＿＿＿＿＿＿＿＿＿＿＿＿＿＿

＿＿＿

＿＿＿

技术风险：＿＿＿＿＿＿＿＿＿＿＿＿＿＿＿＿＿＿＿＿＿＿＿＿＿＿＿＿＿＿＿＿＿＿＿＿＿＿

＿＿＿

＿＿＿

资金风险：＿＿＿＿＿＿＿＿＿＿＿＿＿＿＿＿＿＿＿＿＿＿＿＿＿＿＿＿＿＿＿＿＿＿＿＿＿＿

＿＿＿

＿＿＿

管理风险：＿＿＿＿＿＿＿＿＿＿＿＿＿＿＿＿＿＿＿＿＿＿＿＿＿＿＿＿＿＿＿＿＿＿＿＿＿＿

＿＿＿

＿＿＿

其他风险：＿＿＿＿＿＿＿＿＿＿＿＿＿＿＿＿＿＿＿＿＿＿＿＿＿＿＿＿＿＿＿＿＿＿＿＿＿＿

＿＿＿

＿＿＿

拓展阅读

周鸿祎：教你打造"完美的"十页创业计划书

第一页，用几句话清楚说明你发现目前市场中存在什么空白点，或者存在什么问题，以及这个问题有多严重。例如，现在网游市场里盗号严重，你有一个产品能解决这个问题，只需要用几句话说清楚就可以。

第二页，说明你有什么样的解决方案或者什么样的产品能够解决这个问题。你的方案或者产品是什么，提供了怎样的功能。

第三页，你的产品面对的客户群体是哪些，一定要有客户群体的划分。

第四页，说明你的竞争力。为什么这件事情你能做，而别人不能做?你有什么特别的核心竞争力?你有什么与众不同的地方?

第五页，再论证一下这个市场有多大，说说你认为这个市场的未来是什么样的。

第六页，说明你如何挣钱，告诉投资者你的产品很有价值。

第七页，用简单的几句话告诉投资者这个市场的情况，重要的是体现你对这个产业和行业有基本了解和客观认识。要说实话、干实事，可以进行一些简单的优劣分析。

第八页，突出自己的亮点。刚推出来的产品肯定有很多问题，说明你的亮点在哪里。

第九页，进行财务分析，可以简单一些。不要预算未来三年挣多少钱，说说未来一年或者六个月需要多少钱，用这些钱干什么。

第十页，介绍一下自己的团队，包括团队成员的优秀之处，以及自己做过什么。

拓展阅读

编写创业计划书的六个C(六要素)

第一个 C 是 Concept，概念。概念是指你在创业计划书里面写的让别人可以很快地知道你卖的是什么的内容。

第二个 C 是 Customers，客户，有了卖的东西以后，接下来要考虑卖给谁，谁是客户，要明确客户的范围。例如，假定客户都是女人，那 50 岁以上的女人和 5 岁以下的女孩是否都是客户，这一点需要界定清楚，即要明确适合的年龄层。

第三个 C 是 Competitions，竞争者。你卖的东西有没有别人卖过?如果有人卖过，是在哪里卖的?你卖的东西有没有其他东西可以取代?这些与竞争者的关系是直接的还是间接的?

第四个 C 是 Capabilities，能力。你要卖的东西自己会不会，懂不懂?例如，开餐馆，如果厨师不做了又暂时找不到人，你自己会不会炒菜?如果没有这个能力，至少合伙人要有，再不然也要有鉴赏的能力，不然最好不要做。

第五个 C 是 Capital，资本。资本可以是现金，也可以是资产，是可以换成现金的东西。那么资本在哪里?有多少?自有的部分有多少?可以借贷的部分有多少?这些都要说清楚。

第六个 C 是 Continuation，持续经营。当事业做得不错时，将来的计划是什么?

8.3　创业计划书的检查

由于创业计划书要准确回答投资者的疑问，争取投资者对企业的信心。因此，在创业计划书编写完成后，可以从以下几方面对创业计划书进行检查。

(1)检查创业计划书的逻辑是否清晰，论据是否充分，表达是否通俗易懂，语法是否正确，用词是否恰当。

(2)检查创业计划书是否有索引和目录，以便投资者可以较容易地查阅各个章节。

(3)检查创业计划书是否编写了企业概况并放在了最前面。如果已编写，检查企业概况是否写得简明扼要、引人入胜。

(4)检查创业计划书是否显示出你具有管理公司的经验，否则，一定要明确地说明你已经找了一位经营大师来管理你的公司。

(5)检查创业计划书是否显示了你有能力挣钱并偿还借款，从而增强投资者的信心。

(6)检查创业计划书是否显示出你已进行过完整的市场分析，要让投资者坚信你在创业计划书中阐明的产品需求量是真实的。

(7)检查创业计划书能否打消投资者对产品或服务的疑虑。如果需要，可以准备一个产品模型。

拓展训练

确定你的创业项目，编写创业计划书，具体实施步骤如下。

(1)将全班学生分成若干小组，每组 4~6 人，设组长 1 人，以小组为单位，寻找与自己所学专业相关的创业项目，或者从自己生活的环境中寻找创业项目。组长负责创业项目的最终确定。

(2)从网上搜索几份优秀的创业计划书作为参考。

(3)各小组成员讨论创业计划书的基本结构，组长负责最后确定。

(4)组长对小组成员进行分工，安排小组成员编写创业计划书的相应部分。最后由组长进行统稿并修改。

(5)创业计划书完成后，小组成员之间交换阅读、检查，指出优点及不足之处，相互促进。

(6)活动结束后，教师可根据表 8-20 进行评分，并评选出表现最优秀的一组。

表 8-20 评分表

评分标准	满分	实际得分	备注
所选创业项目具有可行性与典型性	20		
所写创业计划书具有可参考性	20		
小组成员分工合理、明确	20		
小组成员在编写过程中能团结协作	20		
创业计划书终稿结构完整、内容丰富、条例清晰	20		
总分	100		

8.4 本章习题

一、名词解释

创业计划书、市场分析、营销计划、财务规划。

二、简答题

1. 创业计划书的基本结构有哪些？
2. 创业计划书有哪些作用？

三、实操题

作为大学生的你，如果想创业，需要写一份创业计划书，你觉得在创业计划书的内容中，哪些内容是最重要的？哪些内容是不重要的，甚至可以删除的，请举例说明。

参 考 文 献

[1] 杜鹏举，罗芳. 大学生创新创业基础[M]. 北京：中国铁道出版社，2018.

[2] 李伟，王雪，范思振，田帅. 创新创业教程[M]. 北京：清华大学出版社，2019.

[3] 张开江，亓国锋，陈娇. 创新创业教育[M]. 北京：科学出版社，2020.

[4] 朱建良，李光明. 大学生创新创业教程（慕课版）[M]. 北京：人民邮电出版社，2018.

[5] 张昊民，马君. 高校创业教育研究——全球视角与本土实践[M]. 北京：中国人民大学出版社，2012：16.

[6] 麦可思研究院. 就业蓝皮书：2015 年中国大学生就业报告[R]. 北京：社科文献出版，2015：6.

[7] 赵宝龙，孙军利，郁松林，等. 浅谈实践教学活动在培养大学生创新能力中的作用及措施[J]. 教育教学论坛，2014（04）：80-81.

[8] 邢邦圣. 实践教学在应用型人才培养中的作用[J]. 徐州工程学院学报，2006，21（7）.

[9] 武立杰，汪禹. 动画场景设计[J]. 中国青年，2010.

[10] 李娜，解建红. 应用型人才的特征和培养对策[J]. 河南师范大学学报：哲学社会科学版，2006，33（4）.

[11] 褚南峰，杨志超. 高等教育的实践教学体系研究[J]. 中国现代教育装备，2006，（2）.

[12] 孙群英. 加强实习教学环节管理提高实习教学质量[J]. 长春工业大学学报：高教研究版，2006，27（2）.

[13] 冯林. 大学生创新基础[M]. 北京：高等教育出版社，2017.

[14] 张德琦. 创造性思维与创新方法[M]. 北京：化学工业出版社，2018.

[15] 薛永基. 大学生创新创业教程[M]. 北京：北京理工大学出版社，2017.

[16] 李英梅. 创新思维与创业教育[M]. 北京：化学工业出版社，2016.

[17] 唐丽. 大学生创新创业基础[M]. 北京：化学工业出版社，2018.

[18] 卢尚工. 创新方法与创新思维[M]. 北京：化学工业出版社，2018.

[19] 倪锋. 创新创业概论[M]. 北京：高等教育出版社，2012.

[20] 刘磊. 大学生创新创业基础[M]. 北京：中国水利水电出版社，2015.

[21] 张健华，王军超. 创新创业基础教育[M]. 上海：同济大学出版社，2016.

[22] 张雅伦，张丽丽. 大学生创新创业基础教程[M]. 北京：北京理工大学出版社，2018.